Voyage extraordinaire
sur le Continent des Épopées

Du même auteur
(parmi les derniers ouvrages parus)

Dans la même collection .
Voyage extraordinaire dans l'Empire des Mondes, Plon, Jeunesse, 2007.
Voyage extraordinaire au royaume des Sept Tours, Plon, Jeunesse, 2006

Le Secret du génie humain, Grasset jeunesse, 2008.
Si vous tenez à le savoir.com, Lattès-Le Masque, 2008.
Passeport pour l'enfer, Grasset Jeunesse, 2006.
L'Élixir de l'oubli (série *L'Apprentie alchimiste*), Nathan, 2006.
La Table de feu, Milan Junior, 2006.
Rumeur !, Magnard Jeunesse, Tipik Junior, 2006.
Y a pas que la mort dans la vie !, Grasset Jeunesse, 2005.
Série *Le Félin, agent secret médiéval*, Lito, depuis 2005.
Graine de résistant, Magnard Jeunesse, Tipik Histoire, 2005.
Il s'appelait... le Soldat inconnu, Gallimard Jeunesse, Folio Junior, 2004
Le Livre dont vous êtes la victime, Pocket Jeunesse, 2004.
L'Affaire du musée, Magnard Jeunesse, Tipik Cadet, 2004.
Guerre secrète à Versailles, Gallimard Jeunesse, Hors Piste, 2003.
Série *Les Chevaliers en herbe*, Folio Cadet, entre 2002 et 2004.

Arthur Ténor

Voyage extraordinaire sur le Continent des Épopées

roman

PLON
JEUNESSE

Blog d'information sur
le *Voyage extraordinaire au royaume des Sept Tours,*
dans *l'Empire des Mondes* et *sur le Continent des Épopées* :

http ://voyagextraord.canalblog.com

ISBN : 978-2-259-20866-6
www.plon.fr

À Nathalie, l'elfe de mes escapades dans l'Imaginaire.

1

Retour au royaume des Sept Tours

Qui pourrait comprendre comment se vit l'amour entre une elfe du royaume des Sept Tours* et un jeune homme du treizième arrondissement de Paris ? Les elfes ne sont ni des êtres humains ni des animaux. Ce sont des entités de l'Imaginaire. Ils n'existent donc pas... sauf là-bas, de l'autre côté, dans ces *au-delà* qu'on appelle les infinimondes et que l'humanité aurait remplis sans le savoir, depuis la nuit des temps, depuis sans doute qu'*Homo sapiens* s'est mis à rêver tout éveillé. Mais de quel genre de réalité s'agit-il ? Nul n'a encore su fournir aux sceptiques et aux inquiets une réponse crédible. Il n'empêche que, lors d'un transfert, l'expérience du *passage du mur du réel*, avec son inévitable *claquement de ténèbres*, est une expérience très « physique », bien que difficilement descriptible : sensation de désintégration moléculaire lors de l'accélération, chute dans un abîme peuplé d'images qu'on traverse comme autant de claques dans la conscience, reconstitution du puzzle du nouvel univers, suscitant de singulières visions surréalistes... Enfin, lorsqu'on débarque dans ce monde supra-exotique, les doutes sont atomisés aussi sûrement que l'a été notre fragile enveloppe de chair et d'os. On croit à ce

---

* Voir *Voyage extraordinaire au royaume des Sept Tours*, dans la même collection.

qu'on voit, comme si en rêve on croisait son prof de maths ou son voisin courant tout nu sous la lune, ou son chien se tordant de rire devant un dessin animé de Tex Avery... Oui, l'Imaginaire est une réalité aussi matérielle que celle à laquelle nous nous heurtons dès lors que nous ouvrons un œil chaque matin. Rien d'étonnant donc à ce qu'un amour avec une créature fantastique procure tous les symptômes habituels d'une passion humaine : bouffées de joie, sécrétions d'hormones, parfois danse de Saint-Guy, mais aussi doutes, angoisses, désespoir absolu et autres tempêtes émotionnelles.

L'amour que j'éprouvais pour Lizlide depuis notre rencontre, lors de mon premier voyage dans l'Imaginaire, était d'une puissance qui n'avait d'égale que son étrangeté. Il était aussi beau que douloureux. Il avait été intensément réel, puis finalement impossible. Réel, puisque nous l'avions partagé et vécu des mois durant. Impossible quand, un jour, il me fut annoncé que mon elfe s'en était allée. J'avais alors dû me contenter, pour seule explication, de cette énigmatique formule : « Les elfes ne meurent pas, ils se transforment. » Cette séparation cruelle m'eût sans doute tué de chagrin si je n'avais été « sauvé » par une mission suicide, opportunément proposée par mon premier employeur, l'USEI (l'Unité spéciale d'exploration de l'Imaginaire, dépendant du Département militaire de l'ONU).

Après des semaines de déprime totale (j'en étais arrivé à ingurgiter en continu les talk-shows les plus débiles de la Web-TV), le commandant Siléas Blein m'expédia par une nouvelle brèche quantique dans un univers dont on ne savait... RIEN ! Je ne suis pas près d'oublier mes premiers pas dans l'Empire des Mondes... ni les derniers. Surtout pas les derniers, car ce furent ceux où mon amour supra-exotique se rappela à mon souvenir.

Tout était bien qui finissait bien pour cette dernière mission, lorsque survint un événement totalement inattendu. C'était au cours du banquet clôturant une journée historique où avait été intronisé le premier gouverneur de l'Empire des Mondes. Près de moi se tenait Lizlon, mon *alter ego*. Dans cet infinimonde, l'*alter ego* désigne un « modelé d'argile primordiale », véritable sculpture vivante, douée de raison et capable de se mouvoir. Ne possédant aucun organe, elle ne peut ni manger ni parler. C'est par l'esprit qu'elle communique avec son *ego* (moi, en l'occurrence), sans souci de distance puisqu'elle est une part de lui-même, la plus intime et secrète de sa personnalité. Je fus bien surpris et ravi que le *fondeur* chargé de modeler mon moi profond me livrât un enfant elfe à qui je donnai le nom de Lizlon.

Au cours de ce joyeux repas donc, je me levai pour porter un toast à la Sagesse retrouvée*, quand tout à coup, derrière moi, Lizlon s'effondra. Au même instant, j'étais victime d'un étrange malaise : pensée et corps figés, vue brouillée... Un état de stupéfaction qui pouvait laisser craindre un dramatique AVS**. Je fus transporté, ainsi que l'enfant, dans une chambre où je repris vite conscience mais demeurais incapable d'analyser ce qu'il m'était arrivé. C'est alors que, dans mon esprit encore embrumé, résonna cet appel de détresse : « Thédric, mon amour ! Thédric ! » Le cœur comprimé d'émotion, je reconnus la voix de Lizlide, mon elfe que je croyais pourtant à jamais perdue. « Viens me chercher, c'est l'enfer, ici ! » suppliait-elle. « Lizlide, c'est toi ? Où es-tu ? » m'écriai-je à voix haute. « L'Avaleur d'âmes ! Il m'a... Viens me chercher, je n'en peux plus ! » « Comment ? Mais où ? » demandai-je. Hélas, le contact était déjà rompu. Lizlon, à nouveau opérationnel, me suggéra : « Il faut retourner sur la Terre, au plus vite ! » C'était l'évidence. Blême d'inquiétude, tel un père à qui l'on aurait annoncé que son enfant venait d'être accidenté, j'ai donc informé mon chef de la situation et me suis empressé de prendre congé de la noble assemblée.

* Voir *Voyage extraordinaire dans l'Empire des Mondes*, dans la même collection.

** AVS : accident vasculaire cérébral.

Je dois rendre ici hommage au commandant Blein. Non seulement il se contenta de mon explication laconique : « Je dois aller au secours de mon elfe », mais il revint avec moi sur la Terre, au Centre d'exploration de l'ONU, à New York. Ensuite, tandis que je m'envolais pour Paris dans le premier avion, il se démena depuis les États-Unis afin que soient mis à ma disposition une navette de transfert prioritaire et même, une fois sur place, tous les moyens techniques utiles à un sauvetage.

C'est ainsi que je me précipitai à l'imaginoport de la porte d'Italie, où je devais embarquer dans une capsule de transfert diplomatique, sans passer par mon domicile, ne serait-ce que pour prendre une paire de slips et deux ou trois chaussettes de rechange. Blein avait vraiment bien fait les choses. Deux grands types des Services secrets français en costard-cravate m'attendaient à l'arrivée, oreillette à l'oreille, sobres, sombres, efficaces. À peine avais-je pénétré dans le hall de verre et d'aluminium qu'ils m'attrapèrent par le coude, me firent franchir les contrôles d'accès, puis m'enfournèrent dans une minuscule capsule biplace, comme si j'avais été le président de la République en personne.

C'était la première fois que je voyagais dans de telles conditions. Quand la porte de l'engin se referma, j'éprouvai un petit pincement d'appréhension, car les transferts des commandos d'exploration ne bénéficient pas des mêmes « agréments » que ceux réservés aux touristes supra-exotiques : pas de douce voix d'hôtesse numérique, point de délicat parfum de violette aux vertus apaisantes, point non plus, sur l'écran de bord, de projection du petit film d'information concernant le déroulement du voyage. J'avais tort, car j'eus droit au *must of the must* du transfert première classe.

— Bienvenue à bord, monsieur Tibert, susurra une voix féminine à la sensualité ravageuse. Détendez-vous, votre transfert ne prendra que quelques secondes.

Sur l'écran parabolique face à moi apparut un paysage champêtre, genre Sologne au printemps, accompagné d'une musique cristalline de conte de fées. De douces senteurs forestières envahirent la cabine, puis une paisible langueur enveloppa ma conscience...

— Monsieur Tibert, vous êtes arrivé. Bienvenue au royaume des Sept Tours.

Je me redressai, secouai la tête, me massai vigoureusement le visage.

— Déjà ? Mince ! Et le grand saut ?

C'était pour moi le seul moment un peu excitant d'un transfert vers l'Imaginaire, le passage du mur du réel et son sublime chatouillis psychique. Je l'avais raté. Voilà qui n'allait pas alléger mon humeur...

2

La madeleine de Proust

Un diplomate terrien m'attendait sur l'aire de débarquement, une simple plate-forme métallique où les voyageurs supra-exotiques devaient obligatoirement stationner quelques minutes, le temps de rassembler leurs esprits éparpillés par le voyage.

— Bienvenue au royaume des Sept Tours, monsieur Tibert, me salua-t-il. Je m'appelle Sigismuth Basilévitch.

Je ne pus répondre que d'un simple hochement de tête. Je n'en étais pas à mon premier transfert, loin de là. Pourtant, j'avais un mal de chien à recouvrer des jambes solides et une vue claire.

— Ça ne va pas ? s'inquiéta mon hôte diplomatique.

— Un peu de difficulté à atterrir, articulai-je. La fatigue sans doute, et la faim. Je n'ai rien avalé depuis hier.

— Je vois. Ne bougez pas, j'en ai pour deux minutes.

Le temps qu'il revienne, je retrouvai toutes mes facultés. Sous mes yeux s'étendait le hall en longueur, à voûte de bois, de l'imaginoport d'Isparine. Avec une intense émotion, je reconnus parmi les gens qui y déambulaient des guerriers Sandoz, des ogrites porteurs de bagages et diverses autres silhouettes dont les costumes m'étaient connus. Même odeur puissante, mélange de crottin de phantron, de tourbe et de musc, qui me saisit au cœur. J'étais revenu chez moi, dans un pays chargé de souvenirs et d'émotions fortes, qui m'était d'une certaine manière plus familier que mon univers parisien d'ex-étudiant en droit devenu explorateur de l'Imaginaire et déprimé chronique.

— Tenez, ça va vous recharger, me promit le diplomate, dont je n'avais pas mémorisé le nom.

Je le remerciai d'un sourire en m'emparant d'un gros sandwich rond de pain noir (vraiment noir), fourré d'une généreuse ration de chair rouge grillée.

— Hum ! C'est du radon ! appréciai-je, après avoir mordu dedans à belles dents.

— Et du meilleur !

Le radon n'était pas un gaz radioactif, mais un petit gibier mi-rat mi-araignée, dont on rafolait ici.

— Ça va mieux ? s'enquit mon bienfaiteur.

J'acquiesçai, la bouche pleine, les yeux pétillants de félicité. Je songeai dans le même temps que cet homme avait vraiment une bonne tête.

— Alors allons-y, m'encouragea-t-il. Je crois que vous êtes pressé.

En franchissant les portes vitrées de l'imaginoport, il m'annonça qu'il avait loué un équined litith, autant dire une bête de course. Je le félicitai, car c'était presque un exploit compte tenu de la rareté de ces animaux, et nous traversâmes à grands pas l'esplanade. Une fois devant l'écurie publique (le parking, en quelque sorte), il m'avoua qu'il préférait ne pas entrer.

— Je ne suis pas très à l'aise dans ce genre d'endroit, s'excusa-t-il. Je vous laisse, monsieur Tibert. Si vous avez le moindre souci, ou besoin de quoi que ce soit, faites-moi prévenir. J'y pourvoirai au mieux.

Pour un peu, je l'aurais embrassé comme un ami. Je me contentai d'acquiescer d'un signe de tête martial : le cavalier litith – mon statut en ce monde – prenait déjà le dessus. Sans l'ombre d'une hésitation, je pénétrai dans le bâtiment de bois où flottait une forte odeur de ménagerie. Un palefrenier bourru et velu à qui je me présentai me conduisit jusqu'à une cage où m'attendait ma monture. Là, un bref instant, mes réticences de Terrien me firent hésiter. Il fallait sur-le-champ que je me ressaisisse si je ne voulais pas susciter chez mon futur compagnon de voyage l'envie de m'arracher un bras avant le départ. Les équineds ressemblaient globalement à des chevaux, d'assez loin tout de même. C'étaient des sortes d'hippogriffes carnivores, armés d'ongles assérés en guise de sabots, disposant d'un tempérament de fauve et d'une intelligence quasi humaine, doublée d'un sale caractère quand on ne leur plaisait pas. Il me suffit de repenser à Lizlide et à son appel de détresse pour chasser toute peur.

— Il s'appelle Arthon, m'informa le palfrenier. Gare, mon vieux, il a bouffé le précédent qui croyait le prendre par la douceur.

— Merci. Je sais comment me faire accepter, lui assurai-je.

Ce n'était pas faux, puisque j'avais à mon actif quelques centaines d'heures de chevauchée, d'équinaudée plus exactement. Mon admiration pour cette puissante monture au pelage roux et soyeux dépassait mon appréhension. Arthon dut le sentir, car lorsque j'approchai une main de sa gueule afin qu'il me morde - rituel indispensable pour qu'il m'accepte –, je lus de l'intérêt dans son regard à la fois terriblement sauvage et pénétrant.

— Je ne sais pas si nous serons amis très longtemps, lui déclarai-je, mais je l'espère. Je dois me rendre dans la forêt d'Émeraude au plus vite. Acceptes-tu de donner le meilleur de toi ?

Il me considéra un moment, puis en guise de réponse planta ses crocs dans ma main offerte, me tirant un cri de douleur.

— Bienvenue aux Sept Tours, hein ? marmonnai-je en lui jetant un regard sombre.

Négligeant d'acquérir une tenue locale (cotte et pantalon d'épais cuir brun), je montai en selle puis m'élançai dehors, sous le regard ébahi du palefrenier. La traversée d'Isparine me fit totalement oublier que j'étais un étranger, une sorte d'extraterrestre que rien n'autorisait à se mêler des affaires de cet infinimonde. La forêt des Titans, au sein de laquelle la ville était nichée, ne me parut pas plus extraordinaire qu'une forêt de séquoïas aux États-Unis. Précisons qu'un spécimen sylvestre moyen atteignait ici la respectable hauteur de cent mètres, pour une envergure de frondaison dépassant les cinq ou six cents. Après trois heures de chevauchée sur la large voie dallée qui serpentait entre ces troncs monstrueux, nous franchîmes enfin la lisière et je pus tout à coup embrasser l'immense plaine d'Isparine. Malgré la lumière cristalline très particulière de cet univers – elle accentuait les contrastes et donnait aux couleurs une intensité étonnante – j'eus l'impression de contempler une réalité plus dense que celle de ma bonne vieille planète.

L'heure était au crépuscule, ce qui me contraria car cela signifiait que nous allions trop vite devoir nous arrêter pour bivouaquer. Sans le moindre équipement ni rien à manger, je l'appréhendais. Finalement, Arthon eut la bienveillance de chasser pour moi un radon gros comme un lapin. En le préparant pour le faire griller à la broche sur un feu de bois, je me souvins avec amusement de la première fois où j'assistai à une telle besogne. Elle consistait à arracher les pattes puis les tripes de ce rat-araignée velu. Ergonthe, mon guide litith, manipulait le couteau tandis que moi, le cœur au bord des lèvres, en touriste supra-exotique qui n'a jamais rien vu, je tenais la baguette sur laquelle la bête allait être embrochée. Quel souvenir ! Mais quel régal que cette savoureuse chair croustillante !

Une fois repu, la douce chaleur du feu me fut d'un immense réconfort. Si bien que, contrairement à ce que je craignais, je ne mis pas longtemps à m'endormir. Hélas, il m'en fallut moins encore pour me réveiller, haletant et perdu. À peine étais-je parti au pays des rêves que s'imposa à mon esprit une scène d'une violence inouïe. Je me voyais errant au clair de lune dans un cimetière désolé, hanté par ce qu'il conviendrait d'appeler des âmes grises. Puis soudain, j'assistai à une scène qui me coupa le souffle. Une femme, que je ne reconnus pas sur le coup, apparut dans mon champ de vision. Sa longue chevelure fauve était rassemblée avec souplesse sur sa nuque. Nous nous retrouvâmes tout d'un coup plongés au cœur d'une forêt qui n'avait rien à voir avec celle vers laquelle je galopais. Sombre, dense, bruissante de présences hostiles et d'une faune dont je ne distinguais que les yeux luisants de convoitise... nous étions du côté obscur de la vie. S'apercevant soudain de ma présence, la jeune femme se retourna. Ce délicat visage à l'ovale parfait, ces grands yeux noirs à la fois intrigués et inquiets, ces lèvres au sourire esquissé, je les reconnus instantanément, c'étaient ceux de Lizlide ! Je la revoyais dans les mêmes circonstances que la première fois où nos regards s'étaient croisés et accrochés. Une horde d'orques des Mondes Noirs avait entrepris de dévaster le territoire des elfes. Lizlide s'était approchée derrière moi alors que j'assistais de loin à la mise à sac d'une habitation construite dans un arbre de la forêt d'Émeraude. J'étais resté subjugué d'admiration par cette sublime apparition. Comme dans mon rêve à cet instant. C'est alors que surgirent les visions de cauchemar. Une dizaine de silhouettes hautes et raides se matérialisèrent autour de Lizlide. Il m'était impossible de les détailler, mais il émanait de ces créatures une froideur de cadavre. J'aurais voulu bouger, me précipiter au secours de mon elfe. J'en étais incapable, le corps plombé, les articulations raidies jusqu'à la douleur. Les spectres resserrèrent leur cercle sur elle, à l'évidence pour l'étouffer compte tenu de l'oppression croissante que j'éprouvais en parallèle. Je finis par me réveiller en suffoquant, comme pour mettre fin à une apnée prolongée.

Je me levai et marchai en respirant profondément. À peine remis de mes émotions, j'appelai mon équined qui ne tarda pas à sortir de l'obscurité.

— Arthon, nous devons repartir. Crois-tu que tu pourras chevaucher malgré la nuit ?

Il émit un feulement que je voulus interpréter comme une approbation. Toujours est-il qu'il accepta que je le selle, puis que je saute sur son dos. C'est ainsi que nous reprîmes la route, dans la pénombre dangereuse du sous-bois.

Au matin, j'étais toujours opérationnel, bien qu'ayant été désarçonné deux fois par des branches basses. C'est ainsi que, peu après l'aube, en débouchant sur une vaste prairie, nous fûmes en vue de la forêt d'Émeraude. Arthon se mit au pas sans que je le lui ordonne. Il devait sentir mon émotion, celle d'un aventurier rentrant chez lui après une très longue absence. Apercevant un ruisseau, je décidai de faire une halte pour un brin de toilette qui se transforma en bain glacé. J'en avais bien besoin pour me revigorer, et surtout me donner le courage d'affronter des retrouvailles que j'appréhendais affreusement. Les elfes, notamment ceux de la forêt d'Émeraude, étaient des créatures qu'un ignare qualifierait de sauvages. La vérité, c'est qu'ils se méfiaient des humains et n'avaient nullement besoin d'entretenir de relations avec eux. Moi-même, je n'avais jamais été accepté au sein de cette société, tout au plus toléré. L'amour que nous partagions, Lizlide et moi, leur paraissait non seulement étrange, mais contre nature, ce qui n'était pas tout à fait faux. Dès lors que j'aurais franchi cette lisière, je devais m'attendre au mieux à un accueil glacial, au pire à être chassé sans avoir eu le temps de me faire entendre. De toute façon, j'étais déterminé à m'imposer, au péril même de ma vie...

Une fois séché et rhabillé, j'informai Arthon qu'il devrait m'attendre ici, sans doute une grande partie de la journée. Certes, les elfes d'Émeraude savaient se faire accepter de ces bêtes carnivores, mais ils ne les aimaient pas davantage qu'une biche un loup. C'est donc à pied que je parcourus la dernière étape du trajet. Cela me ramena quelques mois en arrière lorsque, à mes retours de mission d'exploration dans l'Imaginaire – puisque j'avais fini par élire domicile dans cette fabuleuse contrée des Sept Tours –, Lizlide apparaissait toujours avant que j'atteigne la forêt, avertie par son intuition elfique. Mais la dernière fois, à mon grand étonnement, c'est l'une de ses semblables qui m'accueillit, pour m'informer que jamais plus je ne reverrais mon amour. Son message laconique m'avait laissé entendre qu'elle était partie, autant dire morte, bien que ce terme ne s'employât jamais à propos d'une telle créature. « Les elfes ne meurent pas, ils se transforment. » En quoi ? Il semble que le spectre, sans jeu de mots, soit très large : du papillon au pur esprit. Le mystère entourant la disparition aussi subite qu'inattendue de Lizlide avait dès lors fait le lit de mes obsessions et de mes insomnies, lesquelles ne m'avaient lâché qu'après mon transfert vers l'Empire des Mondes – il est vrai que j'y eus d'autres soucis, dont celui de sauver ma peau.

C'est donc l'humeur bien maussade que je franchis ce matin-là la lisière de la forêt d'Émeraude, avec en tête cette question lancinante : comment allais-je être reçu ? Mon anxiété trouva tout à coup un nouveau sujet d'interrogation : qu'étais-je venu faire ici ? N'ayant pas l'ombre d'une réponse, une affreuse angoisse m'étreignit, qui m'incitait à faire demi-tour pour aller chercher ailleurs une autre solution – auprès des Oracles du royaume des Sept Tours, par exemple. Mais il était heureusement déjà trop tard, puisque je foulais le sol soyeux du royaume des elfes...

3

L'accueil des elfes

Peu après avoir pénétré dans la forêt d'Émeraude, je m'arrêtai, autant pour guetter une éventuelle approche que pour goûter la féerie de ces lieux qui paraissaient exister hors du temps, dans un univers parallèle - idée cocasse puisque, justement, je me trouvais dans un infinimonde de l'Imaginaire. J'inspirai l'air pur à pleins poumons, me délectant de multiples parfums subtils, fleuris et fruités. Telle la madeleine de Proust, ils firent resurgir en moi les moments enchantés que j'avais vécus dans ce paradis d'un vert à la fois vif et doux, qui donnait à la lumière elle-même une étrange transparence printanière. Je levai les yeux pour explorer du regard les frondaisons des maîtres sylvestres d'Émeraude. Les plus hauts culminaient rarement au-dessus de trente mètres. En revanche, leur envergure était stupéfiante. On pouvait y grimper aisément et s'y déplacer comme dans un véritable dédale suspendu. Mieux valait tout de même avoir le pied léger et posséder un sens de l'équilibre infaillible. Les elfes étaient en leur domaine de véritables prodiges d'agilité.

Un réflexe de crainte, de timidité peut-être, me fit jeter un bref regard en arrière, avant de m'enhardir à m'enfoncer entre les troncs de ces impressionnantes architectures végétales. J'atteignis bientôt une première manifestation de la civilisation elfique, un petit pont herbeux aux rembardes en volutes de fer forgé. Nul sentier avant ou après. Il enjambait juste un ruisseau, qu'on pouvait d'ailleurs franchir d'un bond. Luxe, calme et volupté. J'étais sous le charme, et pourtant de plus en plus tendu. Je scrutai les hauteurs, persuadé que j'avais déjà, et sans doute depuis mon intrusion, été repéré. J'eus la tentation de lancer un appel, mais songeai que les elfes étaient assez subtils pour se douter que si je remettais les pieds chez eux, vêtu d'un jean et d'un pull marron, ce n'était pas pour siffler avec les petits oiseaux.

– Que nous vaut votre visite, Thédric ? m'interpella soudain une voix masculine dans mon dos.

Je fis volte-face, mais ne vis personne. Mon cœur s'emballa et mes jambes perdirent toute force. Je tentai un bonjour, mais je ne suis pas très sûr qu'il sortit de ma bouche.

– Vous savez pourtant que Lizlide n'est plus parmi nous, déclara une voix flûtée sur ma gauche.

Une elfe se tenait debout près du tronc d'un arbre, d'où elle venait de descendre avec une souplesse féline. Un garçon, aux oreilles légèrement pointues, tout de brun-rouge vêtu, apparut derrière elle. Ces adolescents, en apparence plus jeunes que moi – j'avais alors tout juste vingt-deux ans –, m'observaient tous les deux avec la même expression à la fois inquiète et intriguée. Je fus rassuré de les reconnaître, car ils appartenaient à une famille qui m'avait accueilli plusieurs fois, pour des repas toujours conviviaux. Ils n'avaient physiquement guère changé, pourtant je percevais en eux une personnalité plus affirmée. Les elfes de la communauté d'Émeraude avaient le plus souvent une chevelure rousse comme les renards ou fauve comme les cervidés. Leurs yeux étaient très sombres ou, parfois, d'un vert tendre assez déroutant. Tous étaient vêtus de tissus végétaux aux couleurs de la nature, pastel pour les tenues diurnes, plus foncées pour se livrer à des activités nocturnes. Tous étaient également distants et réservés, tels ces deux jeunes gens qui vinrent à ma rencontre ce jour-là. Je devais donc m'attendre à une communication minimaliste.

— Je dois parler à vos aînés, annonçai-je d'emblée.

— Que se passe-t-il ? m'interrogea la jeune elfe.

Je la fixai droit dans les yeux afin qu'elle pût saisir toute la portée de ma réponse :

— J'apporte des nouvelles de Lizlide, lâchai-je.

Elle accusa le coup, puis consulta son compagnon du regard. Il acquiesça d'un signe de tête.

— Nous allons avertir les aînés, déclara-t-elle. À moins que vous ne souhaitiez parler à l'un d'eux en particulier ?

— À tous en particulier.

Ce genre de réplique tordue, propre aux humains, avait pour effet de plonger les elfes, notamment les jeunes, dans une profonde perplexité. En d'autres circonstances, c'eût été de ma part une taquinerie. En l'occurrence, mon intention était d'accroître le trouble de mes interlocuteurs afin qu'ils m'annoncent avec plus d'empressement. Le temps d'un clignement de paupières, le garçon elfe avait disparu. Sa jeune congénère resta et je devinai, à sa manière de me considérer, qu'elle allait tenter d'obtenir la primeur de quelques confidences. Je lui adressai un bref sourire, puis repris ma progression vers le cœur de la forêt où la communauté avait installé son village suspendu.

Elle eut vite fait de me rattraper et de céder à la tentation :

— Vous me reconnaissez, n'est-ce pas, Thédric ? Je suis Fozide.

— Bien sûr. Vous avez g... (Je gardai de justesse en bouche le mot *grandi*, inapproprié pour une créature qui était sans doute trois fois plus âgée que moi.) Mûri, dis-je finalement.

— Comment un humain pourrait-il obtenir des nouvelles de Lizlide, alors qu'elle n'est plus parmi nous ? éluda-t-elle.

— Peut-être parce que l'humain que je suis et l'elfe qu'elle est ne font qu'un.

— Oh ! Comment serait-ce possible ?

— C'est une façon de parler, précisai-je.

— J'ai aperçu un homme, l'autre jour, m'annonça-t-elle en baissant les yeux. Ou c'est lui qui... enfin...

Elle marqua un court silence avant de s'exclamer, me sollicitant d'un regard insistant :

— Je ne me vois pas ne faire qu'un avec lui !

Elle était à l'évidence très tentée par l'expérience, autant qu'effrayée.

— Je serais vous, jolie Fozide, j'éviterais d'échanger des coups d'œil avec un humain, ça peut faire mal.

Et je savais de quoi je parlais. Son trouble fut tel qu'elle continua de me cuisiner, avec autant de déférence que d'insistance, sans rien obtenir de plus concernant Lizlide et moi, jusqu'à ce que, enfin, nous parvenions sous les premières demeures elfiques. Celles-ci n'avaient rien de cabanes primitives perchées dans des arbres. Chacune était une véritable résidence de luxe, exploitant avec habileté le support des branches pour développer sur différents niveaux une superficie maximale. Ces arbres-maisons offraient de vastes terrasses d'agrément, avec parfois plusieurs corps de logis percés de larges ouvertures drapées de tentures sombres, reliés entre eux par un réseau de passerelles et d'escaliers. Nombre de ces demeures étaient ornées de statues ou de bas-reliefs en bois d'un grand raffinement. À mon approche, des résidents sortirent de chez eux pour me considérer avec curiosité, quelques-uns (fort peu, malheureusement) me saluèrent d'un sourire ou d'un léger hochement de tête.

— Je crois que le mieux serait que je vous conduise à l'arbre-maison communautaire, déclara Fozide.

— Sans doute, répondis-je distraitement.

J'avais l'esprit ailleurs, absorbé par ces délicats visages lunaires, inquiet quant aux réactions suscitées par ma réapparition. Oh, je savais bien que je ne risquais rien. En fait, ce que je craignais par-dessus tout était leur silence, manière la plus efficace et la plus blessante pour signifier à l'importun de passer son chemin. Cela dit, si j'étais soudain pris de folie meurtrière, ils étaient capables de me trancher la gorge avant que j'aie eu le temps de dire ouf.

– Nous y sommes, m'annonça Fozide. Je vous laisse, Thédric.

Je perçus de la déception dans sa voix. Sans doute était-elle encore trop jeune pour participer au conseil des aînés que provoquerait ma venue. Son camarade la rejoignit et partagea ses sentiments. Plusieurs elfes s'approchèrent bientôt, dont un ancien reconnaissable non pas à ses rides ou sa chevelure blanche mais à l'intensité de son regard. Il faut savoir que les elfes ne vieillissent pas comme les hommes ou les animaux, puisqu'ils n'en sont pas. Ce sont des créatures d'une nature tellement différente de notre simple structure biologique ! Les elfes ne grandissent pas, ils mûrissent, même s'ils naissent bébés (je n'ai d'ailleurs jamais su comment), deviennent enfants, adolescents, adultes et pour finir... se transforment.

– Soyez le bienvenu, Thédric, m'accueillit l'Ancien.

Il se produisit alors un événement auquel je ne m'attendais pas du tout : il me tendit la main ! Par ce geste spécifiquement terrien, il me prouvait que j'étais réellement le bienvenu. L'émotion, maudite émotion, me submergea à nouveau. Je l'aurais bien embrassé, mais il ne fallait pas exagérer. En serrant cette main fine et fraîche, je retrouvai la sensation déroutante que j'avais éprouvée au premier contact de la peau de Lizlide – je venais de lui dénuder le buste pour me prêter à la seule intervention chirurgicale de ma vie . retirer une flèche orque plantée dans son épaule.

– Merci. Vous savez que je ne suis pas revenu pour vous importuner en sollicitant des explications sur la disparition de Lizlide. C'est parce que j'ai besoin que vous m'aidiez à comprendre son appel au secours.

Il eut un haut-le-corps.

– Son appel... Comment est-ce possible ?

En réponse, je jetai un regard alentour. Les elfes qui formaient cercle autour de nous étaient à présent une cinquantaine. J'aurais pu interpeller chacun par son nom, puisque j'avais vécu de nombreuses semaines parmi eux. Avec tristesse, je me rendis compte que rien n'avait changé dans leur façon de me considérer. Une distance incompressible nous séparait, pareille à celle qu'il y aurait entre les hommes et des extraterrestres.

— Venez, Thédric, m'invita l'Ancien, nous serons mieux dans l'arbre-maison communautaire pour vous entendre.

4

Funeste solution

La grande salle de l'arbre-maison, où la communauté tenait ses conseils et autres réunions « familiales », était meublée de nombreux fauteuils aux pieds et accoudoirs torsadés, recouverts pour la plupart d'une sorte de velours vert sapin. Des elfes poussèrent les quelques tables le long des murs, tandis que d'autres installaient les sièges en arc de cercle autour de celui dans lequel je compris que je devais prendre place. Cette audience me fit une drôle d'impression ; on eût dit que la société du village s'apprêtait à entendre quelque conteur de passage. L'atmosphère était à la fois au sérieux et à la détente. Je crus deviner qu'aucun de ces aînés elfiques ne s'attendait à des révélations fracassantes, et que cette séance était autant une civilité à l'égard d'un hôte que la distraction du jour. J'avais donc intérêt à être au mieux de ma forme.

Une fois tout le monde installé, le silence s'imposa. Ils étaient une cinquantaine, femmes et hommes, dont les chevelures et les vêtements offraient d'harmonieux camaïeux de teintes forestières. J'évitai d'accrocher l'un ou l'autre de ces regards à la fois doux, vifs et incisifs, de peur de perdre mes maigres moyens.

— Nous vous écoutons, Thédric, m'enjoignit l'un des aînés.

Je pris ma respiration et me lançai avec naturel, sans chercher à dissimuler mon émotivité ni mon embarras :

— Lizlide m'a appelé à son secours, annonçai-je d'entrée de jeu. Je ne sais pas où elle est ni comment je pourrais la rejoindre, mais il est possible que vous, vous le sachiez. C'est pourquoi ma première réaction a été de venir vous solliciter, même si... (Je m'interrompis. Il ne fallait pas que je commence en avouant ma peur que les elfes me tiennent pour responsable de la disparition de leur congénère, ce qui était le cas, devais-je apprendre plus tard.) Peu importe. Voilà comment cela s'est passé. Comme vous le savez, après mon séjour au royaume des Sept Tours et la guerre contre l'Immonde*, j'ai intégré une unité spéciale chargée, depuis la Terre, d'explorer les infinimondes de l'Imaginaire. Ma dernière mission m'a conduit à séjourner longuement dans l'un d'eux, nommé l'Empire des Mondes. Parmi les expériences que j'ai vécues là-bas, il en est une qui a bouleversé l'idée que je me faisais de moi-même. Pour comprendre, il faut d'abord que je vous explique qu'il existe dans ce pays des sortes de... comment dire ? artisans, sculpteurs, magiciens... désignés sous le terme de *fondeurs*. Leur spécialité est de modeler dans de « l'argile primordiale » une figure en principe humaine, à laquelle ils donnent toutes les apparences de la vie : peau, chevelure, souplesse... tout. Mais ce n'est pas le plus extraordinaire. Ensuite, par je ne sais quel prodige, ils insufflent dans ces corps inertes une énergie assez puissante pour leur permettre de se mouvoir et même de penser. Il ne s'agit pas d'automates ni de robots, mais d'*alter ego*. Je veux dire que l'âme qui anime ces poupées de terre n'est autre qu'une part de celle de leur modèle, la plus profonde et la plus secrète. Une fois mis en présence, l'*ego* – le modèle – et son *alter ego* peuvent communiquer par la pensée, sans aucune contrainte de distance. C'est par mon *alter ego* que j'ai reçu l'appel de Lizlide. Il a en quelque sorte servi d'émetteur-récepteur.

* Le seigneur des Mondes Noirs situés au nord du royaume des Sept Tours.

Profitant de ma courte pause, un elfe à la superbe chevelure rousse me demanda :

— Êtes-vous certain qu'il s'agissait de Lizlide ?

— Absolument, assurai-je en soutenant son regard vert. Au cours d'un dîner officiel, j'ai été victime d'un curieux malaise qui s'est traduit chez mon *alter ego* par un évanouissement. Après quelques minutes, durant lesquelles ma pensée s'est figée, j'ai entendu dans ma tête ce cri de désespoir : « Thédric, mon amour ! Thédric ! » C'était la voix de Lizlide. Ensuite, elle m'a supplié : « Viens me chercher, c'est l'enfer, ici ! » puis a évoqué un Avaleur d'âmes. Je n'en ai pas capté davantage, mais c'est assez pour que je parte à sa recherche, où qu'elle soit retenue dans l'Imaginaire.

Balayant l'assemblée du regard, je vis que nul ne doutait de ma détermination sur ce point. Pour autant, me croyaient-ils ?

— Ce que vous nous rapportez suggérerait que notre sœur se trouve dans l'Entre-deux-mondes, déclara l'une des elfes les plus proches de moi.

C'était une ancienne, dont le visage irradiait une maturité imposante. Elle se nommait Ozlonde.

— Cependant, pour une elfe de son élévation, c'est... ce serait complètement inouï, précisa-t-elle.

— Qu'est-ce que l'Entre-deux-mondes ? m'enquis-je.

— Vous savez, je pense, que nous ne mourons pas ainsi que les humains. Lorsque l'heure est venue, que certains d'entre nous choisissent parfois de devancer, comme ce fut peut-être le cas pour Lizlide, nous disparaissons afin d'accéder à l'un des couloirs qui séparent les mondes. En principe, nous ne faisons qu'y circuler afin de nous rendre en un autre lieu de l'Imaginaire, où s'opère la transformation pour un nouveau parcours. Pourtant, il arrive que certaines âmes, humaines pour la plupart, quelques-unes animales, en tout cas jamais elfiques, errent dans ces lieux de passage. Si c'est réellement notre sœur qui est entrée en contact avec vous, et cela depuis l'Entre-deux-mondes, cela signifierait...

Elle se tut et je vis passer dans ses yeux une ombre d'épouvante. Elle me communiqua son malaise.

— Qu'est-il advenu du corps de Lizlide après son départ ? m'inquiétai-je.

— Si l'on excepte les cas d'accident ou de mort violente, par exemple lors d'un combat, le corps et l'esprit des elfes ne se séparent pas, contrairement aux êtres humains qui doivent abandonner leur enveloppe charnelle.

— Je ne comprends pas, la coupai-je.

Ozlonde esquissa un sourire bienveillant, et se tut. L'envie me saisit d'insister pour qu'elle lève un peu plus le voile sur ce mystère fascinant de la vie après la vie, mais je m'obligeai à rester sur le sujet du moment. Car je savais que ces elfes, s'ils sentaient l'entretien tourner au bavardage, pouvaient brusquement décider d'y mettre fin. Je me laissai aller contre le dossier de mon siège. Le découragement me submergeait et je ne savais plus que dire. C'est alors que me revint en mémoire mon rêve de la nuit précédente. Je le racontai à mes interlocuteurs qui, à ma grande surprise, réagirent vivement :

— À quoi ressemblaient ces créatures sombres ? me demanda l'ancienne. Essayez de les décrire, Thédric, le plus précisément possible.

Je fermai les yeux pour mieux ramener à ma conscience ces pénibles visions.

— Elles étaient raides et grandes, plus que moi en tout cas, avec le haut du dos voûté. Une tête pâle, sans doute chauve. Je les voyais enveloppées dans des capes ou des manteaux, luisants et noirs comme les ténèbres. Mais ce qui m'a le plus impressionné, c'est ce qui émanait d'elles : un froid glacial qui annihilait toute volonté, même celle de respirer. C'était très éprouvant. (Je m'interrompis quelques secondes, avant de conclure dans un soupir :) C'est tout ce dont je me souviens avec clarté. Qu'est-ce que cela vous inspire ?

Ma question n'entraîna d'abord qu'un long silence, comme si mes interlocuteurs hésitaient à me révéler quelque antique secret. Enfin, Ozlonde consentit à éclairer ma lanterne :

— Dans la mémoire de notre peuple sont consignés des récits où l'on évoque de tels êtres. Ce sont des chasseurs d'âmes.

— Sur Terre, les chasseurs sont des gens dont le plaisir consiste à traquer et à tuer des animaux, dis-je. Est-ce que ces chasseurs d'âmes pratiquent le même genre d'amusement ?

— Il semble plutôt qu'ils capturent des âmes pour le compte d'entités supérieures, dont nous ne savons rien.

— Existe-t-il un moyen de me lancer sur leur piste ?

— Oui, me répondit laconiquement l'aînée en me fixant droit dans les yeux.

— Lequel ?

— Mourir.

Mon sang se glaça dans mes veines. J'avais tout envisagé, même ce sacrifice ultime, mais pas que ça puisse m'arriver vraiment...

5

Mourir ou mûrir

C'est fou la quantité de pensées, d'images et de sentiments qui, l'espace d'un instant, vous passent par la tête quand on vient de vous annoncer qu'il ne vous reste plus que quelques heures à vivre. La voix de la raison me criait : « Fiche le camp ! T'es trop jeune pour mourir ! » Celle du cœur, pour une fois raisonnable, me chuchotait : « Si c'est la seule solution, qu'il en soit ainsi. Résigne-toi, mon vieux, c'est ça ou être torturé de remords toute ta vie. » J'étais d'accord, sur le principe. Malheureusement, je me voyais aussi sacrifié pour rien, fantôme filant par les couloirs de la mort vers quelque abîme infernal et y sombrant pour une damnation éternelle... J'avais besoin de prendre l'air. Cela dut se voir, car une elfe me demanda :

— Souhaitez-vous boire quelque chose ? Vous êtes si pâle.

Je la remerciai d'un pauvre sourire, puis demandai piteusement :

— Il n'existe vraiment aucun autre moyen de passer dans l'Entre-deux-mondes ?

— Pour un humain, non, répondit Ozlonde d'une voix neutre.

Cette réponse me poussait un peu plus vers la porte du trépas. Un interminable silence s'installa durant lequel j'étais le seul à réfléchir puisque, pour les elfes, mon problème était simplissime : c'était la mort ou le retour à la maison. La décision n'appartenant qu'à moi, ils l'attendaient dans une sérénité tout elfique.

L'un d'eux eut alors envie de savoir :

— Vous ne nous avez pas dit à quoi ressemblait votre *alter ego* en argile primordiale.

Je répondis avec un accent de nostalgie dans la voix :

— Je l'avais appelé Lizlon. Le fondeur lui avait donné l'apparence d'un petit garçon de huit ans. Il avait les yeux de Lizlide, noirs et profonds, et comme elle une chevelure fauve. (Je relevai les yeux et conclus :) C'était un elfe.

Cette annonce produisit un effet inattendu qui marqua les visages d'étonnement.

— Êtes-vous certain qu'il s'agissait d'un jeune elfe ? m'interrogea Ozlonde.

— Absolument ! Il avait les oreilles pointues, mais surtout, je vous l'ai dit, sa physionomie tenait à la fois de Lizlide et de moi, comme s'il avait été notre fils.

Les aînés échangèrent des regards et des murmures en langue elfique. Enfin, Ozlonde m'expliqua :

— Les chasseurs d'âmes ne sévissent pas dans l'Entre-deux-mondes. Ils ne font qu'y transiter pour accomplir leur besogne. Aucun des spectres qui le hantent ne les intéresse. C'est au passage de leur victime qu'ils agissent. Ainsi, lorsqu'un humain qu'ils convoitent meurt, ils le capturent avant qu'il franchisse le seuil d'un autre monde. Il arrive aussi, mais très exceptionnellement, qu'ils s'introduisent dans notre réalité pour s'emparer des proies d'une valeur particulière. Cette manœuvre périlleuse ne réussit que si la victime est fragilisée, et de ce fait vulnérable.

— Dois-je comprendre que je pourrais les attirer ?

Je fus interrompu à mon tour :

— Cela ne concerne que les elfes. C'est sans doute parce qu'elle était très affaiblie que Lizlide a pu être enlevée, corps et âme. À l'évidence, une intention préside à ces événements inhabituels. L'appel de notre sœur, votre rêve,

Lizlon... voilà qui porte le signe d'un esprit des Hautes Sphères.

— S'agirait-il du seigneur Akhal ?

Je faisais allusion au nouveau maître des Mondes Noirs que nous avions, Lizlide et moi, largement contribué à vaincre.

— Peut-être, mais cela semble si... improbable. À moins qu'il n'ait noué une alliance avec une entité supérieure. Il est aussi possible que le Créateur lui-même soit à l'origine de tout... (Ozlonde fronça les sourcils, perturbée par ces hypothèses.) Laissons de côté les élucubrations et revenons à notre problème immédiat. Si donc l'un d'entre nous se mettait volontairement en état de faiblesse, il est envisageable que les chasseurs d'âmes en profiteraient pour l'emporter...

Je voulus émettre une objection, mais l'ancienne m'arrêta d'un geste de la main.

— Nul d'entre nous ne peut se subtituer à vous, Thédric, puisque c'est très certainement votre personne que convoite l'Avaleur d'âmes.

— Je n'y comprends plus rien ! maugréai-je en hochant négativement la tête. Pourquoi me parlez-vous de tout ça puisqu'il est impossible d'envoyer quelqu'un à ma place ? C'est absurde !

Je montais en pression, ce qui était très malvenu devant une telle assemblée.

Je me ressaisis en respirant à fond quelques secondes. Je me sentais désemparé et angoissé comme un enfant bousculé par des événements qui le dépassent. Ozlonde poursuivit néanmoins :

— Une solution est envisageable, qui nous est suggérée par cet *alter ego* qui vous a été donné lors de votre séjour dans un autre monde. Si cet enfant est bien l'expression de votre moi profond, alors il nous faut admettre que...

Elle suspendit sa phrase, tant ce raisonnement bouleversait sa rationalité elfique. Je décidai de l'aider en lâchant :

— Que je suis un elfe.

L'ancienne rectifia :

— Disons plutôt qu'il pourrait y avoir une dimension elfique en vous, susceptible de vous relier à notre peuple. Cela résoudrait d'ailleurs le mystère de votre relation avec Lizlide, qui nous paraissait jusque-là totalement contre nature.

— J'entends bien, mais cela ne me dit pas comment je vais faire pour partir à sa recherche, autrement qu'en sacrifiant ma vie.

— Il vous faudra malgré tout accepter d'abandonner une part de vous-même.

— J'y suis prêt... Laquelle ? demandai-je avec appréhension.

— Votre humanité.

J'en grimaçai par avance. Car j'y tenais, à mon humanité, même si elle ne manquait pas de défauts.

— Sans doute savez-vous comment nous avançons en maturité, reprit Ozlonde.

— Lizlide m'en a parlé. Ce n'est pas le nombre des années qui marque l'âge d'un elfe, mais les niveaux de sagesse. Si je me souviens bien, vous appelez élévation ce passage d'un âge à un autre.

— Exactement. Le temps qui sépare un niveau d'élévation du suivant est très variable, puisqu'il dépend d'une multitude de facteurs, dont les expériences de la vie qui comptent beaucoup. Ces transformations sont très subtiles et se déroulent le plus souvent naturellement, sans que l'elfe s'en rende compte. Par exemple, vous avez été accueilli par de jeunes elfes qui n'ont pas encore pris conscience qu'ils s'étaient récemment élevés au niveau des premiers aînés. Dans nos traditions, il existe un rituel dit de l'Élévation qui permet à un être de maturité moindre d'accéder en très peu de temps à un niveau supérieur. Nous ne l'utilisons que très rarement, et plutôt en temps de guerre. Mais au fond, n'est-ce pas un peu le cas aujourd'hui ?

— Vous me proposez donc de me faire passer ce rituel de l'Élévation, mais quel en sera le résultat ?

— Vous deviendrez un elfe. Sachez cependant que nous ignorons si une telle mutation est réalisable, car il n'y a pas de précédent.

— Quel est le risque si ça ne marche pas ?

— Le moindre sera que vous perdiez votre part humaine.

Autrement dit, cela me tuerait. Un moindre mal, en effet, pensai-je amèrement. Il restait un point à éclaircir :

— Comment être sûr que les chasseurs d'âmes s'empareront de ma misérable carcasse, une fois que j'aurais réussi à devenir l'un des vôtres ?

— Le rituel de l'Élévation est une opération éprouvante, puisque nous forçons le rythme de la nature. Durant plusieurs jours, vous éprouverez une souffrance si intense que vous frôlerez l'agonie. À l'issue de cette phase de grande incertitude, vous serez sur la voie pour devenir un elfe. Durant ce processus qui peut prendre des semaines, voire des années, votre âme en cours d'élévation demeurera dans votre corps...

Ozlonde s'interrompit quelques secondes, puis conclut :

— S'il ne vous lâche pas.

J'attendis la suite, en vain. Tout était dit.

J'en étais à mon troisième voyage extraordinaire, mais j'acquis à cet instant la certitude que celui-là allait passer toutes les bornes.

6

Le rituel de l'Élévation

Je sortis de cette réunion le moral en compote. Finalement, me disais-je, j'avais une chance de ne pas mourir dans d'atroces souffrances... Rectifions : de ne pas mourir. Les souffrances étaient de toute façon acquises. Je retrouvai Fozide et son camarade adolescent au pied de l'arbre communautaire.

— Cela ne s'est pas bien passé ? m'interrogea la première.

— Vous allez devoir nous quitter ? enchaîna le second.

— Oui et oui, répondis-je.

Je n'avais guère envie d'entrer dans les détails. Ozlonde approcha :

— Venez, Thédric, nous allons vous donner une couleur plus locale. Ensuite, il vous faudra patienter sans doute une grande partie de la journée, le temps que nous préparions le rituel.

J'acquiesçai puis suivis l'elfe jusqu'à un arbre-maison que je reconnus aussitôt, non sans une certaine émotion puisqu'il s'agissait de celui de la famille de Lizlide. La mère de mon amie me reçut avec le même détachement inquiet que je lui avais toujours connu. Elle m'apporta des habits masculins vert sapin, très seyants, mais qui m'inspirèrent une curieuse gêne. Peut-être parce que j'avais l'impression d'usurper une identité et aussi, plus prosaïquement, parce que ces vêtements étaient si légers qu'on avait l'impression de n'avoir, au sens littéral, rien sur le dos.

Je passai ma journée sans ennui ni réconfort, à déambuler dans le village et aux alentours en quête de souvenirs, me préparant psychologiquement à mon adoubement elfique. À l'approche du crépuscule, je crus que le rituel serait reporté au lendemain, ce qui ne m'enchantait pas plus que l'ajournement d'une opération chirurgicale pour un malade en phase terminale. Cette manière de penser me fit réagir, contre moi-même. Je n'étais pas malade, et moins encore en phase terminale... quoique...

— Thédric ? m'appela une voix fluette.

Je relevai la tête et vis la jeune Fozide, debout, un peu embarrassée me sembla-t-il, à quelques pas sur ma droite. J'étais depuis trop longtemps assis sur ce banc moussu, à ronger mon frein. L'apparition de cette jeune beauté au pied léger me réveilla et m'enchanta. Je me levai d'un bond en m'exclamant :

— Et si nous allions jouer aux Esprits !

Il s'agissait d'un jeu de société, s'apparentant vaguement aux échecs.

— Peut-être une autre fois, déclina-t-elle. Nos aînés vous attendent et je suis chargée de vous en avertir.

Mon cœur se serra brusquement.

— Ah ? Bon... j'arrive. Je vous suis.

Elle me guida à travers la forêt où la lumière vert tendre du jour, diffusée par la matière végétale elle-même, avait laissé place à une étrange phosphorescence émeraude foncé. Nous n'avions donc pas besoin de lanterne pour éclairer nos pas. Nous finîmes par rejoindre une trentaine d'aînés rassemblés sur un chemin que je m'étonnai de ne pas reconnaître.

— Nous voici ! leur annonça Fozide. Je... je vous laisse. À bientôt, Thédric.

— Tu peux nous accompagner, proposa Ozlonde.

— Je veux bien ! répondit-elle vivement.

— Ta voix nous sera d'un précieux concours.

Bien que je ne pusse le voir en raison de la pénombre, je devinais que le visage de la jeune elfe rosissait, très légèrement car, comme ses semblables, elle disposait d'une certaine aptitude à maîtriser ses émotions, contrairement à moi. Cela m'amena à me demander si, une fois *élevé*, j'aurais les mêmes capacités naturelles que les elfes. Je m'en réjouis par avance, car ces êtres fabuleux ne tombaient jamais malades, avaient des réflexes plus vifs que l'éclair, ne se mettaient jamais en colère, vivaient des siècles, etc. J'inspirai profondément. Voilà qui donnait le vertige. En fin de compte, j'étais plutôt heureux de ce qui m'arrivait et décidé à oublier - plus exactement à accepter - les épreuves à venir.

Dans un silence solennel, je fus conduit à travers la forêt, sur des kilomètres, me sembla-t-il. À l'approche de notre destination, le paysage se modifia sensiblement. Les grands arbres entrecroisant leur frondaison laissèrent place à de véritables ancêtres sylvestres. Leur tronc à l'écorce délabrée avait une circonférence respectable mais ne s'élevait pas à plus de quelques mètres avant de se diviser en bras aux tortions impressionnantes. Le relief aussi devint plus tourmenté, avec de fréquentes percées rocheuses.

— Où sommes-nous ? m'enquis-je.

— Dans les reliques d'un lointain passé, me répondit Ozlonde, énigmatique.

Nous progressâmes encore environ une heure, jusqu'à ce que, enfin, nous débouchions dans une clairière peu étendue. Mon regard s'envola par cette trouée vers le ciel bleu nuit du royaume des Sept Tours, sans étoiles, comme dans la plupart des infinimondes de l'Imaginaire. Le groupe stoppa. Alors seulement, je remarquai au-delà de l'espace herbeux une porte en triangle, fermée par une huisserie de bois brun finement sculptée. Elle était enchassée dans la paroi d'un à-pic recouvert d'une végétation luxuriante qui constituait un excellent camoufflage. Deux elfes prirent les devants. Ils allèrent pousser les battants qui s'ouvrirent sans le moindre grincement, puis ils disparurent dans l'obscurité. Des lampes à incandescence, diffusant une lumière dorée, éclairèrent bientôt ce qui semblait être une caverne circulaire. J'échangeai un regard avec Fozide dont les yeux pétillaient de curiosité.

— Nous pouvons y aller, annonça Ozlonde.

Une fois que nous eûmes tous franchi le seuil du sanctuaire, elle m'expliqua :

— Ce lieu porte le nom du plus ancien de nos ancêtres connus, Mèned Edmidia. Dans notre langue, cela signifie « mémoire de pierre ». C'est ici que réside l'âme collective de notre communauté. Là précisément...

Elle désigna de l'index une dalle rectangulaire de pierre translucide, incrustée dans le sol au centre de la salle. Ce minéral évoquait le cristal de roche, mais sa pureté et son éclat étaient plutôt ceux du diamant. En vérité, c'en était ! Et je découvris dans la minute suivante qu'il ne s'agissait pas d'une simple dalle car, sous mes yeux ébahis, je la vis s'élever lentement, silencieuse et somptueuse. C'était un autel, un autel de diamant pur ! Il absorbait la lumière d'or et la restituait cristallisée. Malgré mon émerveillement, je ne pus m'empêcher de penser à une table sacrificielle.

— Pour le rituel, reprit Ozlonde, nous vous demanderons de vous allonger sur la Table de Lumière. Elle est une fenêtre ouverte sur une dimension de notre réalité où vivent nos ancêtres. L'Élévation consiste à faire pénétrer votre esprit au sein de la pierre, jusqu'à ce qu'il entre en contact avec l'esprit collectif des elfes. Dès lors, nous ne maîtriserons plus ce qu'il s'ensuivra. Une fois le rituel accompli, nous vous ramènerons chez nous où vous pourrez demeurer tant que vous le souhaiterez.

— Puis-je poser une question ?

— Que vous apporterait la réponse ? Tout ce que vous aurez à faire sera de vous abandonner. Comprendre ne vous serait d'aucun réconfort. Notre rôle sera de guider votre âme jusqu'à la source de la lumière et de la confier à nos ancêtres. C'est tout.

L'aînée tira une fiole de verre blanc accrochée à sa ceinture, puis me la tendit.

— Pour faciliter le rituel, vous devez boire trois gorgées de cet elixir. Trois seulement.

Je m'emparai du flacon, mais ne voulus pas le porter à mes lèvres sans savoir ce qu'il contenait :

— Qu'est-ce que c'est ?

— Du poison.

S'abandonner sans chercher à comprendre prenait d'un coup tout son sens. Les yeux fermés, je bus le breuvage qui avait un arrière-goût de réglisse assez agréable, puis j'allai m'allonger sur la Table de Lumière. Sa dureté ne me surprit pas, contrairement à sa tiédeur. Les bras le long du corps, le regard fixé à la voûte rocheuse, je m'efforçai de me concentrer sur une seule préoccupation : maîtriser ma respiration. Peine perdue ! Je me remis vite à gamberger et mon souffle s'accéléra. Les elfes formèrent un cercle autour de moi. Allongé sur ce socle de diamant, mon corps était nimbé d'une aura d'or.

Le rituel commença, alors que mon esprit voguait déjà aux frontières du réel. Des chants s'élevèrent, de mélodieuses litanies qui me bercèrent et m'emportèrent à travers un espace lumineux qui bientôt se peupla d'ombres. Je n'éprouvais aucune peur quant à mon sort, seulement l'inquiétude de ne pas être à la hauteur. Les silhouettes se déplaçaient autour de moi, tels des médecins autour d'un patient. Des médecins ou des... chirurgiens ! Cette pensée altéra sérieusement ma fragile sérénité. Progressivement, j'eus à supporter une sensation désagréable, assez semblable à la nausée, couplée à une faiblesse physique croissante. Je pensai alors que je n'étais pas en train de m'élever, mais au contraire de sombrer. La métamorphose avait échoué, j'étais en train de mourir. Jamais je ne pourrais aller sauver Lizlide. Mon désespoir croissait à mesure que la chaleur quittait mon corps, vampirisée par la Table de Lumière. Je devais tenir, m'accrocher à la vie, endurer toutes les souffrances, tous les tourments de l'enfer... pour l'amour de mon elfe. Mon cœur fournissait pourtant de vaillants efforts afin de me maintenir en vie, mais son rythme ralentissait inexorablement, jusqu'à ce qu'il cesse de battre.

7

Les chasseurs d'âmes

Je rouvris les yeux et ma première pensée fut pour constater : « Tiens, je ne suis pas mort ! »

Je n'en étais pas vraiment sûr, aussi m'efforçai-je d'analyser la situation. J'étais allongé sur le dos, dans une pièce dont les murs étaient habillés de tentures noisette. C'était une chambre d'elfe. Il me sembla reconnaître celle que j'occupais avec Lizlide lors de mes séjours dans la forêt d'Émeraude, entre deux missions pour l'USEI. Nous dormions dans un pavillon annexe de l'arbre-maison de sa famille. Un peu rassuré, je voulus me lever. En vain ! J'étais paralysé, ou trop faible. Le silence était parfait. Il faisait jour, à en juger par la luminosité vert clair qui traversait la pièce depuis ma gauche. J'étais comme un patient en phase de réveil, s'angoissant sur le résultat d'une intervention de chirurgie esthétique. Étais-je devenu un éphèbe elfique ou une chimère horrifique ? Me reconnaîtrait-on quand je reviendrais sur la Terre ? Cette question en suscita une autre, bien plus grave : pourrais-je seulement rentrer chez moi ? Car la réification, c'est-à-dire la transformation de molécules inertes ou organiques de l'Imaginaire en leur équivalent réel, est impossible. Autrement dit, si j'étais réellement devenu un elfe, le retour à la vie terrestre me serait définitivement interdit, sauf à vouloir me suicider. D'un premier abord, être condamné à l'exil éternel pouvait ressembler à une odieuse damnation. Après réflexion, savoir à jamais inaccessible un monde promis au réchauffement climatique, à la pollution, à la surpopulation et autres catastrophes ne semblait plus si terrible. Vivre au royaume des Sept Tours présentait même certains avantages : pas d'impôts, pas de mouchard électronique de la Prévention routière dans sa voiture, nul besoin de Web-TV ou de jeux vidéo-3D pour chevaucher des dragons ou ferrailler contre des orques...

Finalement, c'est presque apaisé que je commençai à m'assoupir et que les chasseurs d'âmes me trouvèrent.

Mon instinct me fit brusquement rouvrir les yeux. Pénombre et silence me semblèrent normaux. Pourtant, j'avais la sensation très nette et fort dérangeante qu'on m'observait. Mon imagination s'emballa. Se pouvait-il que les chasseurs d'âmes se tinssent à l'affût, dissimulés dans les coins les plus sombres de ma chambre ? Je roulais des yeux en tout sens... Ils étaient là, invisibles encore, mais je percevais leurs vibrations glacées. Plus mes sens s'aiguisaient, plus il devenait évident qu'ils allaient apparaître. En pensée, je les défiai :

— « Qu'est-ce que vous attendez pour vous montrer ? Je suis là, à votre merci. Venez donc ! »

La réponse ne se fit pas attendre :

— « Vous n'êtes pas encore tout à fait prêt. »

Un froid violent me balaya tout le corps.

— « Si, je le suis !

— Pas assez.

— Emmenez-moi, je veux retrouver Lizlide !

— Ce n'est pas vous qui choisirez votre destination », rétorqua la voix, dont je n'aurais su dire si elle était masculine ou féminine.

Son timbre n'avait rien d'effrayant, sinon qu'il n'était pas humain. Un doute m'assaillit :

— « Je sais qu'elle est prisonnière de l'Avaleur d'âmes. Or c'est lui que vous servez, n'est-ce pas ?

— Pas toujours », répondit la voix.

Le doute se transforma en une immonde certitude. Je me voyais dériver à travers l'Imaginaire, dont on sait qu'il n'a aucune limite, puis jeté dans quelque cul-de-basse-fosse infernal. Mon souffle s'accéléra et une irrépressible envie de fuir m'assaillit. Hélas, mes muscles ne répondaient toujours pas, malgré les violentes impulsions électriques qui me traversaient le cerveau.

— « Vous êtes prêt, annonça tout à coup la voix. Nous allons pouvoir vous arracher à ce monde. »

On eût dit qu'il parlait d'une dent, ce qui me laissa entrevoir des réjouissances pour supermaso, auxquelles je croyais avoir échappé après mon élévation. Une dizaine d'individus se matérialisèrent autour de mon lit : de grandes silhouettes vaguement humaines, immobiles, vêtues d'un manteau cireux, noir et luisant. Leurs bras, terminés par de longues et fines mains blanches, étaient plaqués le long de leurs flancs. Comme clonés à partir d'un seul modèle, ils étaient affublés d'une même petite tête totalement chauve et dépourvue de poil, ce qui leur donnait une physionomie asexuée, aussi engageante que des poupées de latex. À bien y regarder, je constatai tout de même quelques différences dans leurs traits. Quant à leurs yeux, tout ronds, avec une pupille dilatée à l'iris blanc, ils luisaient sous des arcades sourcilières légèrement proéminentes. Pour les concevoir, leur Créateur s'était sûrement inspiré d'un rapace. Ces prunelles de prédateur me décortiquaient avec une minutie chirugicale terrifiante, de quoi me faire cauchemarder le reste de ma vie qui risquait, après une telle expérience, d'être singulièrement écourtée.

— « Comment cela va-t-il se passer ? » m'enquis-je en pensée.

Les chasseurs ignorèrent ma question. Ils échangèrent des regards, d'infimes hochements de tête, des mimiques de désapprobation ou d'hésitation. Je devinais qu'ils se concertaient sur mon sort ou mon transport. Dans le même temps, lentement mais sûrement, l'épouvante dévorait mes dernières réserves de bravoure. J'étais le condamné ligoté, à qui ne restait qu'une chose à espérer : être achevé vite et bien. Enfin, leur conciliabule silencieux trouva sa conclusion. Ils se resserrèrent autour de moi, se penchèrent jusqu'à ce que leurs crânes d'œuf se touchent. Ils avancèrent leurs longues mains blanches et les passèrent avec délicatesse sous mon corps. Ensuite, ils me soulevèrent dans une parfaite synchronisation. Une question incongrue me vint alors, comme il en arrive parfois dans les rêves : par où comptaient-ils me sortir de là, la porte ou la fenêtre ? Je n'avais aucun moyen de me rendre compte de ce qui se passait, au-delà de ce mur de manteaux noirs et cette voûte d'impavides faces blêmes. J'en vins à me demander si le transport dans l'Entre-deux-mondes avait débuté. C'est alors que j'éprouvai une sensation d'écartèlement, qui engendra assez vite une douleur aiguë, comme si l'on étirait jusqu'à la rupture chaque fibre de mon corps. Les chasseurs d'âmes étaient en train de « m'arracher » à cette réalité, cellule après cellule, au sens littéral du terme. Aucun mot ne saurait donner une idée, même approximative, de ce que j'endurai au cours de cette opération interminable. Mon esprit émit une plainte lancinante qui se perdit dans le néant... Pour comble, ma conscience s'obstinant à rester en état d'hyper-vigilance, je ne perdis pas une miette de tout le processus.

Après un temps indéterminé, mes ravisseurs se redressèrent, pour me faire pivoter à la verticale. Je n'étais plus qu'un lambeau de chair meurtrie, mais ma tête fonctionnait encore assez pour me permettre de mémoriser quelques informations sur notre environnement. Je mis du temps à comprendre qu'il n'y avait ni sol ni ciel autour de nous, seulement un austère camaïeu de gris, sans aucun point de repère formel, dans lequel je déduisis que nous devions flotter. Deux des créatures me tenaient simplement par le coude, comme si je n'avais pas été plus lourd qu'une plume.

— « Nous sommes dans l'Entre-deux-mondes ? demandai-je par télépathie.

— Oui, me répondit-on.

— Il n'y a rien, constatai-je.

— Il ne faut pas se fier aux apparences. Cessez d'émettre des pensées, vous risquez d'attirer des présences indésirables. »

J'obtempérai. Mais bien vite, comme si j'avais bloqué ma respiration, je finis par craquer et penser un bon coup :

— « Je suppose que je suis mort, cette fois ?

— Oubliez-vous que vous êtes dans l'Imaginaire ? Votre corps n'est qu'une probabilité à laquelle vous êtes attaché. »

Je n'étais guère avancé, et malgré tout un peu rassuré.

— « Où m'emmenez-vous ? demandai-je.

— Là où notre maître l'a souhaité.

— C'est-à-dire ?

— Faites silence, maintenant, nous approchons. »

À cet instant, des formes apparurent, sans doute celles d'un nouveau monde. Il devait être en fureur, car je captai de plus en plus dictinctement un brouhaha de cris, de cliquetis d'armes, de fracas divers... Quelque part devant nous grandit une clarté. Ce n'était pas celle d'un jour naissant, mais plutôt d'un incendie. Mes efforts pour tenter de décrypter ce que je voyais furent vain, car ces nébuleuses oniriques ne ressemblaient à vrai dire pas à grand-chose.

— « Que se passe-t-il ? m'inquiétai-je.

— Du calme ! » m'intima la voix.

Les chasseurs d'âmes s'arrêtèrent. Ils se concertèrent, puis l'un d'eux tendit l'index vers le bas. Sa suggestion dut être retenue, car le groupe commença à descendre.

— « La chute sera courte, mais sévère, m'avertit la voix. Puisse-t-elle ne pas vous disloquer. »

J'écarquillai les yeux. Que voulait-elle dire ? L'instant suivant, tripes et boyaux me remontèrent dans la gorge. J'ai ensuite le souvenir d'une plongée interminable, les pieds devant, digne des plus vertigineuses montagnes russes.

Et ce fut l'atterrissage... le crash !

8

Premières émotions fortes

Quelle claque !

Percuter un mur à cent à l'heure, sans autre protection que trois millimètres de graisse, ne doit pas secouer davantage. Si bien que je restai inconscient un certain temps. Je finis par me retourner sur le dos et commençai à me tâter pour évaluer l'étendue des dégâts. En vérité, le choc avait été beaucoup moins physique que psychique, ce qui expliquait pourquoi je ne ressentais aucune douleur corporelle. Mes bras, mes jambes, ma tête et le reste semblaient à leur place et en état de marche. Je me redressai, avec précaution. J'étais étendu sur un tapis d'herbes hautes où les graminées le disputaient aux fleurs des champs. Levant les yeux, j'eus l'impression de me trouver dans un pré au printemps. Sur la gauche, j'aperçus une forêt, assez dense, et vers la droite, au bas d'une pente douce, une haie jalonnée de grands arbres au feuillage pommelé. Pour un peu, je me serais cru dans ma campagne bourbonnaise... Et si c'était vrai ? me dis-je en défi au bon sens. Je secouai la tête pour chasser cette idée stupide qui éveillait une douloureuse nostalgie. Quel temps faisait-il ? Le ciel était plombé de gris, ce qui ne m'aida pas à me faire une idée de l'heure de mon arrivée en ce bas monde. Seule certitude, il faisait jour et frais. Je réprimai un frisson. Mes vêtements elfiques étaient sans doute fort seyants dans ce paisible décor champêtre, mais pas vraiment adaptés à une température de treize ou quatorze degrés.

Mes premières impressions furent donc plutôt rassurantes, mais la prudence me conseilla d'attendre la suite.

Je me levai. Mes jambes étaient un peu faibles, surtout la droite, mais elles étaient opérationnelles. Je me mis donc en marche, droit devant et dans le sens de la pente. J'aperçus bientôt une trouée dans la haie, close par une barrière de bois rudimentaire. Les lieux me semblaient décidément assez familiers. Rien jusque-là qui pût évoquer un quelconque enfer. Je me serais presque attendu à voir débouler un tracteur sur le chemin de terre que j'apercevais au-delà de la barrière. Tout en progressant à travers ce paysage bucolique, je me surpris à regretter de ne pas avoir été abandonné dans un environnement un peu plus cauchemardesque, car j'aurais eu davantage l'espoir d'y retrouver mon amour prisonnier.

Il fallait que je me concentre pour tenter de capter ses ondes, comme les elfes le font, mais je manquais de conviction, ce qui signifiait que je n'étais guère confiant dans la réussite de mon élévation. Rien n'avait changé, ni dans ma chair ni dans ma tête. Par acquit de conscience, j'examinai mes mains, me palpai le visage au cas où la texture de ma peau se fût modifiée... C'est alors que j'entendis un son au loin, s'élevant au-dessus de la forêt. On eût dit un appel, assez semblable à celui de chasseurs. Cette pensée me fit dresser les cheveux sur la tête, car, par association d'idées, je revis en un flash mon arrachement au monde des Sept Tours.

Je restai immobile, tendu, tous les sens en alerte. Il me sembla percevoir d'autres cris, moins humains... Mais ce pouvait tout aussi bien être le vent dans les frondaisons, ou mon imagination. Je m'aperçus alors que j'étais observé, avec une attention soutenue, par un superbe hibou au plumage brun. Il était perché sur une branche basse d'un arbre à demi mort, au milieu de la pente. Je lui adressai au passage un petit salut de la main qui parut l'intriguer. Sans autre inquiétude, j'atteignis la barrière qui s'ouvrait avec un rudimentaire loquet de bois. C'est ainsi que je me retrouvai sur un chemin vicinal, assez fréquenté au vu des nombreux nids-de-poule et des deux sillons de terre dénudée qui flanquaient un ruban d'herbe rase. Des traces de sabots m'indiquèrent que ce n'étaient pas des véhicules automobiles qui circulaient sur cette voie.

Il me fallut choisir une direction. Par facilité, j'optai pour celle de la descente. Je marchais d'un bon pas, observant de chaque côté les hautes murailles d'épineux touffus. Sur certaines sections apparaissait un muret de pierre conquis par les mousses et les ronces. À travers une trouée d'accès, je découvris un champ de blé encore vert, ce qui impliquait la présence d'une ferme non loin... et de fermiers. J'avais hâte de savoir dans quel genre de contrée du fin fond de l'Imaginaire j'étais exilé. Un événement survint, qui me donna une première indication, peu réjouissante. Il s'annonça par un martèlement de sabots et des cliquetis insolites. J'étais alors, tel un pisteur africain, en train de humer une crotte sèche. Il fallait d'urgence que je me cache, mais le temps que je réagisse, une troupe de cavaliers surgit derrière moi, à une centaine de mètres.

En tête chevauchait un grand guerrier en armure, dans la pure tradition médiévale. Tout y était ! Pour son destrier, le caparaçon de mailles sur toile matelassée. Pour l'homme, l'équipement complet : le casque ogival à visière articulée, l'écu au bras gauche, la lance en main droite tenue à la verticale, et bien sûr l'épée au côté, battant le flanc de sa monture. Derrière lui venaient d'autres semblables guerriers, puis les écuyers portant chacun un étendard ou une lance. Enfin, un groupe de valets d'armes en cotte de toile et casque bol.

J'avais trois secondes pour prendre une décision. Si je détalais devant eux, je craignais de me transformer en gibier. Si je restais au milieu du chemin, j'étais assuré d'être piétiné. Il ne me restait qu'une option : m'écarter prestement et me signer en priant le ciel qu'il ne leur vienne pas l'envie de m'embrocher, juste pour rigoler. Je sautai donc par-dessus un des fossés et m'adossai à la haie, l'épaule gauche plaquée contre le tronc d'un chêne. Le chevalier et ses suivants passèrent devant moi, sans m'accorder le moindre intérêt. Les vibrations que provoquait ce lourd équipage me montèrent dans les jambes jusqu'au cœur, déjà comprimé de crainte. Des cailloux rebondirent qui me frappèrent les cuisses, et un vent chargé d'une puissante odeur de sueur chaude me fouetta les narines. Les écuyers, jeunes pour la plupart, m'accordèrent une furtive attention. Je croisai le regard de l'un d'eux, qui resta imprimé dans mon cerveau bien après qu'ils furent passés. Il m'avait toisé avec l'arrogance du puissant qui aime à écraser le faible de sa seule présence. Pour lui, je n'étais à l'évidence qu'un paysan peureux.

Une fois la troupe disparue, je regagnai le chemin, abasourdi et inquiet. Où les chasseurs d'âmes m'avaient-ils donc lâché ? m'interrogeai-je. D'après ce premier indice, cet infinimonde semblait inspiré d'une époque de l'histoire terrienne où les hommes ne rêvaient que d'exploits guerriers, de puissance et de gloire et, pour leur séjour éternel, d'un paradis rempli d'oiselles peu farouches et de cornes d'abondance pour s'empiffrer à loisir...

Je pris ma respiration, mon courage à deux mains et me remis en marche sur les traces de ces chevaliers tumultueux.

Après une demi-heure, j'eus la joie – modérée – d'apercevoir à moins d'un kilomètre un village, isolé entre champs cultivés et vergers verdoyants. J'allais enfin pouvoir recueillir des informations et, accessoirement, manger quelque chose. À condition, me dis-je, qu'on ne me chasse pas à coups de pierres. À mesure que j'approchais de ce bourg d'où émergeait un toit pointu pouvant évoquer un clocher, mes inquiétudes se multiplièrent, m'inspirant les pires scénarios. J'allais jusqu'à envisager de tomber sur une population cannibale qui m'accueillerait avec des sourires carnassiers et des coutelas non moins redoutables. Pourtant, rien dans ces maisons à colombages et toiture de bois ou de chaume ne laissait soupçonner la moindre menace. La bourgade avait l'air calme, paisible... voire déserte. Parvenu à une centaine de mètres des premières maisons, je m'arrêtai pour prendre le temps d'observer les lieux où régnait un silence préoccupant, seulement troublé par les jeux de corbeaux croassants. Sur ma droite, j'aperçus dans un pré une antique charrue qui semblait abandonnée. Mon œil accrocha un chapeau de paille oublié sur l'herbe. À ma gauche, au-dessus d'un mur, émergeait le feuillage d'un pommier. Tout cela était on ne peut plus banal. Pourtant, je ne parvenais pas à être rassuré. Je tentai alors de faire appel à mon sixième sens pour capter des signes de vie émanant du village. Tout ce que je perçus fut une sensation d'abandon et de mort qui me fit frissonner. Je décidai d'avancer.

À peine avais-je franchi les reliques d'une porte de pierre sans huis rongée par le temps que m'assaillit une forte odeur de charogne. Ce qui me fit envisager avec horreur que ce charmant village était peut-être occupé par des orques. Ces viles créatures, plus proches de la bête que de l'humain, exhalaient ce type de puanteur.

Après seulement quelques mètres de progression, le mystère s'éclaircit et mon humeur s'enténébra davantage.

9

Bataille aux flambeaux

Dans le battant d'une porte entrebâillée était plantée une flèche. Une maison voisine, isolée au milieu d'un jardinet à l'abandon, avait été incendiée. Un peu plus loin, adossés à la margelle d'un puits, je découvris les ossements blanchâtres d'un soldat. Son casque de fer piqué de rouille lui tombait sur les orbites, créant l'illusion incongrue d'un squelette en pleine sieste. Une lance était fichée dans son thorax sur lequel pendouillait une cotte de mailles, telle une serpillière. À mesure que je progressais, je découvrais de nombreux vestiges d'une bataille déjà ancienne. Ici gisait la dépouille en armure d'un chevalier, minutieusement nettoyée par les corbeaux, là se balançait au bout d'une corde sous un arbre le cadavre momifié d'un civil, peut-être un espion malchanceux. Un peu partout traînaient des poignards, des éléments d'armure, des ustensiles ménagers médiévaux, un étendard jaune déchiqueté... « Décidément, désespérai-je, je suis dans un monde bien normal, où l'on se trucide à qui mieux mieux pour quelque futile enjeu de pouvoir. » Ça ne me disait toujours pas comment j'allais retrouver Lizlide, encore moins pourquoi les chasseurs d'âmes m'avaient largué là, sans explication. Je tentai de me rassurer en me rappelant que, même dans l'Imaginaire, tout, toujours, a sa raison d'être. Il fallait que je poursuive mon chemin, mais aussi que je songe à manger.

Après avoir exploré une dizaine de maisons, je finis par dégoter une demi-miche dure comme du bois, un morceau de viande séchée toute noire et plusieurs autres denrées que je supposais comestibles. Je trouvai également une bougie, un bout de ficelle, une cotte en peau de chèvre, puante mais chaude, et une besace de toile rapiécée pour transporter ces trésors. Enfin, pour me défendre, j'empruntai à un chevalier défunt, avec les politesses d'usage, une épée et un poignard que je fixai à ma taille à l'aide d'une large ceinture. Ainsi équipé, je devais avoir l'allure tragicomique d'un don Quichotte supra-exotique. Ne me manquaient que la barbe et la chevelure hirsute. Ah si, il me fallait un destrier ! Le seul que je trouvai fut un squelette complet, entre les côtes duquel avaient poussé des fleurs ressemblant à des coquelicots. J'en aurais volontiers ri si je ne m'étais cruellement souvenu qu'au même moment, quelque part sur cette terre, voire carrément ailleurs, mon elfe dépérissait.

Je marchai des heures et des heures sans rencontrer âme qui vive, hormis de temps à autre le grand hibou brun, qui me lorgnait d'un regard sévère. En revanche, les cadavres ne manquaient pas, tantôt se balançant au bout d'une corde, tantôt gisant sur le bas côté du chemin, le plus souvent isolés, parfois parsemant un champ, théâtre d'une sanglante échauffourée. Ces macabres rencontres, ajoutées à l'absence suspecte d'animaux d'élevage, finirent de me convaincre que je traversais une région en guerre. À tout instant, je devais donc m'attendre à croiser des soldats, réguliers ou mercenaires, assurément dangereux pour le vagabond que j'étais. Aussi me tins-je constamment sur mes gardes, et j'eus deux fois à me jeter derrière un buisson ou un muret afin d'éviter une rencontre malencontreuse. Jusqu'au crépuscule, je progressai sans croiser âme qui vive.

Pour le bivouac, je choisis un immense pré à flanc de coteau, délimité sur sa partie haute par une forêt, et au pied duquel coulait un ruisseau bordé de saules centenaires. Ainsi disposerais-je d'un couvert proche pour me dissimuler, voire m'échapper en cas de nécessité, d'eau courante pour boire et ramollir ma piètre nourriture, enfin d'une vue imprenable sur la campagne environnante, douce mais diablement déserte. Des rares fermes incendiées que j'apercevais ici ou là ne restaient que des ruines noircies. En attendant le sommeil, je m'assis entre deux grosses racines tordues d'un vieil arbre comme moi fourbu. Ensuite, tel don Quichotte après une rude journée de combat contre les moulins à vent, je contemplai le paysage en rêvant à ma belle.

Avec la nuit tomba une froidure à laquelle je ne m'attendais pas. J'en vins à regretter amèrement de ne pas avoir rassemblé de bois mort pour tenter d'allumer un feu. Si la température continuait à baisser, j'acquis la certitude que les corbeaux se rassembleraient le lendemain pour festoyer autour de mon corps roide. Malgré une obscurité périlleuse pour mes chevilles, je décidai de me lever et de repartir. Il fallait que je marche, ne serait-ce que pour me faire circuler le sang, et surtout dans l'espoir d'apercevoir une lumière vers laquelle diriger mes pas. À peine étais-je debout à me secouer les muscles que la lumière escomptée apparut, au bas du champ, sur la route par laquelle j'étais arrivé. C'était un flambeau. Un deuxième le suivait de près, puis un autre et un autre, encore et encore. Finalement, ce fut une centaine de fleurs de feu qui se déplacèrent sous mes yeux, à faible allure, dans un bruissement de harnais et de sabots, de murmures et de toussotements. Je me rassis, préférant attendre que cette troupe passe son chemin. En tête, avançaient les chevaliers, écuyers et autres officiers, dont l'armure lançait des reflets orangés. Derrière, marchaient les lanciers qui hérissaient d'épines ce long mille-pattes cliquetant. Je retins ma respiration, de peur qu'une oreille plus fine que les autres ne me repère.

C'est alors que, dans mon dos, j'entendis des craquements de brindilles. Je jetai un regard vers la forêt, mais ne vis que la lisière sombre et figée. Les bruits se reproduisirent et se multiplièrent, alors que l'armée en contrebas était désormais complètement à découvert, puisque le pré n'était pas délimité par une haie. Anticipant les événements, je compris qu'une cavalerie s'apprêtait à débouler du bois pour tailler en pièces ce bataillon fourbu et peu vigilant. Un hennissement intempestif accéléra le scénario pressenti. Un homme sur le chemin s'écria :

— Halte !

Il chevaucha jusqu'en tête de colonne en criant :

— Monseigneur, prudence ! J'ai ouï un cheval, en haut de cette butte !

Les montures commencèrent à piaffer et les hommes à se préparer à combattre. Les frottements métalliques des épées tirées de leur fourreau se mêlèrent aux avertissements qu'on se passait de soldat en soldat. Sachant compromis l'effet de surprise, les cavaliers, qui se tenaient en embuscade dans le bois, surgirent en lançant des cris de guerre et en sonnant le cor. Les yeux écarquillés, je suivis la charge formidable d'une cavalerie lourde sur un ennemi qui l'accueillit avec une rage égale. De brefs chuintements signalèrent des échanges de tirs d'arbalète. Un cavalier fauché par un trait fut projeté à terre dans un fracas de tôle. L'instant suivant résonnaient les cliquetis des premiers duels à l'épée. J'assistai dès lors à une échauffourée stupéfiante de brutalité, à un spectacle dantesque dans le flamboiement des torches que tenaient les valets d'armes, ce qui ne les empêchait pas de ferrailler furieusement de leur main libre. Une vision parmi tant d'autres m'est restée de ces premières minutes de bataille : nimbé de lumière orangée, un chevalier en armure cabra sa monture puis, l'épée brandie, se rua vers un adversaire qui le reçut à la pointe de sa lance, le transperçant de part en part. Les destriers, enfiévrés par l'effort, pulsaient des jets de buée par leurs naseaux dilatés. Les hommes hurlaient de douleur, de fureur ou de victoire. Les coups portés sur les cuirasses de fer retentissaient en des bruits de carrosserie presque comiques. Les cavaliers qui avaient le malheur de tomber étaient aussitôt occis par des fantassins armés de dagues effilées. Partout, on se taillait gaillardement en pièces, au sens littéral. Impossible de dire qui, des assaillants ou des assaillis, avait le dessus. Une seule certitude s'imposait, le combat ne cesserait que faute de combattants.

Finalement, c'est la fatigue qui eut gain de cause, au moins provisoirement. Les belligérants aux montures écumantes se séparèrent pour se regrouper, en un face-à-face qui ne dura que le temps de récupérer un minimum de souffle.

— Vous avez bien combattu, Ugon de Ronan, cria un chevalier de la troupe des agresseurs. Rendez-vous au plus fort et il vous sera fait grâce.

— Ventre-saint-gris ! C'est à moi que tu t'adresses, misérable avorton ? répliqua en face un guerrier de même rang. Par ma foi, il est vrai que nous combattons bien, mais où as-tu pris qu'un Ronan rendait les armes autrement qu'en rejoignant ses ancêtres au champ d'honneur ? Rends-toi toi-même, puisque tu me sembles de la caste des maroufles ! Qui es-tu donc ?

— Othon d'Aiguelongue, capitaine de cavalerie, chevalier de Saint-Fidèle, au service de Sa Seigneurie, le comtal de Morte-Mère. Et j'ajoute celui qui va céans vous envoyer rejoindre vos glorieux ancêtres !

Sur cette menace, ledit Aiguelongue poussa un « Yaaa ! » retentissant, puis talonna son destrier qui broncha d'abord, avant d'obtempérer avec fougue. Lorsque la deuxième manche s'acheva, il restait plus d'hommes à terre se vidant de leur sang qu'en selle se glorifiant de leur victoire. Le chevalier capitaine était de ceux-ci et ne tarissait pas d'éloges... envers lui-même. Il finit par ordonner qu'on ramasse et emporte les morts de son armée, ainsi que Ugon de Ronan dont les râles d'agonie couvraient les autres, sans doute parce qu'ils étaient amplifiés par le plus cruel dépit. Les rares survivants furent consciencieusement achevés.

Et moi, je restai pétrifié, spectateur horrifié autant que fasciné. Une exclamation me fit tressaillir :

— Là-haut, voyez sous cet arbre, il en reste un !

10

Théâtre de l'Apocalypse

C'est peu de dire que mes cheveux se hérissèrent d'épouvante. Tandis que chevauchaient vers moi plusieurs cavaliers, dont le capitaine d'Aiguelongue, je me levai et avançai à leur rencontre, affichant ostensiblement mes dispositions pacifiques. Le premier à m'atteindre me renversa du poitrail de sa monture, le deuxième sauta à terre pour me piquer sous le menton la pointe de son épée. Un type, dont le plastron de métal était bosselé et maculé de sang, me toisa du haut de son destrier, le poing sur la hanche.

– Oh, oh ! fit-il. Voici assurément un ennemi de grande valeur. Qui êtes-vous donc, messire ? Chevalier des Bourbiers ou prince de Couardise ?

– Thédric de Tibert, seigneur de France et de Navarre, mentis-je, me disant qu'un titre ronflant allait au mieux impressionner le personnage, au pire le faire rire.

– De France et de Fanfare ? Connais pas ! Soyez plus précis, je vous prie.

– Puis-je me relever ? réclamai-je.

D'un geste, l'officier y consentit. Je me relevai sans hâte et tentai de retrouver un peu de dignité.

– Qu'on apporte un flambeau ! ordonna le chevalier.

Ce qui fut fait prestement. Approchant de mon visage la torche grésillante, au risque de me cramer les sourcils, il me considéra longuement. Pour quelque mystérieuse raison, je l'intriguais.

— Vous avez une bien étrange tête, Seigneur. Sortez-vous d'un cirque à phénomènes ?

Je traduisis qu'il me prenait pour un monstre de foire. Je fis mine de ne pas m'en offusquer.

— Là d'où je viens, il arrive en effet que ce soit le cirque, surtout les vendredis soir, mais je n'ai rien que de très normal en mon pays, croyez-moi. Considérez que je suis une sorte de chevalier errant, curieux de tout et ami de chacun, dès lors qu'il ne me cherche point noise.

J'étais assez satisfait de ma tirade quand, tout à coup, le soldat qui m'avait piqué la gorge avec sa lame tendit un index tremblant vers l'épée que je portais au côté.

— Voyez, sire Capitaine, c'est un homme au comtal de Gimon.

Il m'arracha l'objet du délit et l'exhiba sous les yeux du chevalier qui en examina attentivement le pommeau. J'avais précédemment remarqué que celui-ci était orné d'une pierre de jade, sur laquelle était sculptée une curieuse créature, mi-serpent mi-dragon.

— Ainsi tu appartiens à ce félon, grinça le capitaine.

— Ne vous fiez pas aux apparences, Monseigneur, tentai-je de me défendre. J'ai tout bonnement trouvé cette arme sur un cadavre bien sec, dans un village à quelques lieues d'ici.

— C'est ce que nous verrons. Emmenez-le, notre maître décidera !

C'est ainsi que je fus monté, poings liés, sur le dos d'une monture nerveuse qu'un écuyer tirait par la bride. Peu après que la troupe se fut rassemblée et mise en marche, mon regard croisa celui d'un grand hibou brun, perché sur un moignon de branche, dans un arbre mort en bordure de chemin. Malgré la nuit, je remarquai ses iris d'or ; il semblait ne s'intéresser qu'à moi. Le sommet de son crâne était affublé de deux toupets de plumes, évoquant des oreilles de chat sauvage.

— Comment disiez-vous que vous vous nommez ? m'interpella soudain le capitaine de la troupe.

Je tournai le buste pour lui présenter une figure fière et farouche.

— Thédric de Tibert, répondis-je d'une voix ferme.

— Cela sonne étrangement.

— Étranger, tout simplement. Je viens d'une sorte de royaume lointain appelé France.

— Votre tête est trop singulière pour être celle d'un chevalier de chez nous, reprit le guerrier comme se parlant à lui-même. Seriez-vous un mage ?

L'idée me flatta. Je fus tenté de confirmer. Me rappelant le sort réservé aux sorciers en des temps reculés, puis me disant que je tirerais d'un autre côté avantage à être craint, je choisis de laisser planer le doute :

— Peut-être.

Il me reluqua puis marmonna :

— En tout cas, une tête bizarre.

Je me demandais bien ce qu'elle avait de si singulier, ma tête. Sur la Terre, je la trouvais plutôt normale, voire bien faite quand j'avais le moral. Il est vrai que, comparée à celle de mon interlocuteur, le trouble de ce dernier était compréhensible. Il avait relevé la visière de son bassinet, laissant voir une abondante barbe noire, un nez épais et des yeux disparaissant dans l'ombre de proéminentes arcades sourcilières, de surcroît couvertes d'une broussaille de gros poils bruns. J'avais déjà remarqué ces mêmes faces grossières chez les chevaliers et les soldats. D'une manière générale, ils étaient moins grands que moi, mais nettement plus costauds sous leur lourd équipement de combat.

Nous cheminâmes une heure ou deux, sans qu'une seule parole soit échangée. Les hommes affichaient la sérénité joyeuse des vainqueurs et une parfaite indifférence aux râles de souffrance des blessés, transportés dans des chariots en queue de colonne. Nous longions un coteau où moutonnaient des buissons d'épineux parmi des rochers gris lorsque j'aperçus, au-dessus de la ligne de crête, un halo de lumière orangée. J'en déduisis d'abord que nous approchions d'un cantonnement, mais je me rendis bientôt compte qu'il s'agissait en fait des lueurs d'un incendie. Le chef de la troupe ordonna d'accélérer le rythme. C'est donc au petit trot que nous franchîmes ces collines et arrivâmes en vue d'un immense camp de guerre et... d'une formidable bataille !

Mon regard embrassait sur notre droite le théâtre grandiose d'une citadelle assiégée, à demi en flammes. Il ne s'agissait pas d'une simple bourgade de campagne, mais d'une imposante ville fortifiée, édifiée dans la plaine alluviale, traversée par un fleuve qui léchait son rempart nord. Un château et plusieurs bâtiments à l'architecture lourde, peut-être des églises, dominaient un inextricable enchevêtrement d'habitations. Ces maisons à colombages étaient si compressées les unes contre les autres que leur toiture était exagérément pentue. Nombre d'entre elles étaient en feu, promettant le désastre à tout leur quartier. Il faisait d'ailleurs peu de doute que la ville entière finirait en cendres car, devant ses murs, une dizaine de catapultes géantes lui expédiaient à un rythme soutenu des projectiles incendiaires. Dans la nuit, l'envol en cloche de ces boules de feu, éclairant à un moment de leur course les nombreux défenseurs qui se pressaient au sommet des remparts, offrait un spectacle proprement dantesque. Tout autour de cette proie immobile, qui semblait encaisser les coups en faisant le dos rond, grouillaient les assaillants. Par bataillons compacts ou compagnies éparpillées, les assiégeants manœuvraient dans diverses directions, si bien qu'on se demandait à combien de chefs ils obéissaient.

— Si cela continue, notre comtal ne récupérera qu'un tas de ruines, maugréa un chevalier qui chevauchait à ma gauche.

— Quelle est la cause de ce conflit ? m'enquis-je.

— Une affaire de famille. Cette ville appartient à Enghor de Morte-Mère, le frère jumeau de notre maître, Edhon de Morte-Mère. Ils se battent depuis qu'on les a mis dans le même berceau.

Je reportai mon attention sur le siège, me demandant comment j'allais me tirer de cette galère.

Notre colonne pénétra dans une ville de tentes où, malgré l'heure tardive, régnait une grande agitation guerrière. Des fantassins armés de lances ou d'arbalètes couraient en tous sens, des cavaliers apprêtaient leur monture comme s'ils allaient partir à l'attaque, et je vis même des chirurgiens qui nettoyaient leurs instruments immondes dans l'attente de leurs prochains blessés. Un escadron transportant de longues échelles confirma qu'un assaut se préparait. La troupe du capitaine d'Aiguelongue stoppa et entreprit aussitôt de se disloquer. Les chevaliers en armure mirent pied à terre. Il était amusant de les voir tituber, bras écartés. Victimes d'épuisement, ils ne supportaient plus le poids de leur carapace de métal. Des valets d'armes se précipitaient et, comme s'il se fût agi de malades plâtrés des pieds à la tête, les guidaient vers des tentes à l'intérieur desquelles ils les délivraient enfin de leur fardeau. Soudain, une main m'agrippa, qui me fit basculer sur le côté gauche. Je fus heureusement récupéré par des bras vigoureux qui m'évitèrent de finir le nez planté dans un sol gras de boue et d'herbe mêlées. Ensuite, on me poussa jusqu'à une grande tente pavoisée, gardée par quatre gaillards, une hache dans le ceinturon, la barbe et les cheveux longs tressés à la barbare. Cela me rappela soudain que ma situation était des plus précaires. À cause de ces haches, sans doute, je me voyais déjà la tête sur le billot.

— Avance ! m'ordonna mon gardien.

Une fois sous l'auvent de toile, on me fit attendre plusieurs minutes. L'angoisse monta d'un cran lorsque j'entendis, au-delà du rideau pourpre devant lequel je patientais, des éclats de voix signalant que l'état-major n'était pas à la fête. Puis soudain, le capitaine d'Aiguelongue apparut. D'un geste impérieux, il intima l'ordre qu'on me fasse pénétrer dans la tente. J'échangeai au passage un regard avec lui, et compris à son expression sévère que pour lui aussi l'heure était grave. Alors pour moi...

Il régnait sous la cloche de toile une atmosphère étouffante et une puanteur de Tartares. L'éclairage était assuré par des flambeaux accrochés aux mats. Une vingtaine de chevaliers étaient réunis autour d'une table longue. Certains ne portaient plus que la cotte matelassée qui protège le buste sous l'armure. D'autres, les plus hautes personnalités, étaient au contraire en tenue de combat rutilante. J'essayai de repérer parmi ces barbus aux visages ingrats et rustres celui qu'on appelait le comtal de Morte-Mère. Je l'entendis avant de le voir :

— Mais non, sombre idiot ! éructa-t-il. Comment pouvez-vous espérer abattre cette tour tant que celle-là restera debout ? (Il émit un soupir, puis ordonna d'une voix lasse :) Laissez-moi un moment, il faut que je réfléchisse. Capitaine d'Aiguelongue, où êtes-vous ? On m'a rapporté votre victoire sur Ugon de Ronan. Approchez, que je vous félicite.

Les chevaliers s'écartèrent et, tandis que la plupart sortaient, le capitaine s'avança jusqu'à la table. Un homme qui me tournait le dos se retira à son tour. Enfin j'aperçus le comtal... et je faillis m'évanouir.

11

Je sus enfin ce que je faisais là !

En l'espace d'une seconde, mon aventure prit une tout autre... comment dire ? figure ! Car celle que je découvris n'en était pas une. C'était une gueule aux traits grimaçants, fendue d'une bouche sans lèvres de laquelle sortaient deux canines de vampire. Ses oreilles étaient pointues et velues. Ses yeux sombres au regard bas luisaient d'une intelligence bestiale que j'avais déjà eu l'occasion d'affronter sur la Terre... dans un jeu vidéo d'horreur. Cette créature avait cependant un corps à forme humaine, dont le buste était protégé par une épaisse carapace de cuir brun. Ses bras nus étaient d'une telle maigreur qu'on pouvait leur compter les tendons. Ses mains à quatre doigts, aux articulations noueuses, étaient armées de griffes noires de rapace. Ce n'était pas tout ! Me découvrant, le monstre se redressa vivement et je vis s'élever dans son dos deux immenses ailes membraneuses. Sur le coup, je crus avoir affaire à un vampire, la vérité était plus subtile.

– Tiens donc, glapit-il. D'où cela nous sort-il ?

– Il était tranquillement assis sous un arbre quand nous l'avons repéré, expliqua le capitaine d'Aiguelongue. Il venait d'assister à notre glorieuse bataille contre votre ennemi, comme à un plaisant divertissement. Il prétend s'appeler Thédric de Tibert et venir d'un royaume de Trance et de Bagarre ou quelque chose comme ça. C'est un étranger, ainsi que sa tête le suggère.

— Je vois ça. Espionnait-il ?

— Pour son propre compte, prétend-il. Mais il portait l'épée d'un chevalier du comtal de Gimon, que nous avons massacré le mois dernier.

À l'évocation de ce nom, la bête adressa à son officier un regard en coin d'une telle cruauté que j'y lus ma mort.

— Votre Seigneurie, je ne suis au service de personne, m'empressai-je de déclarer. Je n'ai fait que récupérer cette lame dans un village abandonné, comme d'ailleurs cette veste de peau et cette besace.

Morte-Mère me décortiqua longuement du regard. C'est alors que je compris à quoi il me faisait penser : à l'une de ces créatures hideuses sculptées aux murs des cathédrales, telles les célèbres chimères de Notre-Dame de Paris.

— Nous ne t'avons point autorisé à parler, me tança le comtal, d'une voix cependant neutre.

Il contourna la table pour venir m'examiner de près. Dressé, il avait une tête de plus que moi. Jamais je n'oublierai cette confrontation, qui me fit dresser tous les poils du corps. Parmi les souvenirs marquants de ce nez à nez, je retiendrai la texture de sa peau, proche de la croûte parcheminée des momies, ou encore l'odeur de vieux papier moisi qu'exhalait sa gueule.

De la pointe d'une de ses griffes, il piqua ma joue, me tirant une grimace. Puis il se détourna en lâchant :

— Si je n'étais pas en guerre, j'aurais pris le temps de l'interroger.

Puis il ordonna :

— Qu'il soit exécuté... proprement.

Mon sang se figea dans mes veines. Mon cerveau voulut protester, mais ma gorge nouée ne laissait passer aucun son. Deux gardes me saisirent les bras et me firent faire volte-face. Je suppliai du regard le capitaine d'Aiguelongue. Il était désolé, mais pas au point de lever le petit doigt pour moi. C'est quelqu'un d'autre qui le fit...

— Rien ne presse, lança un homme de haute stature en pénétrant dans la tente.

— Quoi ? s'écria le comtal.

Découvrant le visage de l'insolent, il se renfrogna :

— Ah, c'est vous, Melgan. Nous ne vous avons guère vu ces derniers temps, alors que nous l'aurions souhaité.

Ce personnage providentiel s'arrêta devant moi et me considéra avec la curiosité de celui qui vient chercher un jeune parent tombé du ciel, dont il va devoir s'occuper. Moi, je le dévisageai avec la défiance du condamné qui se demande s'il est vraiment question de lui sauver la mise. Chez cet homme au visage sans âge, encadré d'une courte barbe poivre et sel, le plus frappant était ses yeux à l'iris bleu nuit, qui semblait pailleté d'étoiles. Cela lui donnait un regard d'une insondable profondeur, mystérieux autant qu'inquiétant. Je décidai de rester réservé. Il était enveloppé dans une cape longue de toile grise. En dessous, j'aperçus une cotte de cuir bleu roi, un ceinturon large et une poignée d'épée finement ouvragée. Il m'adressa un bref sourire, non pour me rassurer, mais plutôt d'amusement.

— Comtal, je vous suggère une autre destinée pour ce garçon, déclara-t-il.

Il s'avança jusqu'à la table derrière laquelle la chimère avait repris sa place, sur un tabouret de bois.

— Je vous écoute, marmonna distraitement Morte-Mère en balayant du regard les cartes étalées devant lui.

— Faites-en l'un de vos chevaliers.

Le comtal releva vivement la tête. Moi, j'écarquillai les yeux.

— Pourquoi ferais-je cela ? s'étonna Morte-Mère d'un air mécontent.

— Parce que je vous le conseille. Il se battra pour vous avec plus de ferveur que n'importe lequel de vos officiers, et pourrait même être la clé de votre victoire.

— La clé de ma victoire, c'est moi ! gronda le comtal.

— Certes, minauda Melgan, parce que vous aurez suivi mon conseil en adoubant céans cet étranger. Je me charge du reste.

On imaginera sans peine ma stupeur devant un tel retournement de situation. Je serais bien intervenu pour demander des explications, mais ce n'était pas le moment de la ramener, d'autant que la chimère ne semblait pas encore décidée à suivre la suggestion de ce singulier conseiller.

— Qui est-ce ? demanda-t-elle en me désignant du menton.

Melgan me jeta un regard par-dessus son épaule.

— Il paraît un peu freluquet, vu ainsi, mais quelque chose me dit qu'il a de la ressource.

— Admettons, mais j'ai assez de chevaliers pour reprendre ma ville, ce qui sera fait dans la nuit.

— Comme vous voudrez, trancha le conseiller.

Il fit volte-face et sortit de la tente, m'adressant au passage une œillade que je fus bien en peine d'interpréter. Je reportai mon attention sur la chimère. Elle s'était replongée dans l'examen de ses cartes, m'ayant chassé de ses pensées comme une mouche importune. Mes gardes échangèrent un regard embarrassé.

— Seigneur, s'enhardit enfin l'un d'eux, que fait-on du prisonnier ? Doit-on l'exécuter ?

Le comtal glapit la réponse :

— Mais non ! Qu'on le fasse chevalier et l'affecte à une unité... Les brancardiers !

Les soldats me lâchèrent la grappe, puis avec déférence me prièrent de les suivre. Je fus tenté de remercier mon nouveau maître, mais je jugeai plus judicieux de me faire oublier. Une fois dehors, je cherchai des yeux mon sauveur, mais ne vis que des tentes claires, des hommes d'armes qui continuaient à s'agiter et, dans les profondeurs nocturnes, la ville assiégée qui se mourait à petit feu. Les paroles de Melgan, concernant mon implication dans ce conflit familial, me revinrent à l'esprit : « Il se battra pour vous avec plus de ferveur que n'importe lequel de vos officiers, et pourrait même être la clé de votre victoire. »

Pourquoi une telle affirmation ? Que savait-il sur moi ? D'où sortait-il ? Était-ce une sorte de voyant, un mage extralucide... ?

— C'est presque cela, m'interpella une voix sur ma gauche.

C'était lui ! Détendu et souriant. Sa prestance m'impressionnait. En revanche, son regard pénétrant me dérangeait.

— Plaît-il ? dis-je.

— Je suis une sorte de mage, oui. Un conseiller aux affaires spirituelles, pour être précis. Mon rôle est d'essayer de dénicher ce qui est caché, même dans les recoins les plus intimes des têtes de mule, déclara-t-il en me tapotant le front de l'index.

Plus de doute, ce type avait un don. Car effectivement j'ai un caractère de cochon, surtout quand on me contrarie avant de me prouver que j'ai tort.

— Que voyez-vous d'autre, dans les circonvolutions de mon esprit ? le provoquai-je.

— J'ai déjà révélé l'essentiel devant le comtal : un garçon plein de ressources. C'est pourquoi nous allons vous armer en conséquence. Si vous voulez bien me suivre.

Je lui emboîtai le pas, tel un écuyer celui de son maître.

— Je vous dois une vie, déclarai-je. Je devrais donc me considérer comme votre serviteur, non ?

— Qu'il en soit comme il vous plaira. Je ne suis qu'un guide. Mon service consiste à montrer les bonnes directions, pas à contraindre de les suivre.

— Disposez-vous du pouvoir de prédire l'avenir ?

— On le dit.

— En avez-vous d'autres ?

— Comme les magiciens ? Non, aucun autre que celui de la clairvoyance, et croyez-moi, il me suffit amplement.

J'eus soudain l'espoir qu'il puisse me renseigner sur ma quête. Ne voulant pas le bousculer, j'attendis qu'il reprît la parole. Le silence se prolongeant, l'impatience à l'interroger sur Lizlide me fit bouillir intérieurement.

— Que dites-vous ? demanda-t-il en se retournant.

— Je n'ai rien dit.

— J'ai cru...

Il marqua une pause, puis murmura :

— Lizlide ? Serait-ce le nom de cette jeune personne ?

Je lui agrippai le bras et, criant presque, le questionnai :

— Comment connaissez-vous ce nom ? Vous savez où elle est, n'est-ce pas ? Dites-le-moi, je vous en supplie !

Il planta ses yeux dans les miens, puis lâcha :

— Je lis dans les pensées des jeunots comme vous. Voilà ma réponse à votre première question. Quant à la seconde, oui, je sais où elle est.

12

Quand un elfe au pied léger devient un chevalier blindé

Melgan fit quelques pas, s'arrêta puis tendit l'index vers la ville assiégée.

— Au centre de la cité de Thuyr se dresse la maison des Morte-Mère, ce gros tas de cailloux disgracieux. En son donjon, le frère de notre maître détient une prisonnière qui possède un physique assez inhabituel, bien que notre monde soit largement pourvu de créatures insolites. Elle ressemble à une humaine, mais n'en est pas une. Et il me semble qu'elle porte le nom de Lizlide.

Si j'avais libéré le fauve qui sommeille en moi, je lui aurais sûrement bondi sur le paletot pour qu'il avoue tout, tout de suite. Heureusement, je me maîtrisai.

— C'est une elfe, déclarai-je avec un calme précaire. Que savez-vous encore sur elle ?

— Qu'elle vous attend.

— Pourquoi a-t-elle été amenée ici ?

— Je connais la réponse, mais je ne vous la donnerai pas.

— Pourquoi ? insistai-je.

Il m'embrocha de son regard hypnotique.

— Parce que, lâcha-t-il.

Ne supportant pas qu'on joue avec mes nerfs sur certains sujets, je perdis patience. N'étant plus armé, je ne pus tirer mon poignard pour le lui coller sur la carotide. Mais je pouvais encore lui serrer le kiki jusqu'à ce qu'il crache tout ce qu'il savait sur mon amour et sur moi, et sur ce que nous faisions dans ce monde en guerre. Je tentai donc de le saisir au col, mais mes mains ne happèrent que le vide. Suivit un terrible coup de poing à la tempe. C'est ainsi que je me retrouvai le nez dans la boue. Il me retourna ensuite du pied et me piqua sur le cœur son épée qu'il avait dégainée en un éclair.

— N'oubliez jamais que je vois tout, dit-il en professeur tançant son élève. J'ai même des yeux derrière la tête. Quand un malotru veut s'en prendre à moi, j'ai déjà deviné ses intentions, avant même qu'il se les soit formulées. Alors contenez vos élans et réfléchissez avant d'agir.

— Pourquoi ne me dites-vous pas tout ce que vous savez ? Cela fait-il partie d'un jeu ?

— Vous posez beaucoup de questions et c'est légitime. Je vous promets que vous obtiendrez les réponses, mais chacune ne pourra venir qu'à son heure. Comprenez-vous cela ?

J'acquiesçai, bien qu'il m'en coûtât.

— Cela ressemble à une initiation, fis-je remarquer.

— Il y a de cela, en effet. Vous n'êtes donc pas au bout de vos épreuves.

Il me sourit, pour la première fois avec sympathie, puis me tendit la main. Je l'acceptai et retrouvai une position moins mortifiante.

— Je dois être beau, marmonnai-je en frottant mon nez maculé.

Il marcha jusqu'à une tente ronde, dont il écarta le pan de tissu qui occultait l'entrée.

— Ici, on va s'occuper de vous donner une autre figure. Vous allez commencer par vous laisser pousser la barbe.

Si mon élévation avait marché, cela risquait d'être long puisque les elfes sont imberbes. Je pénétrai en baissant la tête dans l'abri de toile où une surprise m'attendait. Près du mât central était exposée sur un mannequin de son une armure rutilante, bien qu'ayant assurément connu plus d'une bataille. Un garçon d'une quinzaine d'années se tenait en retrait, planté les mains dans le dos, le regard baissé en signe de soumission.

— Un chevalier se doit de posséder sa propre armure, déclara Melgan en passant devant moi.

Il posa la main sur l'épaulière, puis reprit :

— Celle-ci appartenait à un grand guerrier qui malheureusement n'a pas vu la fin de ce jour. N'ayant plus besoin de ses armes, il vous les offre.

— Qu'il en soit remercié ! clamai-je. Est-il d'accord, au moins ?

— Si vous savez vous en montrer digne, nous dirons que oui.

— Je n'ai jamais combattu avec un tel équipement sur le dos, murmurai-je, anxieux.

Sans être claustrophobe, j'appréhendais quand même d'être enfermé dans cette carapace de métal. Melgan ordonna d'un geste au garçon d'avancer, de manière qu'il présentât son visage à la lumière de l'unique flambeau qui brûlait, accroché au mât.

— Ce jeune homme était l'écuyer du chevalier de Chambol, dont vous allez endosser les armes. Il est désormais le vôtre. Il s'appelle Gauthon de Lançois. (L'adolescent me présenta son hommage d'une inclinaison de la tête.) On le dit idiot, mais je le sais bien plus fin qu'il n'y paraît.

En observant le gamin, je sentis qu'effectivement il devait être espiègle avec les gens qu'il appréciait, malin avec les autres, carrément méchant avec ses ennemis. Encore quelqu'un dont je devrais me méfier, me dis-je par avance avec lassitude.

— Bon, je vous laisse, annonça Melgan. J'ai un comtal à éclairer de mes vues. Ne traînez point, car l'assaut ne va plus tarder.

— Melgan ! l'interpellai-je avant qu'il quitte la tente.

Il se retourna.

— Oui, chevalier ?

— D'abord, merci.

— C'est noté. Ensuite ?

— Une question.

— Je vous écoute.

Je gardai le silence, me disant qu'il l'avait sûrement déjà lue dans ma tête. Je m'inquiétais de mon affectation dans un bataillon médical.

— Je vois, dit-il avec un hochement de tête. Sachez, messire Tibert, que je n'entends que ce qu'il me plaît. Heureusement, sinon, vous imaginez la cacophonie qu'il me faudrait endurer. Par ailleurs, retenez que j'ai horreur qu'on s'amuse avec mes dons. Je ne suis pas un phénomène de foire.

Il se détourna en m'ordonnant :

— Retrouvez-moi devant la tente du comtal.

Et une fois qu'il fut sorti, il lança :

— Mais non, bougre d'âne, vous ne serez point chevalier des brancardiers !

La réplique me fit sourire, alors qu'elle laissa perplexe mon nouvel écuyer. Me retrouvant seul avec ce dernier, j'éprouvai un certain embarras. Il était mon serviteur et pourtant, il en savait plus que moi. Comment devais-je me comporter avec lui ? Autoritaire et froid ou bien amical et décontracté ?

— Je m'appelle Thédric Tibert... de Tibert.

Je m'interrompis, déjà gêné de m'être empêtré dans mon nom.

— Je sais, Monseigneur. Le devin Melgan me l'a appris.

— Ah oui ? Bien sûr. Que t'a-t-il dit d'autre sur moi ?

— Que vous nous arrivez de très loin et que vous avez été le héros de plusieurs voyages extraordinaires.

— C'est exact. Mais encore ?

— Que celui-ci sera peut-être le dernier.

— C'est rassurant, commentai-je, interloqué. Merci pour ta franchise.

— Maître Melgan m'a justement conseillé de toujours vous dire la vérité.

— Il a bien fait.

Gauthon avait un visage juvénile et pâle, mais curieusement marqué par la lassitude. Il avait les yeux d'un bleu intense et une chevelure châtaine mi-longue, passablement sale. Ses mains aux ongles noirs de crasse étaient rougies par le froid ou les lessives à l'eau glacée. Le pauvre garçon n'avait pas dû avoir une vie facile avec son précédent patron. Et je me dis que je n'aurais pas beaucoup d'efforts à faire pour lui rendre l'existence plus plaisante.

Reportant mon attention sur mon armure, je demandai :

— Je suppose que tu sais comment on enfile cet attirail ?

— Bien sûr, maître. Si vous permettez...

Il m'ôta ma peau de bique, puis hésita en considérant ma tenue verte d'elfe de la forêt d'Émeraude.

— Euh... il vaudrait peut-être mieux que vous vous mettiez nu. J'ai une chemise propre, là...

— Tu es gentil, mais je préfère garder mes vêtements. Non seulement ils sont souples et chauds, mais ils présentent aussi l'intérêt d'être indestructibles.

Le garçon écarquilla les yeux.

— Vraiment ?

Je lui tendis ma manche et lui proposai d'essayer de la percer avec son couteau. Il obtempéra et en effet ne parvint pas à lui causer le moindre dommage. Malheureusement, cette propriété n'empêchait pas les flèches de pénétrer la chair, avec le tissu.

— C'est magique ! souffla Gauthon.

— C'est elfique, rectifiai-je. Nous devrions nous dépêcher, si nous ne voulons pas rater le spectacle.

Il se secoua et accéléra ma métamorphose d'elfe au pied léger en chevalier blindé. Au fur et à mesure qu'il fixait les pièces de métal sur mon corps, je sentais mes genoux fléchir sous le poids. Quand il eut fini, je voulus faire quelques pas avant qu'il m'enfourne la tête dans le bassinet et achève de me lester avec l'épée de cinq kilos. Première surprise, je pouvais mettre un pied devant l'autre ; seuls les grincements étaient gênants. Je levai un bras, puis l'autre, les deux. J'émis un petit rire. Ensuite je simulai une passe d'escrime. Deuxième surprise, je pouvais me battre... au ralenti. La troisième était plus désagréable : je commençais déjà à mijoter dans cet accoutrement comme dans une marmite.

— Comment était ton précédent maître ? demandai-je.

Gauthon afficha un air sombre.

— Très sévère.

— Non, je veux dire physiquement.

— Comparé à vous, bien plus robuste, ça ne fait aucun doute. (Et le bougre crut bon d'ajouter, avec un petit sourire malicieux :) Beaucoup plus.

Ce à quoi je répliquai :

— Dis-toi bien, mon garçon, que ce n'est pas dans les muscles que réside la véritable force, mais dans la cervelle.

Voilà que je parlais comme un sage ! Quand on dit que les voyages forment la jeunesse...

13

Les révélations de Gauthon

Mon écuyer totalement déconcerté sur les talons, j'allai me poster devant la tente du comtal pour attendre mes ordres. La gargouille, en tenue de combat, ne tarda pas à paraître avec son mentor et son état-major. Sur ces derniers, je fis forte impression.

— Mais... vous n'êtes pas prêt ? m'interpella Melgan.

Je me serais présenté en pyjama qu'il ne m'aurait pas considéré avec plus d'effarement.

— Si, à ma manière, répondis-je.

Ne pouvant supporter la perspective de combattre avec trente kilos de ferraille sur le dos, j'en avais enlevé vingt-cinq, ne conservant finalement que le plastron et le casque dont j'avais retiré, non sans peine, la visière à coups de marteau. Je portais quand même l'épée au côté et un poignard à la ceinture. Je comptais si peu pour le comtal qu'il m'ignora et ordonna qu'on lui amène son cheval. Je vis alors que ses ailes repliées dans son dos frémissaient d'impatience. Un valet d'armes lui tendit son casque qu'il coiffa avec rage, puis il bondit en selle avec une puissance effarante. Alors, enfin, il daigna m'accorder un peu d'attention.

— Chevalier de Tibert, le moment est venu de prouver votre valeur. Mon devin croit en vous et moi en lui, et donc moi en... (Il s'interrompit, me toisant de son regard noir de prédateur des ténèbres, puis marmonna :) Non vraiment, je ne puis pousser plus loin la logique.

Il se tourna vers la ville sur laquelle avaient cessé de pleuvoir les boulets incendiaires, et resta un moment contemplatif. Je m'attendais qu'il ordonne l'assaut en poussant un cri de guerre. C'est d'une voix lasse qu'il lâcha :

— Allons-y, il est temps que cela cesse.

Ses chevaliers montèrent en selle, puis piquèrent des deux derrière lui en direction du champ de bataille. Avant que je songe à le lui commander, Gauthon m'annonça qu'il allait chercher mon destrier. Melgan s'approcha de moi.

— Eh bien, messire Thédric, déclara-t-il, je ne vous trouve pas très empressé de voler au secours de votre amie.

— Comme vous l'avez sûrement déjà deviné, je ne suis pas de la race des intrépides écervelés qui se précipitent et réfléchissent ensuite, s'ils ont survécu. Avant de me lancer dans cette guerre qui n'est pas la mienne, j'aimerais savoir s'il n'y aurait pas un moyen de franchir le rempart de cette ville autrement qu'avec une échelle.

— À moins d'être une souris, je ne vois pas...

— Tiens, ça c'est une idée !

— Le plus simple ne serait-il pas de participer à l'assaut ? suggéra Melgan. Notre comtal est persuadé que le point faible du rempart est l'angle que vous voyez là-bas, à droite. Le chemin de ronde y est étroit, si bien que les défenseurs ne peuvent que s'y gêner en cas d'attaque massive.

— C'est ce que vous feriez, vous ?

Je soutins son regard et y lus ce que j'avais pressenti depuis le début de notre échange, il ne partageait pas le point de vue du comtal. Il eut un bref sourire, puis murmura comme pour lui-même :

— Je suis curieux de voir la suite.

— Je reviendrai vous la raconter.

— Inutile. J'ai mes yeux pour cela.

Sur ces mots, il s'éloigna à travers le campement, tournant le dos à la cité.

Gauthon fut bientôt de retour avec une superbe monture grise. Jamais je n'avais vu un cheval avec une robe d'une telle couleur, de surcroît soyeuse comme de la fourrure. Sa nervosité et sa manière de me tourner un œil torve ne me plurent guère.

— J'espère qu'il est docile, m'inquiétai-je.

— Malheureusement, maître, je dois vous avertir que c'est un *ambre.*

— C'est-à-dire ?

— Qu'il aurait du sang de dragon dans les veines.

— Tant qu'il ne crache pas le feu, répliquai-je à voix basse, me demandant s'il fallait que je l'aborde comme un équined. Dis-moi, Gauthon, connais-tu Thuyr ?

— J'y suis né.

— Bien ! Tu vas donc pouvoir nous y faire entrer par une porte dérobée.

— Je ne crois pas.

— C'est-à-dire ?

— Les trois portes de notre ville sont aussi bien défendues les unes que les autres.

— Il n'y a pas de souterrain ?

— La ville a été construite sur un ancien marigot. S'il y en a jamais eu, ils sont à coup sûr inondés.

— Bon, alors qu'est-ce que tu suggères ?

Le garçon marqua un silence avant d'éluder :

— Pourquoi tenez-vous tant à entrer dans Thuyr ? Il suffirait d'attendre que la ville tombe.

— J'ai une princesse à sauver, répondis-je.

Le visage du garçon se fendit d'un grand sourire.

— Vraiment ? Elle doit être très belle, alors.

— Plus que cela. Bon, si tu me disais enfin par où nous allons passer...

Il se rembrunit instantanément.

— Dois-je te rappeler, insistai-je, que tu es mon écuyer et que tu me dois, outre le respect, une complète franchise ?

— Je sais, maître.

Il fit quelques pas, puis pointa, à notre gauche, l'angle du rempart en contact avec le fleuve.

— Une rivière souterraine traverse toute la ville, évacuant les eaux usées et les cadavres.

— Génial ! Ce sera un jeu d'enfants !

— Ne vous réjouissez pas, maître. Le tunnel par lequel cette eau est canalisée débouche dans le fleuve au pied du rempart nord, mais il est clos par une herse de fer. De plus, son abord est surveillé par les gardiens du fleuve. Ce sont des archers d'élite qui ne ratent jamais leur cible. Ils sont postés dans des guérites avec des meurtrières.

— Des archers, si habiles soient-ils, ne sont pas un obstacle insurmontable, une herse de fer par contre...

Tout en réfléchissant, j'observais du coin de l'œil mon brave écuyer et vis qu'il avait bloqué sa respiration, comme s'il craignait qu'en remuant, ne serait-ce qu'un cil, je ne persiste à vouloir emprunter cette voie.

— Alors, c'est quoi la solution ? demandai-je.

Il ferma les yeux. Sa loyauté le contraignit à révéler :

— En vérité, mon maître, le pire obstacle n'est pas la herse, mais les nécrothilius. Ce sont des gros poissons qui mangent les morts jetés dans la rivière souterraine.

— Gros comment ?

Il me considéra des pieds à la tête.

— Comme vous, pour certains.

— De toute façon, ils ne mangent que les cadavres, rétorquai-je avec une assurance modérée.

En vérité, j'avais déjà le genou mou.

— Pas toujours, à ce qu'on dit, précisa Gauthon.

— Bien, soupirai-je. Tu ferais quoi, à ma place ?

Il me regarda et sans sourciller déclara :

— La même chose que vous, mon bon maître.

14

Preux Gauthon

De toute façon, pour Lizlide j'aurais dévoré tous les nécrothilius de la Création. Gauthon s'absenta un moment afin de rassembler les quelques accessoires nécessaires à notre expédition. Une besace en travers du thorax, il revint monté sur un cheval qui était loin d'avoir aussi fière allure que le mien. Je sautai en selle, sans enthousiasme, mais déterminé. Mon destrier tenta une ou deux fois de me faire mordre la poussière, en vain. Je n'étais pas d'humeur à supporter la moindre tentative d'insubordination. Après avoir pris quelques claques sur la croupe, il comprit qui était le chef. Concernant Gauthon, j'étais confronté au problème inverse, eu égard aux risques que je lui ferais courir. Sa soumission résignée me créait un cas de conscience, d'autant que, d'un autre côté, j'avais terriblement besoin de lui pour me guider dans cette immense cité, de surcroît en proie au chaos.

Après quelques minutes de chevauchée au petit trot, je tâtai le terrain :

— Gauthon, peut-être que si tu m'indiquais le chemin à suivre, je pourrais m'orienter seul.

— Hélas non, maître.

— Tu es donc prêt à prendre tous les risques pour m'aider ?

— Pour faire mon devoir, oui. Seriez-vous en train de me suggérer de déserter ?

— Non. J'ai simplement des scrupules à t'entraîner dans une histoire qui nous coûtera peut-être la vie.

— Le danger n'est pas plus terrible que de participer à l'assaut de Thuyr avec les troupes du comtal. Mais je dois reconnaître que j'ai beaucoup plus peur.

— Le soulagement et la fierté n'en seront que plus grands si nous réussissons, n'est-ce pas ? tentai-je de positiver.

— Absolument, maître. Je suis très impatient de connaître ce soulagement.

Sa réplique me fit éclater de rire. Décidément, ce gamin forçait l'admiration.

Lorsque nous atteignîmes la rive du fleuve, une rumeur formidable nous parvint de l'extrémité sud de la cité. L'offensive commençait. Avant de mettre pied à terre, je me retournai et aperçus au loin, sous une lune à demi pleine, un fourmillement de soldats au bas des remparts. Des dizaines d'échelles s'élevaient dans la nuit, tandis que du haut des créneaux s'abattaient une multitude de projectiles.

— À cette heure, je préfère être ici, déclara Gauthon.

— Moi aussi. Bon, ne perdons pas de temps. Il faudrait que nous trouvions une barque.

— Avec cette nuit claire, les gardiens du fleuve n'auraient aucun mal à nous repérer.

— Tu as raison. En ce cas, trouvons un vieux tronc ou quelque chose qui flotte.

— En ces temps de malheur, des cadavres passeront sans se faire remarquer, suggéra mon écuyer.

Je scrutai le fleuve.

— Le problème, c'est qu'il va falloir attendre qu'il en passe deux, assez gras et gonflés pour qu'on...

Il éclata de rire et je saisis tout à coup le détail caché de son idée.

— Bravo, Gauthon, le félicitai-je. Si ça continue, je vais croire que tu es plus malin que moi.

Il accueillit le compliment avec une respectueuse révérence, puis donna l'exemple en s'avançant dans l'eau. Les cadavres, ce seraient donc nous. Je ne peux pas dire que cela m'enchantait follement. Avec réticence, j'ôtai et laissai tomber mon plastron d'armure, ma cotte de mailles et mon casque, puis je suivis Gauthon sur la rive boueuse. On dit souvent que le premier pas est le plus dur, je peux désormais témoigner que, dans une eau à dix degrés, les suivants sont encore pires. M'efforçant de dissimuler les grimaces que suscitait le contact de l'eau glacée sur ma peau, j'avançai bravement. Quand je fus immergé jusqu'à la ceinture, je commençai à claquer des dents. Aux épaules, je dus me mordre le poing pour ne pas crier.

— Laissons-nous porter sur le dos par le courant, chuchota Gauthon.

Il fit la planche et commença à se laisser lentement dériver.

— Avec mon épée, je vais flotter comme une pierre, fis-je remarquer.

— Alors nous nagerons très doucement. Et puis nous longerons la rive au plus près, afin de garder pied autant que possible.

Nous nous laissâmes aller au fil de l'eau, dans un silence irréel par contraste avec la rumeur de la bataille qui résonnait au loin. Le supplice du bain de glace dura un nombre incalculable de minutes, car la prudence nous avait contraints à partir très en amont du fleuve. J'en étais à me demander si je n'allais pas craquer et renoncer en attendant un jour meilleur, quand mon poignet droit fut agrippé. Je sursautai en émettant un hoquet de peur.

— Chut, maître. Nous sommes sous les guérites, chuchota Gauthon.

Effectivement, à mi-hauteur de la muraille gluante que nous rasions émergeaient deux tourelles à facettes, percées de meurtrières. Derrière, brillait la lumière vacillante de flambeaux. La garde était en poste, sans doute vigilante et tendue en cette nuit de tous les dangers. Des ombres passant devant les ouvertures le prouvèrent.

— Nous y sommes, m'annonça à l'oreille mon courageux compagnon. Voyez-vous cette ouverture en arcade ? C'est le tunnel dans lequel nous devons pénétrer. La herse est quelques pieds plus loin.

J'écarquillai les yeux.

— Mais elle est presque immergée ! constatai-je avec épouvante.

— Hélas ! Cela dit, nous avons de la chance, car il arrive en cette saison qu'elle soit entièrement sous l'eau.

Les traits crispés, je remerciai la chance ! Puis, me forçant à penser très fort à Lizlide, je suivis mon guide jusqu'à cette embouchure. La distance entre la surface de l'eau noire et le sommet de la voûte ne devait pas dépasser cinquante centimètres. Gauthon s'y engagea. Serrant les dents pour qu'on ne les entendît point claquer, j'approchai à mon tour de l'immonde garde-manger des nécrothilius.

Après quelques mouvements de brasse, nous atteignîmes la herse, entrelacs de barres de fer grosses comme mon bras.

— Comment va-t-on traverser ? m'enquis-je.

— Par en dessous. La grille n'est jamais abaissée jusqu'au fond. Quand j'étais petit, avec mes camarades de jeu, nous nous amusions à la franchir pour aller défier les nécrothilius...

— Ce n'était pas trop dangereux ?

— Quelques-uns d'entre nous y ont laissé un morceau. Mais c'était comme une initiation, indispensable pour faire partie de notre chevalerie. Cela dit, nous ne faisions cela que l'été et surtout de jour, pendant que les nettoyeurs digèrent.

— Et une fois de l'autre côté, qu'est-ce qu'on fera ?

— Il ne faudra pas s'attarder. Vous n'aurez qu'à me suivre. Si jamais je disparaissais, continuez jusqu'à ce que le tunnel s'élargisse. En suivant le mur de droite, vous devriez rencontrer un escalier. Ensuite, il vous suffira de monter. Vous finirez bien par sortir par l'une ou l'autre des bouches qu'on trouve un peu partout en ville.

— Entendu. Mais si moi je disparais...

— Je continuerai la mission jusqu'à ce que votre dame soit libre, m'interrompit-il. Je connais mes devoirs, maître.

En entendant cela, je me dis qu'il faudrait que je note cet exemple de loyauté et de courage dans mon futur carnet de voyage extraordinaire. Encore fallait-il que je m'en sorte vivant ! Or le pire était devant moi, à commencer par ces eaux ténébreuses grouillantes de vie... et de morts.

— C'est toi qui donnes le signal, dis-je.

— En principe, c'est au chevalier que revient ce privilège.

— Alors, à la une... à la deux... à la... gloup !

Je pris l'inspiration la plus ample possible, puis plongeai. Trois brasses plus bas, je découvris que Gauthon ne m'avait pas tout dit...

15

Au milieu des nécrothilius

En apnée, mon record est de une minute trente-deux secondes. Transi de froid, on enlève les trente-deux secondes. Mais si quelque chose m'effraie, il me faut moins d'une minute pour me noyer.

Utilisant les barreaux transversaux de la herse comme une échelle, j'atteignis le fond dans une complète obscurité. Tâtonnant, je constatai que le passage était tout juste suffisant pour que je puisse me faufiler dessous. Mais la vraie mauvaise surprise fut de sentir sous mes doigts des pointes acérées. Chaque barre verticale s'achevait en pique. Forcément, ce qui devait arriver arriva. En me glissant entre le sol de pierre de l'égout et la herse, un barreau accrocha la lanière de mon épée et stoppa net ma remontée. Sur le coup, je crus qu'un nécrothilius avait mordu dans mon fourreau. Pris de panique, je me débattis et expulsai l'air comprimé dans mes poumons. La noyade n'était plus qu'une question de secondes. J'étais fichu ! Alors des mains me palpèrent, m'obligèrent à redescendre de quelques centimètres, puis m'attrapèrent sous les aisselles pour me faire regagner la surface où ma tête heurta un plafond mou. Poussé par l'instinct de survie, je levai et agitai les bras, écartai en râlant et en suffoquant plusieurs objets flottants. Enfin, je pus prendre une profonde inspiration. Gauthon fit surface à côté de moi, crachant et haletant lui aussi.

— Ça ira... maître ? balbutia-t-il.

— Oui, merci, Gauthon. Je te dois une vie.

Me tenant d'une main à la herse, je repoussai avec dégoût ce qu'à l'odeur je pus sans peine identifier. Mes doigts s'enfoncèrent dans une chevelure longue.

— Beurk ! Éloignons-nous, je crois que je vais vomir.

— Nous avons de la chance, commenta mon écuyer qui semblait n'éprouver aucune frayeur, il y a eu tellement de morts à cause du siège que les nécrothilius doivent être gavés.

J'approuvai, les dents serrées. Mon silence l'inquiéta.

— Je vous assure, maître, ils ne s'en prendront pas à nous, me rassura-t-il d'une voix enjouée.

— Je te crois, mais avançons... Vite, s'il te plaît.

Nous progressâmes en écartant autour de nous les cadavres qui flottaient, souvent entre deux eaux. Nous nous guidions en palpant régulièrement la voûte gluante. D'habitude, je n'aime pas trop l'obscurité, mais cette fois-là, elle m'épargna bien des visions de cauchemar. Cela dit, l'imagination, cette merveilleuse aptitude de l'esprit humain à combler les vides, s'ingénia à remplir ma tête de regards vitreux et autres faces verdâtres luisantes d'humidité.

Quand je perçus le premier mouvement du côté de mes jambes, ce fut l'enfer !

— Gauthon, quelque chose est passé tout près de nous ! Tu l'as senti ?

— Un nécrothilius. Bougez, mon maître, le plus possible, c'est ce que nous avons de mieux à faire.

J'obéis, frénétiquement, et mon genou heurta le flanc mou d'un de ces nécrophages. Savoir qu'ils grouillaient en dessous de nous, prêts à tout instant à venir goûter de la chair fraîche, m'était insoutenable. Du coup, je ne sentais plus le froid et retrouvai une pêche d'enfer ! Jusqu'à ce que je m'aperçoive que mon écuyer n'était plus devant moi.

— Gauthon ?

La résonance caverneuse du lieu engloutit mon appel.

— Oh non, me lamentai-je, pas ça !

J'étais persuadé qu'il avait été happé par l'un des monstres. C'est alors que mon mollet gauche fut pris comme dans un étau. Un nécrothilius ! Je ruai avec férocité. Il lâcha prise. Dans la bagarre, je perdis complètement le sens de l'orientation. Où se trouvait la paroi de droite ? À deux doigts de la crise de nerfs, je nageai droit devant pour retrouver un mur au plus vite, n'importe lequel. Un frottement rapide m'alerta. Je cessai de grenouiller. De brefs éclats lumineux illuminèrent l'espace voûté.

— Gauthon, c'est toi ?

— Oui, maître, j'essaie de... venez par là !

Un objet s'embrasa en émettant des crépitements, et Gauthon poussa un cri de victoire. Il avait réussi à allumer un flambeau à résine, malgré l'humidité ambiante. Comme si j'avais eu un *Carcharodon carcharias** aux fesses, je me mis à nager vers cette lumière providentielle. Le garçon éclaira les marches glissantes d'un escalier, qui me permirent de prendre pied sur un débarcadère de pierre. Une fois que j'eus rejoint mon écuyer, je le pressai contre mon cœur avec fougue.

— Merci, Gauthon, merci ! Tu es vraiment un champion, le félicitai-je.

— Vous savez, maître, je fais juste mon...

— Devoir, je sais. Mais vois-tu, je viens d'un monde où les gens ne connaissent pas tous le sens des mots dévouement et loyauté. On continue ?

Réfrigéré mais heureux, je le suivis à travers un dédale de galeries puantes et ruisselantes, jusqu'à l'entrée d'un étroit escalier à vis.

— En principe, nous devrions sortir directement dans une salle basse du donjon, m'expliqua-t-il.

— En principe ? relevai-je. Tu n'es pas sûr de toi ?

— La dernière fois que je suis venu ici, j'étais très jeune.

---

* Grand requin blanc.

— C'est-à-dire ?

— Douze ans.

Nous échangeâmes un sourire. Je jetai un regard autour de nous, bien qu'il n'y eût pas grand-chose à voir que des murs noirs et luisants d'humidité.

— Comment se présentent les lieux ? demandai-je.

— Comme une prison. Il faut s'attendre à rencontrer les gardiens des clés. Les trois étages au-dessus abritent la garnison personnelle du comtal. La tour compte en tout douze étages, dont au moins cinq d'appartements. Si votre dame est prisonnière du frère de notre comtal, on peut supposer qu'elle est retenue dans une chambre des étages les plus hauts. En tout cas, c'est par là que je suggère d'attaquer les recherches.

— Crois-tu que nous croiserons beaucoup de monde ?

En guise de réponse, il tira son épée qui était courte et large, un peu comme un glaive romain. C'était une épée d'écuyer « débutant ».

— Certainement trop.

Je dégainai la mienne.

— Pourquoi Lizlide ne serait-elle pas dans l'une des geôles ? demandai-je.

— Sans doute parce qu'on n'y trouve que les condamnés qui ont volé ou tué, ou qui simplement gênaient Enghor de Morte-Mère. Si dame Lizlide est dans le logis comtal, c'est parce qu'il lui a trouvé quelque agrément.

Mon sang se glaça.

— Que veux-tu dire ?

— Comme vous l'aurez remarqué, maître, les Morte-Mère ne sont pas des êtres humains. Ce sont des *spirules*, dont il ne reste que quelques individus, protégés, dit-on, par l'Avaleur d'âmes. Ils aiment à s'entourer de créatures curieuses ou d'êtres qui possèdent des pouvoirs originaux.

— Tu veux dire des animaux domestiques ?

— Nous n'employons pas ce terme, mais c'est un peu ça ; ils les utilisent comme serviteurs ou amuseurs.

J'en avais assez entendu. Du menton, je désignai la vis et ordonnai :

— Assez bavardé ! Passe devant.

Un flambeau dans une main, son épée dans l'autre, Gauthon s'engagea dans l'escalier. Parvenu au sommet, nous nous arrêtâmes devant une porte épaisse qui n'était pas verrouillée. Sans hésitation, Gauthon l'ouvrit et nous pénétrâmes dans un long couloir empestant les pires remugles qu'un odorat puisse endurer.

Au même instant, quelque part en haut de la tour de Thuyr, Lizlide ouvrit les yeux.

— Enfin ! lâcha-t-elle dans un souffle.

16

Lizlide, enfin !

Au fond du couloir luisait une grosse chandelle sur une table de fer. De chaque côté était assis un homme chauve, bardé de cuir clouté. Ils somnolaient sur leur tabouret, dos au mur, les mains croisées sur leur ventre rebondi. Notre intrusion les réveilla en sursaut.

– Holà, vous deux, qu'est-ce que vous fichez là ? nous interpella celui de droite.

L'autre avait déjà compris que nous n'étions pas venus pour deviser gentiment. Il tira un poignard long comme mon avant-bras et se leva d'un bond. Sans prendre la peine de répondre, nous nous élançâmes à l'attaque. Cependant, moi seul les pris à partie. Il faut dire que le choc fut bref, presque déconcertant ; les geôliers gisaient sur la paille grise qui recouvrait le sol, occis propre et net. Je ne me connaissais pas une telle vélocité.

– Bravo, maître, c'était... impressionnant, me félicita Gauthon, soufflé.

J'allais lui expliquer que je ne l'avais pas fait exprès, mais cette première passe d'armes avait éveillé en moi une sensibilité à la fois animale et supra-exotique, sorte de sixième sens qui me révéla que Lizlide était dans cette tour et m'attendait. Nous repartîmes. Je pris cette fois les devants pour gravir un escalier étroit et crasseux qui nous mena à une salle des gardes heureusement déserte... heureusement pour les gardes, car j'étais dans une telle humeur, sauvage et implacable, que j'étais déterminé à éliminer quiconque se dresserait sur mon chemin. C'est ce que je fis en traversant un salon d'apparat, quelques étages plus haut. Deux soldats en train d'observer par les fenêtres la bataille du côté du rempart sud nous aperçurent et tirèrent l'épée.

— Laisse-moi faire, ordonnai-je à Gauthon.

J'embrochai le premier après une facile esquive, mais eus un peu plus de mal avec le second : nos épées s'entrechoquèrent trois fois avant qu'il perde la vie. Une porte basse s'ouvrit brusquement, livrant le passage à une femme dans une longue robe cintrée crème. Gauthon fut plus prompt que moi qui étais essoufflé. Il bondit tel un chat sur une souris et plaqua sa lame sur la blanche gorge de l'oiselle.

— Dois-je ? m'interrogea-t-il, serrant fermement contre lui la belle qui se contorsionnait avec énergie.

— Non. Sauf si...

Je m'approchai et la considérai. C'était une adolescente aux yeux d'un étrange violet foncé. Elle était très brune et plutôt jolie, mais je n'aimais pas son expression, plus haineuse qu'apeurée.

— Savez-vous où est détenue une prisonnière nommée Lizlide ? lui demandai-je.

— Le jouet ? renvoya-t-elle en relevant le menton. Dans une cellule deux étages au-dessus, celle qui porte l'inscription *Danger*. Cette engeance est une furie, dit-on.

En d'autres circonstances, j'aurais sans doute souri d'apprendre que mon amour avait rendu la vie impossible à ses ravisseurs. En l'occurrence, j'avais perdu tout sens de l'humour.

— Et le comtal ?

— En haut de la tour. Il observe son frère se casser les dents sur nos murs. Vous appartenez à ce misérable ?

— Je n'appartiens à personne.

— Allons, ne me dites pas que vous êtes venu jusque-là rien que pour cet animal... ? Si ? Qu'a-t-il donc de si exceptionnel ?

– Vous vous trompez, damoiselle, rétorquai-je avec une calme indignation, Lizlide n'est pas un animal. C'est vous qui en êtes un. Je vous conseille d'aller ruminer dans votre chambre et de ne pas en sortir avant l'aube, si vous tenez à la voir se lever. Allons-y, Gauthon.

Torche au poing, nous traversâmes la galerie en courant, empruntâmes un escalier large et ajouré qui nous permit au passage d'apercevoir des lueurs d'incendie et, vaguement, des mouvements de troupes sur un rempart. Enfin, parmi une dizaine de portes en arcade percées dans un épais mur de pierre sombre, nous trouvâmes celle sur laquelle était inscrit l'avertissement. Dans quel état allais-je retrouver derrière mon pauvre amour ? Mon cœur s'emballa et une affreuse angoisse m'étreignit. Voilà que ces retrouvailles me faisaient peur. Mais nous étions dans le temps de l'action, pas celui des sentiments.

– Elle ne va pas être facile à ouvrir, dis-je en palpant l'épais battant de bois brut.

– Au contraire, ce sera un jeu d'enfant, objecta Gauthon.

J'étais si concentré sur le problème que je n'avais pas remarqué que la solution était accrochée à un clou, à droite de l'huis. Mon écuyer s'empara de la clé et me la tendit, avec un sourire que je lui rendis. Ma main se mit à trembler pour déverrouiller la serrure. Le souffle me manquait. Une boule me comprimait l'estomac. Je soulevai le loquet. Le battant s'entrouvrit. Le parfum subtil de mon aimée s'infiltra par l'ouverture ; une prodigieuse bouffée d'émotion me fit monter les larmes aux yeux.

Elle était là, debout, prête. Sa cellule était plongée dans la pénombre, si bien que je ne pus sur le coup me rendre compte de son état physique. Il me reste surtout de cet instant la vision de ses yeux noirs, de grands yeux de biche, luisants de bonheur. Une étrange peur me saisit, comme si devant moi avait pu se tenir, non pas une Lizlide de chair et de sang, mais un fantôme qui s'évaporerait quand je l'enlacerais, ainsi que dans les songes les plus cruels. C'est sans doute pourquoi je restai figé sur ce pas de porte. Elle-même éprouvait un tel tourbillon de peur et de joie mêlées qu'elle était comme moi privée de parole et de pensée. Nous ne ressentions l'un de l'autre que nos vibrations d'amour.

Si le temps s'était arrêté pour nous, pour Gauthon il continuait à s'égrener. Et il pressait !

— Maître, il faut partir, ou nous risquons de nous retrouver tous les trois dans les salles basses du frère de notre comtal.

— Oui, tu as raison, approuvai-je avec un calme insolite, sans quitter mon aimée des yeux. Lizlide, voici Gauthon de Lançois, un futur chevalier et déjà un héros comme il n'en existe que dans l'Imaginaire.

L'elfe considéra le jeune humain et je sus qu'ils s'entendraient bien.

— Comment te sens-tu ? m'enquis-je.

— Un peu fatiguée, mais maintenant que tu m'as retrouvée, je vais vite reprendre des forces.

Et ce fut le premier échange de sourires. Je lui tendis la main. Elle y glissa la sienne. Sa fraîcheur m'alarma, car c'était un signe de grave anémie chez les elfes. Quand elle nous rejoignit dans le couloir, je constatai avec effroi l'extrême pâleur de son teint, et ses traits tirés par la souffrance. La vision de cette beauté meurtrie me déchira, et pas seulement parce qu'elle était l'élue de mon cœur. Les elfes comptent parmi les êtres les plus évolués, donc les plus sacrés de l'Imaginaire, mais aussi les plus fragiles.

— Mon bon maître, je vous en conjure, ne tardons pas davantage ! nous pressa à nouveau mon écuyer.

— Nous te suivons, répondis-je.

C'est ainsi que, main dans la main, dans le sillage de ce garçon, nous courûmes Lizlide et moi vers la liberté... une certaine liberté.

La descente s'effectua dans un sentiment d'euphorie qui ne cessa de croître d'étage en étage. Nous devenions des adolescents dévalant un escalier vers quelque divertissement. Quand un soldat se trouva soudain devant nous, c'est presque en riant que je me chargeai de l'occire. L'incident eut quand même pour effet de refroidir mon enthousiasme. Nous étions loin d'être tirés d'affaire et cette cavale n'était pas une partie de plaisir.

Parvenu dans la salle des gardes, au rez-de-chaussée, je fis stopper Gauthon qui s'apprêtait à s'engouffrer dans la vis menant aux geôles, puis à la rivière souterraine.

– Attends ! dis-je.

Le jeune homme fit volte-face et me considéra avec inquiétude.

– Qu'y a-t-il, maître ?

– Nous allons prendre un autre chemin pour quitter la ville.

– Un autre ?... Mais celui-ci est le plus sûr !

– Pas pour Lizlide.

Un bain glacé, parmi des cadavres et des monstres nécrophages, n'était pas envisageable pour une elfe arrivée aux limites de ses forces.

– Le plus simple serait de trouver une corde, et un endroit pour franchir le rempart où il y aurait le moins de risque possible d'être aperçus.

Gauthon réfléchit un court moment, puis approuva :

– C'est jouable. Du côté est, là où nous avons laissé nos montures. L'une des tours de guet possède une potence à poulie pour monter des charges. La corde y est sûrement encore... enfin j'espère. Mais il faudra faire vite, car je doute que nous passions inaperçus.

– Avec la bataille qui fait rage, la confusion est partout, argumentai-je. C'est notre chance et tu verras que ça se passera bien.

– Je vous crois, mon maître, mais tout m'a paru si facile jusque-là.

– Tu trouves ?

– Je m'attendais à pire. Vous bénéficiez sûrement d'une protection magique.

J'échangeai un regard avec Lizlide et cette même pensée : « Si seulement ça pouvait être vrai. » Car je me doutais que les pires désagréments nous attendaient au tournant.

Nous sortîmes donc par la grande porte, sans être inquiétés autrement que par deux vigiles qui finirent comme leurs collègues, les bras en croix sur le pavé.

— C'est vrai que c'est facile, commentai-je en extrayant mon épée du ventre de l'un des deux gardes.

Ça devenait inquiétant. Lizlide perçut mon trouble. Elle me dévisagea avec tendresse et posa une main sur mon visage, une main d'une infinie douceur qui avait retrouvé un peu de tiédeur.

— Tu as subi le rituel de l'Élévation, murmura-t-elle, émue.

— Crois-tu que ce soit ce qui m'ait rendu aussi habile au combat ? demandai-je.

— Il y a de cela, répondit-elle.

Cette révélation, qui pourtant n'en était pas vraiment une, me donna un coup au cœur. Certes, ce n'était pas comme si elle m'avait annoncé que j'avais un cancer au bras, mais je perçus à cet instant la dimension catastrophique dans mon élévation : ma condamnation probable à demeurer à vie dans l'Imaginaire. Gauthon coupa court à ce bref intermède :

— Mon maître, mais que faites-vous ? reprocha-t-il.

Il se tenait au milieu de la grande esplanade en demi-lune qui s'étendait sous le donjon de Thuyr. Nous le rejoignîmes, sans courir, comme insouciants des dangers qui menaçaient la réussite de notre évasion. La vérité, c'est que Lizlide ne pouvait fournir plus d'efforts. Une fois que nous eûmes rejoint mon écuyer, il désigna l'entrée d'une ruelle et déclara :

— C'est par là que nous devons aller.

Nous repartîmes.

Alors le drame se produisit...

17

La faucheuse à l'œuvre

Lizlide le sentit venir. Moi aussi, mais trop tard. Elle se retourna, cria, bondit sur le côté. Je n'en eus pas le temps et fus bousculé dans le dos, avec une telle violence que je fus projeté au sol. Gauthon, qui marchait quelques pas devant nous, fit volte-face, tenta de se porter à mon secours, mais une lame pénétra profondément dans sa poitrine. Le flambeau qu'il tenait roula sur le pavé, révélant l'agresseur : une bête de cauchemar, dont j'avais croisé voici peu l'exact sosie. Ses ailes membranées de chauve-souris étaient grandes ouvertes et dans sa face hideuse de gargouille, en tout point semblable à celle d'Edhon de Morte-Mère, ses crocs acérés luisaient de rage. Ainsi, le frère jumeau du comtal nous avait-il repérés depuis le sommet de sa tour, et il avait fondu sur nous, tel un faucon sur sa proie. À présent, il maintenait Lizlide contre son plastron de cuir brun, lui serrant la gorge d'une main sèche et griffue. De l'autre, il brandissait l'épée sanglante avec laquelle il venait d'embrocher mon écuyer.

— Lève-toi, l'humain, et fuis ! glapit-il.

Je me levai en effet, mais sûrement pas pour prendre mes jambes à mon cou.

— Enghor de Morte-Mère, lâchez cette elfe ou vous mourrez.

Il grimaça un rictus que je supposai être un sourire sardonique. Mon intuition me recommanda la prudence, car je me doutais qu'il tuerait Lizlide à la première tentative de résistance. Je devais donc obtempérer, en attendant de trouver la solution qui dénouerait la situation au mieux et au plus vite !

— Très bien, Monseigneur, je me rends à votre volonté, dis-je. Voyez, je pose mon épée à vos pieds.

Je m'exécutai sans le quitter des yeux. Il restait méfiant mais savourait sa victoire. Il devait me croire terrorisé, et je devinai qu'il me concoctait déjà dans sa cervelle empoisonnée le plus cruel des châtiments.

— Maintenant, recule ! m'ordonna-t-il.

Je fixai Lizlide. Nos esprits se mêlèrent en une seule et même volonté, au point que l'initiative que je pris soudain me parut inspirée par une intelligence extérieure. Je tirai la dague à ma ceinture et la lançai à l'elfe qui la saisit au vol de sa main droite puis l'enfonça jusqu'à la garde dans la poitrine de la chimère, en plein cœur. Le monstre écarquilla les yeux de stupéfaction, avant de s'effondrer sans un cri.

Je me précipitai pour enlacer mon elfe qui vacillait, victime d'un étourdissement.

— Veux-tu que je te porte ? proposai-je.

— Non. Occupons-nous de ton compagnon.

La vision de cet adolescent d'une pâleur alarmante, qui gardait une main crispée sur sa poitrine ensanglantée, me bouleversa. Je voulus l'aider à se relever, mais il me repoussa.

— C'est inutile. Partez, maître.

— Chez moi, répliquai-je, on n'abandonne pas un frère d'armes.

Je l'obligeai à se remettre debout, bien qu'il fît non de la tête :

— S'il vous plaît, gémit-il, laissez-moi mourir. C'est mon destin...

L'évidence m'obligeait à reconnaître que tout espoir de l'emmener avec nous hors de la ville était vain. Mais le laisser sur place m'était insupportable. Désemparé, je sollicitai mon elfe du regard.

— Je ne sais pas, murmura-t-elle.

Je jetai un regard circulaire, remarquai au passage un hibou sombre qui nous observait, perché sur la barre de suspension d'une enseigne... Alors, je sus.

— Vite, entrons dans cette ruelle ! m'exclamai-je.

Pour avancer plus vite, je chargeai Gauthon sur mon dos. Nous nous hâtâmes de disparaître dans l'ombre de la venelle avant que surgisse la garde du comtal, dont nous entendions résonner les pas et les voix dans l'escalier principal du donjon. Le blessé pleurait et implorait qu'on le laissât, mais j'en avais décidé autrement. Ne comprenant pas mon attitude, Lizlide s'inquiéta :

— Thédric, pourquoi fais-tu souffrir ce garçon ?

— Parce que, éludai-je.

Je m'arrêtai un instant, levai les yeux et aperçus enfin ce que je cherchais : une fenêtre derrière laquelle brillait de la vie.

— S'il te plaît, Lizlide, je veux entrer là, commandai-je.

Sans chercher à comprendre, elle poussa la porte d'entrée devant laquelle nous nous étions arrêtés. Mon écuyer gémissant sur le dos, je franchis le seuil de la maison, passant devant Lizlide, puis je montai dans l'obscurité un escalier de bois qui craquait comme s'il allait céder sous notre poids. J'étais à bout de forces, mais pas de volonté. Ma main droite rencontra une poignée que j'abaissai. Un battant pivota, une lumière orangée ainsi qu'une douce chaleur s'engouffrèrent par l'ouverture. Je fis alors irruption dans une pièce où se tenait une vieille femme, assise sur un tabouret devant un feu vigoureux. Elle était en train d'écosser des pois. Mon entrée fracassante la fit bondir de son siège en hurlant, et répandre son travail sur un plancher usé.

— N'ayez pas peur ! lançai-je. Nous avons juste besoin de votre aide.

Sans attendre son autorisation, j'allongeai Gauthon sur la table longue qui occupait la partie droite de la pièce. La femme resta réfugiée dans un coin, mais cessa de crier.

— Il est gravement blessé. Je vous demande de vous en occuper, s'il vous plaît.

Elle secoua la tête négativement.

— Faite-le, car il en va de votre vie. Enghor de Morte-Mère a été tué et je suis au service de son frère qui ne va pas tarder à reconquérir cette ville. Dès la paix revenue, je reviendrai et...

— Thédric ! m'interrompit Lizlide.

Je me retournai. Elle était près du garçon, dont le visage blafard luisant de sueur, les yeux mi-clos et la bouche entrouverte évoquaient le masque poignant de la mort. Je n'eus pas besoin de lui toucher le pouls pour comprendre qu'il avait cessé de respirer.

Si j'avais su à quel dieu recommander son âme, j'aurais prononcé une prière. Je ne fis que lui fermer les yeux. Je m'étonnai soudain de mon affliction sincère, certes, mais peu profonde. Je crois que, dans un éclair de lucidité, j'étais redevenu conscient que je voyageais dans l'Imaginaire et que ce garçon n'était rien de plus qu'un personnage de fiction. Je regardai Lizlide et m'interrogeai : mais pourquoi, vis-à-vis d'elle, n'avais-je absolument pas le même sentiment ?

La peur de la réponse, davantage que celle des soldats du comtal, me ramena dans l'action. Enjoignant la vieille femme de trouver une sépulture décente pour Gauthon, j'entraînai ma compagne hors de cette maison de misère, puis à travers la ville jusqu'au rempart. Trouver la tourelle dont nous avait parlé mon écuyer fut rapide, aussi rapide que la fin des trois ou quatre hommes qui s'interposèrent lorsque nous prîmes pied sur le chemin de ronde. Avant peu, nous avions quitté cette ville maudite et courions le long du fleuve. Avec un immense soulagement, je pus constater que les deux montures que nous avions attachées à un arbre n'avaient pas bougé.

Une surprise, tout de même, nous attendait...

18

Causette au coin du feu

Quelqu'un avait allumé un feu de camp, au-delà de la frange d'arbres qui bordait l'étroit chemin que nous suivions. Cela m'inquiéta, mais sans m'affoler. J'avais une petite idée sur l'identité de ce mystérieux bienfaiteur. La main de Lizlide se contracta dans la mienne.

— Je ne crois pas que nous devions nous alarmer, la rassurai-je.

Je n'en dégainai pas moins mon épée. Au passage, je caressai l'encolure de mon destrier. Sa placidité me conforta dans l'idée que nous avions affaire à un ami. Je décidai d'appeler celui-ci :

— Melgan ?

Après un court silence, nous entendîmes du côté du fleuve un battement d'ailes s'éloignant rapidement. Quelques secondes passèrent encore, puis nous vîmes sortir de la nuit une haute silhouette enveloppée dans une cape grise. Le visage barbu du devin nous apparut, à la fois bienveillant et diabolique à la lumière dansante du feu.

— Me voici ! J'admirais le paysage au bord de l'eau, en vous attendant.

Il considéra Lizlide qui elle-même le fixait, tel un animal farouche prêt à réagir à la moindre menace.

— Vous avez réussi, je vois. Bravo, Thédric Tibert ! Cet exploit vous vaudra sans doute quelques chansons de geste. En revanche, je ne vois point votre écuyer.

— Allons, vous savez bien ce qui s'est passé, maugréai-je.

— Comme il n'est pas de retour avec vous, il n'est pas besoin d'être grand devin pour comprendre qu'il lui est arrivé quelque chose, un malheur sans nul doute.

— Morte-Mère l'a tué, confirmai-je.

— Et vous avez tué Morte-Mère, enchaîna-t-il.

— Qui le regrettera ? Cela devrait mettre fin au conflit. C'est une bonne nouvelle, n'est-ce pas ?

— Certes, excepté pour vous.

— Que voulez-vous dire ?

De la main, il nous invita à nous asseoir près du feu, dont la chaleur était d'un prodigieux réconfort. Je remarquai qu'il avait eu la délicate attention de nous aménager côte à côte deux épais coussins de végétaux. Pour lui, il avait approché un billot sur lequel il prit place. Il avait ainsi une position dominante qui ne me plut guère et me fit hésiter. Trop fatiguée pour prendre en considération ce genre de futilité, Lizlide s'assit. Ostensiblement satisfait, Melgan se pencha sur sa droite pour récupérer une volumineuse besace qu'il avait déposée dans l'herbe.

— Vous devez être affamés, dit-il. Je vous ai apporté quelques denrées, ainsi que divers accessoires qui pourraient vous être utiles.

— Utiles à quoi ? l'interrogeai-je.

— À votre voyage, répondit-il, comme s'il s'était agi d'une évidence. Un voyage qui s'apparentera désormais à une fuite, car en tuant Enghor de Morte-Mère, vous vous êtes fait un ennemi mortel, son frère, qui n'aura de cesse de vous traquer pour vous écorcher vif de ses propres griffes.

— Pourquoi ferait-il cela ? m'étonnai-je. Nous l'avons débarrassé d'un ennemi, il me semble.

— Vous l'avez surtout privé du plaisir de le faire lui-même, tout en l'humiliant puisque vous n'êtes qu'un vil humain, à savoir rien de plus, pour lui, qu'un animal domestique. Les spirules ont une conception très exclusive de la conduite de leurs affaires. De surcroît, vous êtes un étranger, libre et trop malin... (Il secoua la tête d'un air convaincu.) Non, il ne vous lâchera pas, conclut-il comme pour lui-même.

— Vous l'aviez prévu, n'est-ce pas ?

— Disons que je l'avais envisagé. N'oubliez pas que je ne suis que clairvoyant.

— Morte-Mère ne va-t-il pas vous en tenir pour responsable, parce que sans vous... sans vous je ne serais plus de ce monde ? hésitai-je, car je ne tenais pas trop à souligner ma dette envers lui.

— Certes, mais je suis son devin. Il ne peut se passer de mes services. Cela dit...

Il s'interrompit pour puiser dans sa besace deux petits paquets enveloppés dans un linge fin. Nous en tendant un à chacun, il reprit :

— Cela dit, il devra bien s'y résoudre, car je compte me mettre à votre service.

J'ouvris de grands yeux effarés. Lizlide tiqua, ce qui chez un elfe valait pour une grande stupeur.

— C'est très aimable, Melgan, le remerciai-je, mais je ne vois pas... disons, que je ne sais pas si c'est envisageable.

— Non seulement ça l'est, mais je vais le faire.

— Pourquoi est-ce que vous nous aideriez ? Notre sort devrait vous indifférer, non ?

— Servir est mon ordre, mais j'ai toute liberté pour choisir mes maîtres.

Pour la première fois, Lizlide intervint :

— N'appartenez-vous pas à l'Avaleur d'âmes ?

Melgan posa sur elle un regard qu'on eût dit de défi.

— Celui que vous appelez ainsi m'a beaucoup donné, confia-t-il.

La nuance était subtile, mais ne changeait rien à notre méfiance.

— Comment pourriez-vous être notre allié puisque votre maître est la cause de notre malheur ? répliquai-je. Il est le diable pour nous ; je ne nous vois pas suivre les conseils de sa créature.

— Ce n'est pas si simple. Je serai votre guide et vous m'accepterez parce que je suis le seul à connaître la voie qui vous permettra de rentrer chez vous.

Nouveau sursaut de surprise.

— Parce que c'est possible ? demandai-je.

— Possible, oui. Mais soyons honnêtes, compliqué et périlleux. Sachez que je ne vous induirai jamais en erreur et je ne vous mentirai jamais, car ce n'est pas dans ma nature... contrairement aux humains, crut-il bon d'ajouter en me plantant jusqu'à l'âme son regard acéré. En revanche, reprit-il après avoir tiré de sa besace une gourde de peau, je ne suis pas tenu de tout vous révéler. En vérité, je ne lèverai le voile sur le mystère de votre présence en ce monde que petit à petit, jusqu'à l'instant ultime, s'il doit advenir, où tout se dénouera. Alors, peut-être, regagnerez-vous vos contrées.

Il n'avait pas fini sa tirade que déjà dix hypothèses se bousculaient dans ma tête. Heureusement, lors de mon précédent périple, j'avais appris à maîtriser mon impatience à vouloir tout comprendre tout de suite. Je tins quand même à savoir ce qui nous attendait dans les prochaines heures :

— Que nous conseillez-vous, en ce cas ?

— D'abord, mangez. Reprenez des forces, car vous en aurez grandement besoin.

Convaincus qu'il voyait juste, c'est ce que nous fîmes, sous sa paternelle bienveillance. Tout en grignotant une espèce de tourte fourrée aux herbes et à la viande, je pensais : « Tu es peut-être devin, mais moi je suis explorateur de l'Imaginaire ! » Il me dévisagea, les sourcils levés.

— Et alors ? m'interpella-t-il.

Je me renfrognai, puis lui répondis en pensée : « Sache, mon vieux, que je suis toujours là où l'on ne m'attend pas. » Et cela le fit sourire.

19

La légende du marais des Fulmides

Me remplir l'estomac me procurait un tel plaisir que j'en aurais presque oublié notre situation, la mort de Gauthon et l'état de faiblesse préoccupant de Lizlide. Presque. La vérité, c'est que tout en me délectant, je restais hypervigilant. Melgan le sentit et me conseilla :

— Décrispez-vous, Thédric Tibert. Le temps des inquiétudes et des défis n'est pas encore revenu.

Ce fut Lizlide qui m'apaisa, en posant simplement la main sur mon bras. J'avais hâte d'être seule avec elle, de pouvoir enfin la serrer contre moi, et la retrouver vraiment. Mais il y avait cet homme, dont la présence était plus envahissante qu'un bataillon de caméras de surveillance.

— Allez-vous voyager avec nous ? demandai-je faussement innocent.

— Ce ne sera pas nécessaire. Je vous ai apporté un plan qui vous aidera à vous repérer.

Il tira d'une poche intérieure de sa cape un petit étui de cuir dans lequel était roulé un parchemin, qu'il sortit pour nous le tendre par-dessus le feu. Je m'en emparai en songeant avec agacement qu'il aurait pu se lever – après tout, il était désormais à notre service –, puis je l'étalai sur le sol de façon que Lizlide le découvrît avec moi. C'était une banale carte, dessinée à la plume avec un certain art. Deux ou trois indications retinrent mon attention : à l'est une côte découpée, parsemée de cités portuaires, un labyrinthe au cœur d'une région marécageuse, des montagnes dans le Nord...

— Que devons-nous faire de ça ? m'enquis-je d'une voix cassante.

— Un petit chapeau pour danser autour du feu en poussant des gloussements de dindon, répondit-il du tac au tac.

Je le dévisageai, incrédule. Il ne souriait pas.

— Il faudra apprendre à me faire confiance, Thédric Tibert, et cesser de jouer les grognons.

« Un devin qui a de l'humour ne peut pas être tout à fait mauvais », me dis-je. En tout cas, il marquait un point.

— Excusez-moi. Je reformule ma question : où devons-nous aller et pour y faire quoi ?

Il se détendit, puis répondit :

— Le comtal apprendra très bientôt, au pis dans quelques heures, au mieux dans la journée de demain, comment vous avez occis son frère. Le temps qu'il monte une expédition pour vous traquer, vous disposerez d'une journée complète d'avance. Ce ne sera cependant pas suffisant. Pour accroître la distance qui vous séparera de vos poursuivants, il vous faudra emprunter le chemin le plus improbable, parce que le plus dangereux, à savoir le marais des Fulmides.

Reportant mon attention sur la carte, je constatai que le marais en question était situé non loin de la ville de Thuyr. Il avait été formé par un débordement du fleuve. Curieusement, il ne paraissait guère étendu.

— Si nous entrons là-dedans, il faudra forcément que nous en sortions quelque part. Nos adversaires n'auront qu'à nous cueillir sur l'une ou l'autre des routes que je vois là.

— Si vous commettez la folie d'y mettre les pieds, vos chances de survie sont infimes, mais point nulles. C'est pourquoi vous pouvez espérer que les chasseurs du comtal renoncent, justement persuadés que vous n'en réchapperez jamais.

— C'est parfait ! m'exclamai-je ironiquement. Pour ne pas tomber dans les griffes du comtal, la meilleure solution, c'est de se suicider ! Merci pour ce conseil éclairé.

— Des humains ordinaires n'auraient en effet aucune chance, mais ce qu'ignore Morte-Mère, c'est que vous disposez de capacités qui vous donnent quelques atouts pour surmonter les pires dangers.

— Peut-être, convins-je. Et ça, c'est quoi ? Un labyrinthe ?

— Votre objectif. Entrer dans le marais des Fulmides puis dans le labyrinthe n'aura pas pour seul intérêt de tromper les chasseurs du comtal. Cet exploit sera aussi grandement utile à la suite de votre quête.

Mon expression changea. Je voyais venir gros comme un camion ce qu'allait nous annoncer le devin. Je perçus chez Lizlide la même défiance.

— Dans un passé immémorial, expliqua Melgan, un drame affreux se noua quelque part à l'ouest du marais des Fulmides. Les Fulmides sont des créatures singulières, car elles appartiennent à deux mondes en même temps...

— Dangereuses, j'imagine, dis-je.

— Surtout lorsqu'elles tombent amoureuses, car elles sont jalouses et possessives. Si vous en rencontrez, ce qui est peu probable car elles ont été longtemps pourchassées et décimées par les hommes, évitez le contact. Mais laissons là les Fulmides. La légende raconte qu'un monstre, vivant dans une grande forêt, aperçut un jour une jeune fille qui voyageait avec sa famille et en tomba éperdument amoureux. Il quitta son obscur royaume et enleva la demoiselle, mais gagna d'être pourchassé par les hommes. C'est ainsi qu'il entra dans les marais pour n'en plus ressortir. Après quelque temps, la belle réussit à s'évader et retrouva les siens qu'elle guida à travers les bourbes, jusqu'au repère du monstre, un labyrinthe qu'il avait érigé pour s'y cacher. Les hommes tuèrent le roi des marais, mais ce qu'ils ignoraient alors, c'est que la bête avait fécondé l'humaine. La naissance d'une chimère fit s'abattre le malheur sur cette mère innocente qui fut bannie. Elle se réfugia à son tour dans le labyrinthe et y éleva ce fils maudit, mi-animal mi-homme. On raconte que le jour où elle mourut son bâtard décida de cesser de vieillir. Il demeure depuis un prince sans âge, redouté et solitaire. Génération après génération, nombreux furent les inconscients vaniteux qui crurent pouvoir accéder au rang de héros en ramenant sa tête. Aucun n'est revenu, si bien que nul ne sait à quoi ressemble le prince des Fulmides.

— Il vivrait donc encore ? déduisis-je.

— Oui, et vous devrez l'affronter.

— Pas si on peut l'éviter.

— En vérité, vous n'aurez pas le choix. Il est indispensable que vous alliez à la rencontre de cette créature et que vous en perciez le secret. La suite de votre périple en dépend.

— Expliquez-vous.

— Je ne puis vous en dire plus. Il vous faudra obtenir vous-même la réponse qui se trouve justement dans le mystère de cette épreuve.

Un an plus tôt, alors que j'étais un étudiant impulsif, j'aurais sûrement sauté à la gorge de ce devin de malheur pour lui faire cracher tout ce qu'il savait. Heureusement, au cours de mes deux précédents voyages dans l'Imaginaire, j'avais mûri à grande vitesse et suffisamment gagné en sagesse pour contenir mes pulsions. De plus, une récente expérience m'avait appris qu'avec cet homme, la maîtrise de soi était doublement recommandée.

— Très bien, nous verrons cela, conclus-je en considérant le labyrinthe sur la carte.

— Sachez que les pièges y sont nombreux et souvent mortels, précisa-t-il, lisant une fois encore dans ma pensée.

Je me tournai vers ma compagne pour solliciter son avis :

— Qu'en penses-tu, Lizlide ?

— Le plus grand mal.

Tout était dit.

Melgan se leva, nous donna sa besace de provisions, puis nous annonça qu'il partait.

— Ne restez que le temps nécessaire à un repos minimal, nous conseilla-t-il ensuite. La bataille sera terminée avant l'aube.

— Quand nous reverrons-nous ? demandai-je.

— Cela ne dépend que de vous. Au revoir donc, prince et princesse des elfes, nous salua-t-il avec une esquisse de révérence.

Je grimaçai un sourire, ne sachant si c'était du lard ou du cochon. Il se détourna et disparut dans la nuit.

— Enfin seuls ! soupirai-je.

Je me tournai vers Lizlide, et reçus un coup au cœur. Elle pleurait.

C'est ainsi que j'appris qu'un elfe pouvait pleurer. Je ne l'incitai donc pas à évoquer le cauchemar d'où je l'avais sortie et préférai parler de moi, de manière certes un peu maladroite :

— Quand j'ai reçu ton appel au secours, je n'ai pas hésité un instant à me lancer à ta recherche. Rien ni personne n'aurait pu m'en empêcher.

— Je n'ai lancé aucun appel, rectifia-t-elle.

Je la dévisageai, incrédule.

— Pourtant, Lizlide, c'était ta voix. J'en suis sûr !

— Comment as-tu pu croire que j'aurais mis ta vie en péril pour sauver la mienne ? Ce n'est pas ainsi qu'un elfe affronte ses épreuves.

Cela m'apparut tout à coup si évident que j'en fus abasourdi.

— Bien sûr... Remarque, heureusement que je n'ai pas pris le temps de réfléchir, car si je m'étais douté qu'il y avait duperie, j'aurais sûrement... (Je lui adressai un regard espiègle, et avec un petit mouvement d'épaules, terminai :) fait la même chose.

Elle sourit.

– Il est vrai que je ne t'ai pas appelé, reprit-elle, mais je t'espérais tant ! Après que les chasseurs d'âmes m'eurent amenée dans ce monde affreux, j'ai hésité entre me laisser mourir, ce qui aurait été rapide et facile, et rester en vie dans l'attente de te retrouver... J'ai donc enduré le pire : devenir le jouet d'un monstre. (En l'écoutant, je ne pus m'empêcher de songer à mes congénères terriens qui s'approprient des animaux sauvages pour leur seul amusement.) Mais il était temps que tu viennes. J'ai senti ta présence à la seconde même où tu as posé le pied sur le sol du royaume des Sept Tours. Le temps m'a paru moins lourd, puisque je savais que tu arrivais.

Si ce n'était pas Lizlide qui m'avait fait revenir en catastrophe de l'Empire des Mondes, je devais envisager que ce fût l'Avaleur d'âmes. Mais dans quel but malfaisant ? J'étais trop las pour y réfléchir. Et puis j'avais une préoccupation beaucoup plus « sentimentale ».

Un long silence s'établit.

Comme un adolescent timide, je n'osais prendre Lizlide dans mes bras, encore moins l'embrasser. Je devais effacer de ma mémoire que, durant de longs mois, je l'avais crue morte. Une inquiétude m'étreignit. Notre amour avait-il changé ? La Lizlide que je venais de sauver était-elle exactement celle que j'avais tant aimée ? Je n'eus pas à me tourmenter bien longtemps avec ces doutes.

– Tu ne m'embrasses pas ? murmura-t-elle dans un souffle à peine audible.

Je me demande d'ailleurs si elle ne s'était pas exprimée en langue elfique. Mon cœur s'emballa, comme à l'instant du premier baiser. Je ne tardai pas à m'exécuter, les yeux fermés, sans l'enlacer. Avec une infinie tendresse, nos lèvres se retrouvèrent en même temps que nos âmes, enfin consolées après tant et tant de jours à pleurer l'insoutenable absence. J'ai le souvenir de chacune des sensations de ce moment magique, parce que embrasser une elfe, c'est totalement, absolument, définitivement inoubliable !

Je pris enfin son visage entre mes mains et le caressai délicatement. La peau d'une telle créature est d'une douceur incomparable. Son regard aussi était assez déroutant pour un Terrien, carrément troublant en vérité, à la fois craintif, curieux, profond et pur. Malgré ses conditions de détention - meilleures tout de même que celles d'un prisonnier ordinaire enfermé dans les geôles des bas étages -, elle avait conservé une chevelure parfaitement soignée, à la fois coiffée et libre, en partie retenue sur la nuque par une barrette à motif végétal. Le rougeoiement du feu jouait dans ces volutes fauves, faisant luire certaines mèches comme des filaments de lumière. Ces instants d'admiration silencieuse amusèrent Lizlide, qui elle-même me contemplait, s'emplissant d'amour comme on charge son corps d'énergie en l'offrant au soleil. Il était évidemment hors de question de rompre le charme, mais il fallait aussi songer aux réalités du moment.

— La prudence voudrait que nous terminions notre dîner pour repartir rapidement. Est-ce que tu t'en sens la force ?

— Ce n'est pas tant la nourriture qui remet sur pied un elfe blessé, que l'amour, l'espoir, la lumière...

— Un peu ce qui se mange tout de même, non ? Moi, je peux t'assurer que j'ai une faim d'équined !

Elle éclata de rire, ce qui me ravit, mais aussi me surprit. Bien que nous ayons partagé au royaume des Sept Tours des moments de grande joie, je ne lui avais jamais vu un rire aussi franc... aussi humain. Elle se mit à contempler le feu et je la sentis à nouveau anxieuse. Cependant, c'est ma propre inquiétude que je lui confiai :

— Je me demande si nous avons raison d'écouter Melgan. Je le crois sincère quand il affirme nous indiquer la voie qui nous ramènera chez nous. Mais je m'en méfie : il me fait parfois l'effet d'une mécanique programmée. Qu'en penses-tu ?

— Je ne vois qu'un vide en lui.

— Comme s'il n'avait pas d'âme ?

— Peut-être.

Cette réponse me glaça le sang.

20

Jolie Fulmide

Contre toute prudence, nous ne repartîmes qu'aux premières lueurs de l'aube. Peu importait que nous disposions de trois, cinq ou cinquante heures d'avance sur nos éventuels poursuivants. Il était beaucoup plus urgent que nos corps autant que nos cœurs se touchent, se réchauffent, se réapprivoisent, tels deux amants trop longtemps séparés.

Grâce à la carte de Melgan, nous nous dirigeâmes d'abord vers l'est, où nous rencontrâmes un monumental pont de pierre qui, en une dizaine d'arches, enjambait le fleuve bouillonnant. Nous le traversâmes au galop, puis piquâmes vers le nord au premier embranchement de routes. Nous sentîmes l'odeur des marécages avant même de les apercevoir, ce qui nous scia le moral. La route devint chemin, puis sentier. Le paysage changea radicalement, les pâtures laissant place à une lande sauvage où moutonnaient de gros bouquets d'ajoncs autour d'étendues d'eau sombre. Nous étions sûrs d'avoir pénétré dans les marais, lorsqu'un grand panneau de bois écaillé au bord de la sente confirma : « Marais des Fulmides – Bienvenue au royaume sans retour. » Pour compléter le tableau, le rose tendre de l'aube avait laissé place à un camaïeu de gris assorti à ces terres glauques dans lesquelles nous allions nous perdre.

Nos montures ne tardèrent pas à devenir craintives, notamment la mienne. Elle sursautait au moindre coassement, bronchait quand un coup de vent malicieux agitait un toupet d'ajoncs, et à tout instant hennissait sans raison. Je voyais venir le moment où nous devrions continuer à pied, ce qui ne m'enchantait guère. C'est Lizlide qui en prit l'initiative :

— Mieux vaut marcher qu'être désarçonnés, déclara-t-elle.

J'approuvai et me résignai à mon tour à patauger sur cette piste boueuse.

Nous progressâmes ainsi, tirant des chevaux rétifs, et comme nous de plus en plus tendus. Pourtant, aucune menace n'était perceptible, hormis celle d'être engloutis dans un trou d'eau vaseuse. Je finis par interroger ma compagne :

— Est-ce que tu sens quelque chose ?

— À part des émanations putrides, rien de précis.

Pourtant, nous étions surveillés, et ce depuis notre entrée en ces maudits lieux.

À mesure que nous progressions, le temps s'était anormalement obscurci. Nous avancions dans un crépuscule d'ardoise, accentué par les bancs de brume fétide qui flottaient autour de nous. L'air s'était chargé d'un froid autant physique que psychologique. Car il pénétrait non seulement la chair et les os, mais plus encore l'esprit. Autour de nous, la végétation se composait de champs de roseaux ou d'ajoncs, au milieu desquels avaient réussi à pousser des saules, dont certains fort anciens. C'est en passant à proximité d'un de ces vénérables vieillards que m'apparut une Fulmide. Je ne fis que l'entrevoir, mais un réflexe me fit stopper vivement. Surpris, mon destrier piaffa. Derrière moi, Lizlide s'inquiéta :

— Qu'est-ce qui se passe, Thédric ?

— Un... une... quelqu'un, bredouillai-je.

Je n'étais pas tout à fait sûr de ce que j'avais aperçu. Cela avait d'abord ressemblé à une onde de vapeur mouvante, qui se serait tout à coup condensée en une silhouette féminine, fort avenante. Je n'ai jamais vu d'ondine, mais si on m'avait affirmé que c'en était une, je l'aurais cru sans hésiter. Elle ne tarda pas à se montrer de nouveau, cette fois assez longtemps pour que nous puissions l'observer distinctement. Elle avait les cheveux un peu trop verts à mon goût, mais abondants et ondulés comme de longues algues dans le courant. Son visage juvénile, menu et pâle, exprimait autant la curiosité que la crainte. Quant à ses vêtements... elle n'en avait pas ! Ce qui renforçait ma fascination, bien que je m'efforçasse de la fixer droit dans les yeux.

Lizlide vint se placer à ma droite.

— C'est une Fulmide, m'avertit-elle.

— Oui, approuvai-je d'un air absent.

— Passons notre chemin et ignorons-la.

Elle prit les devants avec sa monture qu'elle avait su rassurer. À son approche, la créature se cacha derrière le saule puis, en lutine espiègle, reparut presque aussitôt de l'autre côté. Cela m'amusa. Elle le vit et me sourit. Je me remis en marche. Quand je parvins à sa hauteur, contrairement à ce à quoi je m'attendais, elle ne s'éclipsa pas à la manière d'un spectre qui se dérobe. Au contraire, elle se détacha du tronc pour se montrer entièrement, et me décortiquer du regard. De mon côté, j'avoue en rougissant que j'avais bien du mal à garder la tête froide. L'envie me prit d'établir le contact :

— Bonjour, quel est votre nom ?

— « Fleur d'Eau ».

J'aurais été incapable de dire si j'avais entendu sa réponse ou si je l'avais rêvée. Je me souvins alors que, selon Melgan, les Fulmides étaient à la fois des êtres de chair et des spectres existant sur deux réalités. Son conseil de les éviter me revint également, mais n'était-il pas déjà trop tard ?

J'accélérai le pas pour ne pas me laisser distancer par Lizlide.

Un peu plus tard, je revis la coquine, qui se débrouillait toujours pour apparaître dans le dos de Lizlide, et de manière parfois assez drôle : montrant subitement sa jolie frimousse au-dessus d'une touffe d'ajoncs, à l'envers dans un arbre comme si elle faisait le cochon pendu... À un autre moment, je la vis sous l'eau, effleurant la surface de ses doigts délicats pour attirer mon attention. Jamais je n'aurais imaginé une créature aussi délurée et cabotine en un lieu aussi sinistre. J'étais de moins en moins méfiant, car à aucun instant elle ne tenta de m'attirer vers quelque piège de vase, ni ne me fit perdre la tête par d'éventuels regards hypnotiques. Elle s'amusait, et moi aussi. Ma compagne finit par me faire comprendre qu'elle n'était nullement dupe :

— Gare, Thédric, elle est la joueuse et toi le jouet.

J'en avais conscience, certes, mais c'était si drôle...

Peu à peu, je me familiarisai avec cette présence, au fond peu gênante, on pourrait même dire plaisante. Si bien que j'en vins à oublier complètement que nous n'étions pas venus dans ce marigot insane pour rigoler.

Nous traversions une zone au sol particulièrement spongieux, quand je sentis tout à coup une main fraîche me toucher la nuque. Je fis volte-face. C'était elle, dressée devant moi, pour ainsi dire nez à nez.

— « J'aime bien badiner avec toi », me susurra-t-elle.

— « Tu devrais te méfier, petite ondine, répondis-je en pensée, car ma compagne ne te laissera pas continuer ta comédie très longtemps. »

Fleur d'Eau jeta une œillade boudeuse vers Lizlide qui s'éloignait avec son cheval.

— « Nous ne faisons point de mal ! » se défendit-elle.

— « Ma maman m'a appris à me méfier des inconnues, déclarai-je, surtout quand elles se promènent toutes nues. »

Et ainsi conversions-nous, agréablement, tranquillement, avec insouciance. Quelque part dans un coin de ma tête, une petite voix me disait bien que ce n'était pas très prudent. Mais comme j'agissais en toute innocence, sans la moindre concupiscence, je me laissais aller à ce petit moment de distraction. Je parlais, elle répondait. Je souriais, elle rosissait. Je ne vis bientôt plus que ses beaux yeux glauques et n'entendis plus que son irrésistible rire cristallin. Je percevais vaguement une sensation de froid qui remontait lentement le long de mes jambes, mais cela ne m'alarmait pas. J'avais la tête ailleurs...

21

Premiers pas périlleux dans le labyrinthe

Lizlide dut être vive comme l'éclair pour ne pas me perdre à jamais.

Alertée par son intuition, elle se retourna et vit que mon destrier suivait le sien... seul ! Plutôt que de crier, m'appeler et de ce fait alerter la Fulmide, elle revint sur nos pas en scrutant le marais. Si je n'avais pas éclaté de rire, elle ne m'aurait sans doute jamais retrouvé et, à cette heure, je nagerais entre deux mondes comme un cadavre entre deux eaux. L'ondine dansait autour de moi, me racontant de jolies histoires de marais et de jeunes gens qui jouaient à se faire des câlins. J'avais déjà de l'eau à la taille quand mon elfe surgit et se jeta sur Fleur d'Eau qu'elle saisit d'une main par sa chevelure d'algues. De l'autre, elle lui plaqua sur la gorge la lame de sa dague, celle-là même avec laquelle elle avait occis le frère du comtal.

– Écoute ma colère et fuis-nous, petite Fulmide, feula-t-elle de colère contenue. Car si tu réapparais, tu mourras.

La créature des marais acquiesça, bouche crispée. Lizlide la lâcha, et aussitôt la belle aux yeux glauques s'enfuit sans demander son reste. Durant ce temps, je repris mes esprits et, dans ma conscience, le visage de mon elfe se substitua à celui de l'ondine.

– Lizlide ? Quelque chose ne va pas ?

– À ton avis ? répliqua-t-elle.

Comprenant que je venais d'échapper à un sort funeste, je la pris dans mes bras, la remerciai et l'embrassai. Je crus cependant bon de préciser :

— Tu sais, il ne faut pas t'imaginer qu'elle me plaisait. Si je l'ai suivie, c'est juste du regard.

— Les elfes ignorent la jalousie, déclara-t-elle, jetant néanmoins vers sa gauche, où se tenait la Fulmide l'instant précédent, un regard en coin de tigresse.

C'est alors seulement que je m'aperçus que nous étions dans l'eau jusqu'à la ceinture.

Nous repartîmes frigorifiés, et pour ma part, en plus, mortifié de m'être fait avoir comme un enfant, d'autant que ce n'était pas la première fois*. Lizlide semblait avoir déjà effacé l'incident de sa mémoire, pour se concentrer sur les autres dangers potentiels. Ceux-ci n'étaient pas loin, puisque nous ne tardâmes pas à atteindre notre but.

— Ici, se meurt l'espoir, lus-je à voix haute.

Nous étions arrêtés devant un portique de fer forgé, dont les arabesques du fronton en arc constituaient les lettres de cet avertissement édifiant. Un gros hibou brun vint alors se poser sur le portail, puis il se mit à nous observer de ses gros yeux ronds. J'avais fini par deviner qu'il s'agissait du drone-espion de Melgan. Je fus un instant tenté de chasser l'indiscret, mais il me manquait encore une bonne raison de le faire.

Au-delà de cette entrée insolite, le chemin se transformait en une bucolique allée d'herbe tendre, bordée de hauts murs de pierre moussue. À une centaine de mètres, elle butait contre une muraille, où elle se séparait en voies perpendiculaires. Le labyrinthe des Fulmides commençait donc ici. J'étais surpris qu'il ne fût pas lugubre et délabré comme je l'avais imaginé. Pressé par la curiosité, je remon-

* Voir mon précédent voyage extraordinaire, dans l'Empire des Mondes, lorsque je faillis être victime des charmes hypnotiques d'un spectre de la forêt des Silencieux.

tai à cheval. J'eus alors l'idée de me dresser sur les étriers, et comme cela ne suffisait pas pour que je me rende compte de l'étendue du piège mortel dans lequel nous allions volontairement nous jeter, je me mis carrément debout sur la selle.

— Ah, là c'est mieux !

La vue était meilleure, en effet, qui m'infligea une bouffée de découragement.

— Lizlide, tu verrais ça, c'est incroyable !

Avec une souplesse de félin, elle me rejoignit. Debout sur la croupe de mon destrier qui ne bronchait pas, elle m'enlaça puis, appuyant sa joue gauche contre mon épaule, put à son tour contempler l'étendue de notre problème. Car sous nos yeux ne s'étalait pas un gentillet labyrinthe d'agrément, mais un formidable dédale se perdant dans de brumeuses profondeurs verdâtres. Seul un saule ou un arbre rachitique émargeait çà et là. Je remarquai dans le lointain la silhouette sombre et massive d'une élévation pointue qui aurait pu passer pour une colline rocheuse. Plus sûrement, me dis-je, s'agissait-il d'un bâtiment pyramidal.

— Eh bien, soupirai-je, on n'est pas sortis de l'auberge.

— Si l'on se fie aux apparences, ça ne fait aucun doute, approuva Lizlide. Mais ne se perd que celui qui ne sait pas ce qu'il cherche.

Cette réplique énigmatique, digne d'un sujet de philo, me laissa sur le coup perplexe, mais je ne cherchai pas à approfondir la question. Nous descendîmes de notre perchoir et prîmes une décision difficile, mais nécessaire :

— Nous devrions laisser nos montures ici, estima Lizlide.

— Il vaudrait mieux, approuvai-je.

Une caresse sur l'encolure et entre les naseaux, un petit mot d'apaisement... et nous franchîmes le seuil de ce domaine interdit, refusant d'y voir mourir nos espérances, contrairement à ce qui nous était annoncé.

Nous marchions main dans la main, ce qui donnait un air solennel à nos premiers pas dans le labyrinthe, quand une question me vint :

— Au fait, que cherchons-nous ?

— La vérité, répondit mon elfe.

— Mais encore ?

— Pas la nôtre, en tout cas.

— Que veux-tu dire ?

— C'est un lieu de malédiction. Nous n'en sortirons que si nous y mettons fin.

Réfléchir ne m'aida pas à décoder ces paroles sibyllines. Intuitivement, je savais pourtant que ma compagne avait raison ; ce n'était pas de *notre* sort dont nous devions nous préoccuper, mais de celui du prince des Fulmides. Je souris intérieurement en pensant qu'il ne devait pas s'attendre à ça, le gamin !

Une fois parvenus au bout de l'allée, nous dûmes faire un choix :

— À droite ou à gauche ? demandai-je.

— À gauche, trancha Lizlide.

Elle m'invita à la prudence, avec sagesse car nous ne tardâmes pas à recevoir notre premier coup au cœur. Nous progressions à pas lents entre des murs de deux mètres de haut, constitués de moellons agencés sans mortier. Une végétation de milieu humide - mousse, lichen, herbe et autres plantes grimpantes ou pendantes, souvent griffues - prospérait sur ces parois abruptes. Nous pouvions aisément marcher de front, sur un sol dallé jonché de feuilles mortes. Lizlide disposait d'une intuition beaucoup plus fine que la mienne, mais c'est mon œil qui décela le premier piège. Nous venions de nous engager dans une voie, quand je repérai une dalle carrée, au milieu de l'allée, dépassant légèrement les autres. Provocatrice !

— Attention ! avertis-je en empêchant Lizlide d'avancer.

— Qu'y a-t-il ?

— On appelle ça un piège à con.

Sous son regard intrigué, je m'emparai d'une grosse pierre. Avant de jeter mon opportune trouvaille, je déclarai :

— Observe bien ce qu'il va se passer. Recule un peu, s'il te plaît.

Elle obéit. Je me concentrai, le souffle bloqué, tenant ma pierre façon lanceur de marteau.

— NON ! s'écria Lizlide.

Je retins *in extremis* mon projectile, dont le poids manqua de me faire perdre l'équilibre. Effaré, je vis mon elfe passer devant moi et contourner la dalle suspecte. Ensuite, elle fit volte-face et m'invita de la main à la rejoindre, ce que je fis sans discuter.

— Maintenant, tu peux y aller.

Ma pierre s'abattit sur la dalle avec un bruit sourd. Alors se produisit ce que j'avais anticipé, mais pas au bon endroit ! Deux mètres avant la dalle proéminente, là où précisément nous nous trouvions au départ, des pieux de fer surgirent de chaque côté du couloir, en émettant des raclements métalliques. Ils s'entrecroisèrent, puis se rétractèrent dans leur logement. J'en restai bouche bée. C'était donc cela, le piège : croyant déjouer une attrape d'une ridicule simplicité, la victime déclenchait sur elle-même le hachoir à nigauds.

Je finis par émettre quelques sons :

— Outch ! C'était moins une...

— Continuons, proposa Lizlide.

— Comment as-tu su ?

— Ces trous bizarres dans chacune des deux parois.

— Je vois. Ça veut dire que j'ai encore des progrès à faire...

Je fus interrompu par un hurlement, un hululement glaçant qui résonna interminablement au-dessus du labyrinthe.

— Nous avons réveillé le prince, en déduisit Lizlide.

J'acquiesçai avec une grimace, ne sachant si nous devions nous en réjouir ou fuir à toutes jambes. Mais cette seconde alternative était compromise puisque nous étions déjà égarés.

22

L'attente du prince

Nous avons déambulé au hasard, aussi prudents et tendus que si nous traversions un champ de mines. Le cri ne se reproduisit pas. Peut-être n'était-ce pas le maître des lieux, mais quelque autre bête forcément antipathique qui beuglait comme une harpie.

— Comment l'imagines-tu, ce prince des Fulmides ? demandai-je.

— Ne dit-on pas des princes qu'ils sont charmants, dans les contes de ton monde ?

— Si, absolument. Le plus connu était un crapaud, ajoutai-je, du moins jusqu'à ce que la princesse lui donne un baiser.

— J'espère ne pas avoir à être cette princesse.

— Moi non plus.

Nous allions renoncer à nous enfoncer plus avant dans un couloir envahi par la végétation, car il s'était révélé être un cul-de-sac, quand mon attention fut attirée au sol par un reflet brillant. Sous les ronces et les feuilles mortes était dissimulée une forme allongée.

— Attends, il y a quelque chose, là ! avertis-je.

Après une minutieuse observation de notre environnement immédiat, je dégainai mon épée, avec laquelle j'écartai des tiges griffues et dégageai l'objet des résidus végétaux qui le recouvraient. C'est ainsi que je mis au jour un plastron d'armure, des ossements humains, ainsi qu'un heaume contenant un crâne que je fis rouler au milieu de l'allée. Ces deux derniers présentaient chacun le même trou circulaire au niveau du front. La flèche qui avait occis ce guerrier avait sans doute été récupérée par son propriétaire. Lizlide ne fit aucun commentaire, et je gardai en bouche le trait d'humour noir qui m'était venu devant cette découverte : « Encore un type qui avait les idées creuses ! » Nous aurions pourtant dû prendre le temps d'en discuter un minimum, car cela nous aurait mis la puce à l'oreille quant à la menace qui planait sur nos propres os.

Une fois encore – et en ce sens Melgan avait vu juste –, si nous n'avions eu qu'une intuition et des réflexes humains, nous aurions péri quelques minutes plus tard. C'est lorsque nous atteignîmes le fond d'un nouveau cul-de-sac que l'attaque se produisit. Personnellement, je n'avais rien vu venir.

— Attention ! s'écria Lizlide.

Elle me bouscula. J'entendis un bref chuintement qui nous rasa le crâne, puis un choc métallique dans le mur derrière nous. Une flèche venait de nous frôler les oreilles, et ce n'était pas un mécanisme à ressort qui nous l'avait décochée mais bien un archer, habile et puissant, duquel Lizlide ne put qu'entrevoir la silhouette.

— À quoi ressemblait-il ? m'enquis-je.

— À rien de précis. Deux jambes, deux bras, une tête. Ou peut-être quatre pattes et une gueule.

— C'était le prince ?

— Oui.

Lizlide se retourna pour aller examiner la flèche qui s'était plantée dans la pierre, ce qui donnait une idée assez effrayante de la puissance du tireur. Elle était en or massif, ou du moins forgée dans un alliage de la même couleur.

— Bien, fis-je en me caressant le menton. Maintenant que nous savons qu'il est à nos trousses, je suggère de prendre les mesures appropriées.

— C'est-à-dire ?

— En premier lieu, trouvons la nasse idéale.
— Vas-tu le tuer ? s'inquiéta Lizlide.
— S'il y tient, oui.
La vérité, c'est que j'étais déterminé à lui faire la peau.

Notre adversaire appréciant les pièges, je décidai de lui en concocter un à ma façon. Pour cela, j'étais plus doué que Lizlide, car les elfes n'ont aucune aptitude à tromper le monde, contrairement aux humains. Après un moment de réflexion, d'observation et de recherche dans le dédale, je choisis le lieu de l'embuscade, une longue allée en cul-de-sac, parfaitement dégagée. Lizlide fut chargée de jouer le rôle d'appât. Pour attirer la bête, elle devait m'appeler à grands cris, simulant l'affolement comme si elle m'avait perdu dans le labyrinthe. De mon côté, je me rendrais à l'entrée du cul-de-sac et grimperais sur le mur en face d'elle. Celui-ci formait à cet endroit une terrasse sur laquelle je pouvais m'allonger et me tenir à l'affût derrière un moutonnement d'herbe.
— J'y vais ? demandai-je.
En réponse, Lizlide me contempla de ses grands yeux noirs toujours débordant d'amour. M'arrachant à l'enchantement, je l'embrassai, puis m'éloignai. Une fois en position, je disposais d'une vue parfaite sur le couloir dans lequel Lizlide déambulait, m'appelant toutes les trente secondes.

L'attente ne fut pas très longue, mais elle suffit pour que je me pollue la tête avec de mauvaises pensées sur la chimère que je m'apprêtais à combattre. Je l'imaginais vive, musclée, impitoyable, armée, outre de son arc, de deux rangées de crocs acérés. Et je lui voyais, plantés dans une face hideuse de crapaud gluant, deux gros yeux globuleux rougeoyant de haine. J'en frissonnais par avance. Mon attaque au poignard devrait être aussi fulgurante que précise, me dis-je. Un petit bruit sur ma droite me mit en alerte. Je changeai de position de manière à améliorer mon champ de vision... Une ombre approchait ! Elle était passée furtivement derrière les branches souples d'un saule émergeant d'un mur. Comme l'avait remarqué Lizlide, la mystérieuse créature avait une tête, deux bras, deux jambes. Mon cœur se mit à battre la chamade et la salive commença à me manquer. Les secondes s'égrenèrent, éprouvantes pour les nerfs.

La voix de Lizlide résonna à nouveau :

— Thédric !

Ne voyant pas venir l'ennemi, je pris le risque d'avancer le buste afin de passer la tête par-dessus les herbes. L'esprit en ébullition, je grommelai intérieurement : « Vas-tu te montrer, sale bête ! »

Je l'entendis avant de la voir... trop tard !

23

La décision du prince des Fulmides

Il y eut un grincement derrière moi. Comprenant qu'on venait de bander un arc dans mon dos, j'écarquillai les yeux, puis vivement roulai sur le côté. Un rayon d'or me rasa le visage, m'égratignant l'oreille au passage. Un être immense se dressait devant moi, pattes écartées. Le temps qu'il s'empare d'une autre flèche dans son carquois, je me redressai et me jetai sur lui pour l'enlacer à la taille, façon rugbyman. Il poussa un cri rauque. Collés l'un à l'autre, nous basculâmes et tombâmes sur la terrasse caillouteuse. Nous roulâmes, chutâmes dans un couloir... Une douleur aiguë me vrilla les côtes. Le monstre hurlait et grognait comme un loup. Il me flanqua des coups désordonnés, se débattant plutôt que se battant. Je finis par réussir à lui plaquer le dos au sol, puis à le saisir d'une main à la gorge. Il était à ma merci. Je levai mon poignard pour le lui planter dans le cœur. Mes mâchoires se contractèrent. Je bloquai ma respiration et... me figeai.

— Pitié, seigneur humain, pitié !

Quelques secondes s'écoulèrent dans un silence total.

— Pitié, m'implora à nouveau le vaincu.

En fait de monstre, j'eus la surprise de découvrir un homme qui en réalité n'en était pas un. Ses sourcils en corne et curieusement torsadés surmontaient un regard à la fois farouche et doux. Son visage, aux pommettes saillantes et au menton volontaire orné d'un bouc, présentait une singulière ambivalence, entre jeunesse et maturité. Il portait une élégante moustache sur une bouche d'une indéniable sensualité. Sa peau ambrée était légèrement duveteuse, et ses oreilles pointues bien qu'à peine plus que celles d'un elfe. Enfin, son abondante chevelure brune ondulée achevait de lui donner une prestance... de prince ! Il était somme toute assez proche de cette divinité champêtre que les Terriens appellent un faune. Je me rendis compte qu'en fait de pattes cette créature humanoïde possédait des jambes, certes longues, mais bien proportionnées.

Je brandissais mon poignard d'une main ferme, tandis que mon adversaire me fixait avec un regard d'enfant terrorisé.

— Pourquoi devrais-je vous épargner ? demandai-je. Vous ne semblez pas animé de la même clémence à notre égard.

— Pardonnez-moi, seigneur, je ne faisais que défendre ma tête. Tant d'humains sont venus dans l'espoir de la ramener en trophée.

Sa voix, à la fois juvénile et grave, exprimait la même ambiguïté. Jamais un humain n'aurait pu avoir un tel timbre, pas même un ténor. Je consentis à abaisser mon arme, mais la gardai prudemment pointée sur sa gorge.

— Nous ne sommes pas là pour voler votre tête, déclarai-je, mais pour la sauver, si c'est possible.

Il afficha un air abasourdi. Lizlide arriva à cet instant. Le faune la regarda et son trouble s'accentua :

— Qui êtes-vous ?

J'adressai un sourire à ma compagne, puis déclarai :

— Finalement, ce prince a bien quelque chose de charmant, tu ne trouves pas ?

Elle acquiesça d'un hochement de tête. Je vis qu'elle était émue, sans doute parce que cette créature était en position de faiblesse, et sans doute comme elle anthropomorphique sans être humaine.

— Est-ce que l'un de vous est blessé ? s'inquiéta-t-elle.

Je reportai mon attention sur le faune.

— Pas moi, répondit celui-ci. Merci de vous préoccuper de ma personne. Cela ne m'est pas arrivé depuis... (Un voile de tristesse passa dans son regard. Sans doute pensait-il à sa mère.) si longtemps, termina-t-il.

— Moi, j'ai mal partout, mais à part ça, ça va. Si je vous lâche, prince, que ferez-vous ?

Il esquissa un sourire, qui pouvait paraître aussi bien amical que roublard.

— Que vous dit votre cœur ? esquiva-t-il.

Je me tournai vers Lizlide qui s'était déjà forgé un avis sur mon prisonnier.

— Tu peux le libérer, estima-t-elle. Nous ne nous traiterons plus en ennemis.

Je desserrai mon étreinte et allai même jusqu'à aider notre « hôte » à se relever. Je fus surpris de constater qu'une fois redressé il me dépassait d'une bonne tête. Son corps était élancé, légèrement voûté, mais pas maigre. S'il avait les pieds fendus, je n'aurais su le dire puisqu'il portait des bottes de cuir vert, assez fines. Pour le reste, il était vêtu d'un mélange déroutant de guenilles vertes de diverses nuances, à bien y regarder plutôt harmonieusement agencées. Ce qui attirait surtout l'attention, et l'intérêt, était son arc d'or, ainsi que son carquois de flèches forgées dans le même métal rutilant.

— Me direz-vous maintenant qui vous êtes et ce que vous venez faire en mon labyrinthe ? nous interrogea-t-il.

Nous nous présentâmes, puis je me chargeai de lui révéler comment, après ma mission d'exfiltration dans un Thuyr assiégé, un certain devin nous avait suggéré de passer par ici.

— Melgan..., répéta le faune pensivement. Ce nom ne m'est point étranger. Il vous a donc confié que je détiendrais un secret qui vous intéresserait ?

— Une partie, du moins, rectifiai-je.

Il m'adressa un franc sourire, puis lança avec un enthousiasme de jeune homme :

— C'est d'accord ! Je veux bien vous livrer tous mes secrets ! (Son expression redevint aussitôt grave.) Le souci, reprit-il, c'est que de secrets, je n'en ai point. Mon origine ne fait guère de mystère. Je ne possède ni pouvoir ni don, et je ne suis même pas méchant. J'ai pourtant essayé ! Mon seul bien est cet arc, hérité de mon père mais qui, hélas ! n'ira jamais à mon fils.

— Pourquoi ? demandai-je, pour la forme puisque je me doutais qu'un prince ermite, réputé monstrueux et cruel, vivant au fin fond d'un marigot puant, n'avait pas toutes ses chances avec les dames.

Il confirma :

— Je suis maudit. (Il réfléchit encore, puis conclut :) Non, vraiment, je ne vois pas de quel secret il pourrait s'agir.

Lizlide intervint :

— Que savez-vous sur l'Avaleur d'âmes ?

— L'Avaleur d'âmes, dites-vous ? Hum, parlez-vous de celui qui m'a fait... qui nous a tous faits ? Il est un dieu, puisque c'est lui le créateur des créatures de ce continent.

— Pourquoi parlez-vous de continent et non de monde ? soulignai-je.

— J'ai ouï dire que cette terre était entourée d'eau, comme mon labyrinthe de marais. Et puis n'est-ce pas ainsi qu'on le nomme : le continent des Épopées ? En son centre siège le maître du même nom, qui en effet est parfois affublé du sobriquet d'Avaleur d'âmes.

J'affichai une perplexité qui l'amena à préciser :

— Je sais, c'est assez mystérieux, mais c'est ainsi. Je ne puis vous en dire davantage, car cela fait quelque temps que je ne suis point sorti de... de ma malédiction. Il faut me pardonner.

Il inclina respectueusement le buste. J'échangeai un regard avec Lizlide. Nous semblions d'accord sur le fait que nous n'obtiendrions pas davantage du prince. Restait à décider de la suite de notre épopée. C'est Lizlide qui reprit le flambeau.

— Vous n'êtes jamais sorti de ce labyrinthe, prince ?

— Non.

— C'est bien votre père qui l'a construit, n'est-ce pas ?

— On le dit.

— Avant de venir se réfugier dans ces marais avec votre mère, où votre père vivait-il ?

Le prince leva la tête et fixa l'elfe du regard, essayant de deviner quelque intention cachée.

— Ailleurs, répondit-il prudemment.

— Alors nous vous y conduirons ! décida-t-elle.

Le faune accusa le coup, puis me regarda. J'étais aussi désarçonné que lui.

— Pourquoi ? Enfin... quelle est ton idée, Lizlide ? demandai-je.

— Le temps est venu de mettre fin à la malédiction du prince des Fulmides, qui d'ailleurs doit porter un autre nom, n'est-ce pas ?

Le faune fut saisi d'une intense émotion, au point que des larmes perlèrent à ses yeux.

— Nous avions..., bredouilla-t-il, nous avions un nom, mais il est mort avec ma mère. C'est pourquoi je ne suis rien et ne puis plus vivre, seulement exister, sans passé ni avenir, sans joie ni peine, sans horizon ni... amour.

— Quel était votre nom, prince ? insista Lizlide.

J'étais persuadé qu'elle lui parlait autant par la voix que par l'esprit, que leurs échanges étaient infiniment plus riches et complexes que ceux que je pouvais entendre avec mes oreilles.

Enfin, le faune lâcha :

— Cyrcion de Fondombres.

Une idée me traversa l'esprit :

— Lizlide, retournons auprès des chevaux et regardons la carte que Melgan nous a donnée. Je crois me souvenir avoir vu un endroit nommé Fondombres.

Guidé par le prince, nous rejoignîmes nos montures en moins d'un quart d'heure. Là, nous attendait une surprise : trois Fulmides leur tournaient autour. L'une d'elles avait même grimpé sur le dos de mon destrier et riait comme une enfant émerveillée. L'apparition du faune les fit fuir plus vite que s'il avait été le diable. D'une des fontes de mon cheval, je sortis la carte et me hâtai de la dérouler. Le prince vint se placer derrière moi.

— Oui, c'est bien ça, confirmai-je, la forêt de Fondombres. Prince Cyrcion, c'est probablement là que vivait votre père. D'une certaine manière, vous pouvez considérer que c'est chez vous.

Bouleversé et intrigué, le faune s'empara délicatement du parchemin de ses mains fines aux tendons saillants et aux ongles recourbés. Il l'examina longuement, émettant par intermittence de légers gémissements. Il finit par me le rendre en déclarant tristement :

— Oui, c'est sûrement cela. Merci, Thédric, je ne vous oublierai jamais. Pas plus que vous, étrange Lizlide. Je vais demander aux Fulmides de vous guider hors du marais, jusqu'à la route de votre choix.

— Pourquoi ne viendriez-vous pas avec nous ? suggérai-je.

— Pourquoi ? répéta-t-il, interloqué. Mais parce que... En fait, je ne sais pas. Une malédiction, cela ne s'abandonne point aussi facilement qu'un vieux vêtement.

— Thédric a raison, prince Cyrcion, m'approuva Lizlide. Il est temps de mettre un terme à votre malheur. Nous pouvons vous emmener jusqu'à la forêt de Fondombres. Ce ne sera pas un très long voyage. Cependant, il faut que vous le souhaitiez.

Le trouble du prince se mua en une angoisse qui le rendait encore plus pathétique.

— Je ne peux pas... Mon labyrinthe, mes Fulmides... J'ai toujours vécu ici, bredouilla-t-il en écartant les mains d'un geste fataliste.

— Dans la peur et la solitude, enchaînai-je. Il serait peut-être temps de changer d'air, non ? Croyez-moi, mon ami, une belle forêt convient mieux qu'un marais à un seigneur de votre rang. Sans compter qu'on y croise souvent de belles princesses.

J'avais une manière très terrienne d'argumenter, mais elle se révéla efficace. Un sourire enfantin se forma sur les lèvres du faune.

— Croyez-vous que ce soit possible ?

— Possible, oui, mais souhaitable, ce n'est pas à nous de le dire, répondis-je. Vous seul êtes responsable de votre destin. Nous ne sommes qu'une occasion, à saisir ou non. Dès que nous avons pénétré dans votre royaume, Lizlide savait que c'était pour vous sauver et non pour vous assassiner.

Le faune se tourna vers mon elfe. Il s'ensuivit un long dialogue silencieux entre ces deux créatures fabuleuses. Pour la première fois, il me sembla que j'étais capable d'y participer, car je percevais des vibrations ressemblant à des voix, hélas trop lointaines.

Enfin, Cyrcion de Fondombres prit sa décision. S'adressant à nouveau à moi et regardant mon cheval, il déclara :

— Je n'ai jamais voyagé sur un animal comme celui-ci. En serai-je capable ?

— Oui, mais il vaut mieux que je tienne les rênes, répondis-je. Vous monterez donc derrière moi, si cela ne vous ennuie pas.

Le faune eut encore une hésitation, puis enfin nous nous mîmes en selle.

La traversée du marais fut assez cocasse - et pour moi agréable - puisque nous étions suivis par une cohorte de jeunes filles nues, au sublime corps bleu glauque, rieuses et espiègles comme des dauphins. Là encore, quel souvenir !

24

Je pense trop fort

Après avoir traversé des espaces sauvages où alternaient landes et collines boisées, contourné au plus loin des bourgs et autres implantations humaines, et nous être perdus plusieurs fois, nous finîmes par atteindre la forêt de Fondombres. Comment pouvions-nous être certains qu'il s'agissait bien d'elle ? Le plus simplement du monde, en suivant un panneau indicateur, qu'à un croisement de route nous eûmes la bonne fortune de trouver. Ce n'était pas le premier que nous voyions, mais le seul qui indiquait une direction correspondant à un point sur notre carte.

Le crépuscule était largement avancé quand nous mîmes pied à terre, dans un herbage s'étendant à une centaine de mètres de la lisière.

— Ce serait là ? s'interrogea Cyrcion avec anxiété.

Il est vrai que cette ligne végétale présentait, dans la lumière grise du jour finissant, un aspect des plus sinistres. On devinait un monde ancien, hostile, inhospitalier... du moins pour des elfes comme Lizlide. Notre ami, en revanche, l'interpréta plutôt comme une vision de paradis.

— C'est beau, n'est-ce pas ? souffla-t-il, ravi.

— Très, approuvai-je, aussi convaincu que par un tableau d'*art poubelle* - récente extravagance des artistes mondains.

— Viendrez-vous avec moi ? demanda le faune. Je vous protégerais s'il devait y avoir danger.

— Merci, prince, répondit Lizlide, mais nous avons notre propre destin à accomplir. Rejoignez votre nouveau royaume et vivez-y en paix.

Les adieux s'achevèrent par un cadeau inattendu de la part de Cyrcion. Il se tourna vers mon elfe, ôta son carquois et son arc qu'il portait sur son dos, puis les lui tendit :

— Tenez, cette arme vous sera plus utile qu'à moi.

Lizlide ne parut pas surprise par ce somptueux présent. Elle l'accepta sans prononcer une parole, exprimant sa reconnaissance d'un regard appuyé et d'un simple sourire. Sans doute recevions-nous la récompense de notre exploit prévue par Melgan. Le prince nous salua ensuite d'une gracieuse inclinaison du buste, puis s'en alla vers le fief de ses ancêtres où il retrouverait peut-être de la famille. Une fois qu'il eut disparu dans la sombre forêt, je proposai à Lizlide de bivouaquer sur place dans l'herbe soyeuse.

— Sous cet arbre, nous serons très bien, dis-je, en désignant un chêne magnifique.

Sur l'une de ses plus hautes branches, je repérai un hibou brun qui se mit alors à ululer, comme pour me saluer.

— L'œil de Melgan est sur nous, maugréai-je.

— Depuis le début, enchaîna Lizlide. Allons nous asseoir, je suis un peu fatiguée.

Cet aveu m'alarma, car jamais un elfe ne se plaint de fatigue, sinon peut-être à l'approche de sa fin.

— Veux-tu manger quelque chose ? De quoi aurais-tu envie ?

— Ne t'inquiète pas pour moi, me rassura-t-elle. J'ai juste besoin d'une pause et de profiter de ce paysage.

Je jetai un regard circulaire et fis la moue. Le panorama n'était pas folichon. Le nord était barré par cette forêt, dans laquelle pour rien au monde je n'aurais voulu pénétrer. Ailleurs, ce n'étaient qu'herbe et buissons ou, à perte de vue, de banales collines. Nous allâmes donc nous installer au pied du chêne, laissant paître librement nos montures.

La nuit était presque complète quand arriva un visiteur pas tout à fait inattendu.

— Devin Melgan, quelle bonne surprise ! Nous vous attendions presque, lançai-je.

Je ne pouvais m'empêcher d'ironiser avec cet homme, dont l'ambiguïté m'indisposait de plus en plus. Enveloppé dans sa cape grise, capuche rabattue sur la tête, il avait une allure de spectre guère engageante. Pour comble, il chevauchait un grand étalon noir. Je ne me levai pas pour l'accueillir lorsqu'il mit pied à terre à quelques pas de nous. Lizlide non plus ne se leva pas. D'ailleurs, notai-je, elle ne lui prêtait aucune attention. Il s'assit dans l'herbe et nous considéra un court moment avant de remarquer :

— Vous semblez un peu las.

— Les dernières vingt-quatre heures n'ont pas été de tout repos, répliquai-je.

— Les prochaines promettent de ne pas être moins mouvementées, je le crains.

— Nous n'en doutons pas. Quel est le programme des réjouissances ?

Avant de répondre, Melgan attarda son regard sur le carquois et l'arc d'or du faune, que Lizlide avait posés près d'elle.

— Ce que vous avez obtenu là, nul autre avant vous n'y était parvenu, commenta-t-il. C'est un exploit qui confirme ma prédiction. Malheureusement, cela ne préjuge pas du résultat de la prochaine épreuve.

— Quelle épreuve ? l'interrogeai-je, une pointe d'agressivité dans la voix.

— Sur la carte que je vous ai donnée, vous aurez certainement remarqué un massif de hautes montagnes, au nord. Un défilé permet d'accéder à un cirque rocheux nommé le Théâtre du Défi. Ce sera votre prochaine destination.

— Si on le veut bien.

— Le rôle d'enfant rebelle vous sied certes à merveille, Thédric Tibert, mais cela ne change rien à ce que vous devrez faire pour gagner le droit de rentrer chez vous.

— Gagner le droit ! m'exclamai-je. Qu'est-ce que ça veut dire ?

— Il est encore trop tôt pour ce genre de discussion. Je suis là uniquement pour vous aider à avancer dans votre quête.

Ce jeu du mystère commençait à m'agacer prodigieusement. J'aurais certainement piqué une grosse colère si je n'avais craint par ma violence de stresser Lizlide. Je me résignai donc à jouer, cette fois encore, mon rôle de héros docile.

— Entendu, lâchai-je. Le Théâtre du Défi, disiez-vous.

— Quand vous y serez, vous repérerez facilement l'entrée d'une grotte. Nombre de chevaliers et même de rois y ont pénétré en trompant la vigilance de l'animal qui en garde l'accès. Fort peu en sont ressortis, avec ce qu'ils étaient venus y chercher...

— Un trésor ?

— Une lance et un bouclier.

— En or, j'espère.

— En orichalque*, ainsi que les armes de Cyrcion de Fondombres. Ces trophées vous seront indispensables pour continuer votre voyage et surtout en garantir une issue favorable.

— À quoi ressemble cette bête ? m'enquis-je.

— Vous le saurez bien assez tôt.

— J'insiste.

— C'est inutile.

— Pourquoi ?

— Cela risquerait de vous inquiéter inutilement.

— Vous êtes sérieux ?

Le devin garda le silence, renforçant l'impression qu'il nous cachait une vérité vraiment effrayante.

— Et si nous refusons d'aller taquiner cette vilaine bébête ?

— Vous vous condamneriez vous-même à errer sur ce continent jusqu'à la fin de vos jours. Celle-ci pourrait d'ail-

* Alliage à base d'or ou de cuivre.

leurs être hâtée par les limiers du comtal de Morte-Mère qui, je vous le confirme, n'a pas du tout apprécié que vous lui voliez l'assassinat de son frère. Je vous conseille donc de ne pas trop vous attarder, car ils sont sur votre piste. Vous disposez quand même de votre nuit pour sommeiller en paix. Encore que, restez attentifs, car il arrive que des prédateurs quittent la forêt de Fondombres lorsqu'ils ont flairé de la chair fraîche à proximité.

Je sollicitai Lizlide du regard. Elle n'avait pas dit un mot, mais je savais ce qu'elle pensait. Nous étions piégés dans les mailles d'une fatalité que, comme moi, elle supportait difficilement. Cela impliquait que, d'une manière ou d'une autre, nous finirions par changer les règles du jeu, autrement dit par cesser d'être les jouets du maître des Épopées. Le devin se leva et alla récupérer sur son cheval un sac de denrées et de boissons.

— Vous êtes un père pour nous, maître Melgan, persiflai-je.

— Je ne fais que vous décharger d'une tâche sans intérêt, répondit-il d'une voix neutre. Vous n'avez pas le temps de chasser ou de vous approvisionner chez les fermiers des environs, ce qui d'ailleurs ne pourrait se faire qu'en les volant, acte indigne d'un héros de votre rang.

Je m'emparai de notre pique-nique sans le remercier, puis l'envie me prit de lui demander :

— Il est à vous, ce hibou ?

L'oiseau n'avait pas quitté sa branche au-dessus de nous. Se découpant sur le ciel nocturne, sa silhouette, au corps rond et à la tête surmontée de deux pinceaux, ressemblait à celle d'un chat obèse. Je la trouvai presque amusante.

— Non, répondit sobrement Melgan.

Comme je savais qu'il ne mentait pas, cela faisait un mystère de plus à élucider. Il nous salua, remonta à cheval et s'éloigna au petit trot, tel un paisible voyageur.

— Bon débarras, marmonnai-je en me rapprochant de mon elfe.

Je la pris dans mes bras et l'embrassai sur le front.

— Veux-tu que je te dise...

Il commence à te les briser menu, le devin ! me coupa-t-elle.

— Sans blague, tu lis dans mes pensées ! m'exclamai-je, abasourdi.

— Tu penses trop fort, mon amour.

— Je pense... comme je pense. Mais comment penses-tu que je devrais penser ?

— En elfe. Melgan aurait beaucoup plus de difficulté à pomper dans ton cerveau tout ce qui y passe, et il en passe, des choses !

Je la fixai. Son sourire mutin me fut un formidable baume au cœur.

— Veux-tu m'apprendre ?

— Les humains ont surdéveloppé leurs fonctions intellectuelles. Les plus superficielles et les plus cacophoniques. Indisciplinées par nature, les idées, les images, les réflexions... tout se mélange et se télescope sans cesse. C'est particulièrement vrai pour toi.

— J'en ai conscience, reconnus-je en cueillant un long brin d'herbe à ma portée. Mon crâne est une marmite qui bout en permanence. Mais si je dois réduire le feu, ça va aussi ralentir ma réflexion. Ce ne serait pas très judicieux dans la situation présente. Et puis, soyons franc, je suis un cas désespéré. J'ai tenté une fois de prendre des cours de yoga, pour apprendre à maîtriser mon corps et mon esprit par la méditation et la relaxation. Chaque fois, qu'est-ce que j'ai bien dormi !

Ne disposant pas des mêmes références qu'un Terrien, Lizlide dut ne pas tout comprendre, mais éclata malgré tout de rire. Un long silence suivit, puis elle déclara avec gravité :

— Thédric, il faudra pourtant que tu parviennes à sentir plutôt qu'à réfléchir, à agir avant de décider. Peut-être alors Melgan cessera-t-il de lire en toi comme dans un livre ouvert. Et tu gagneras encore en vélocité... (Elle me fixa de son merveilleux regard de biche.) Et puis nous serons encore plus proches.

Une émotion me pinça le cœur. J'acquiesçai, sans mot ni mouvement de tête, comme l'aurait fait un elfe. Puis je l'embrassai, comme un homme. J'eus alors la conviction qu'à nous deux, nous disposions d'une force extraordinaire. J'en éprouvai un vertige, auquel succéda une confiance d'airain. Lizlide avait retrouvé toute sa chaleur. J'eus alors la bizarre impression que l'aventure commençait seulement là.

La nuit fut calme, jusqu'à ce qu'elle tourne au cauchemar.

25

Grandir n'est pas facile

Je dormais du sommeil du juste quand l'attaque se produisit. Lizlide, en revanche, dormait comme toujours à moitié. Les elfes ont en effet cette capacité très pratique, que l'on ne connaît sur la Terre que chez les dauphins, de ne mettre au repos qu'un seul hémisphère du cerveau à la fois. Ainsi restent-ils vigilants quelle que soit l'heure. Par ailleurs, ils sont le plus souvent nyctalopes. Par chance pour moi, les nuits en ce monde présentaient l'avantage, comme au royaume des Sept Tours, de n'être jamais tout à fait obscures, même lorsque la lune était derrière les nuages.

Lizlide perçut l'approche du prédateur avant même de l'entendre. Elle me réveilla en chuchotant à mon oreille, puis se leva. Le regard embrumé, je me redressai sur un coude et scrutai alentour. Mon elfe s'éloignait, armée de l'arc d'or dans lequel elle avait encoché une flèche. Soudain, un monstrueux grognement retentit, qui me fit dresser poils et cheveux. Il me sembla distinguer l'ombre d'une bête énorme. Je bondis sur mes pieds, le poignard au poing. Il y eut le hennissement d'épouvante d'un de nos chevaux, des bruits de lutte, un couinement. Je me ruai à l'attaque... et arrivai après la bataille.

Lizlide, heureusement saine et sauve, se tenait accroupie près d'une de nos montures, celle de Gauthon, à laquelle le prédateur n'avait laissé aucune chance. La malheureuse bête avait le thorax ouvert de l'épaule au ventre.

— Nous devrions partir, suggérai-je.

— Ton cheval s'est enfui. Il faut attendre le jour. Peut-être reviendra-t-il.

— Tant pis pour le cheval. Je n'ai pas envie qu'on se fasse dévorer.

— Ça n'arrivera pas. Je veille.

Nous retournâmes donc sous notre arbre. Depuis son perchoir, le hibou n'avait rien raté du spectacle.

— Hou-hou !

Le jour pointa sans autre incident. Mais le spectacle qui s'offrit à nous dans la grisaille de l'aube n'était guère réjouissant. Le cheval de Lizlide était couché au milieu du pré, les boyaux à l'air. Un peu plus loin, gisait une silhouette poilue, anthracite, presque aussi grande que lui. Sur le coup, je crus qu'il s'agissait d'un loup. Mais en m'approchant je découvris avec stupéfaction que c'était un faune, terrassé en pleine poitrine par une flèche d'or. Il avait une morphologie beaucoup plus grossière que celle de notre ami, l'ex-damné du labyrinthe. Il était muni de griffes que le plus monstrueux des grizzlys aurait pu lui jalouser. Je jetai un regard vers la forêt, songeant avec compassion aux périls qu'avait dû affronter le prince en retrouvant ses semblables. J'en vins à penser que j'étais moi-même devenu une bête bizarre au regard de mes congénères. Je compris alors ce que peut ressentir un être déraciné, déchiré entre deux cultures et confronté à de terribles dilemmes du genre : faut-il renoncer à ses racines pour faciliter son adaptation en terre étrangère ? Curieuse question, puisqu'elle induit une incompatibilité de natures. Me concernant, je décrétai de les concilier ; je serais un elfe humain ! Ou un homme elfique... Qu'importe puisque, dans le fond, je resterais moi-même.

— Thédric, m'appela Lizlide en regardant vers le sud.

Trottinait vers nous, crinière ondulante et oreilles dressées, un magnifique cheval gris. C'était mon ambre, puisque telle était sa race, « avec du sang de dragon dans les veines », me souvins-je. Après avoir récupéré la flèche d'or que je replaçai dans le carquois de Lizlide, je sellai notre fidèle destrier et nous partîmes vers notre destination suivante, le Théâtre du Défi.

Nous mîmes plusieurs jours pour atteindre cette destination, non pas qu'elle fût si loin, mais parce que nous n'avons pas forcé l'allure. Personnellement, j'aurais préféré galoper, pressé que j'étais d'en finir avec une aventure qui s'annonçait périlleuse. Mais ma compagne tenait à ce que je fasse des progrès en maîtrise mentale, au moins pour rendre mes pensées inaccessibles au devin. Nous fîmes donc de longues pauses, en des lieux choisis au mieux pour ne pas nous laisser surprendre par d'éventuels poursuivants. Au cours de ces séances, entrecoupées de merveilleux moments de détente câline, j'appris beaucoup sur le peuple des elfes, dont je me sentais de plus en plus proche. Je dois avouer que je n'étais pas un élève doué. Mon *ego* humain ne cessait de se manifester, le plus souvent pour se rebeller contre une évolution qui semblait s'opposer à sa nature, tandis qu'elle ne faisait que l'élever. J'ai alors compris la difficulté que nous avions, nous les hommes, à mûrir. Grandir, c'est changer. Changer, c'est se mettre en question et d'une certaine manière en danger en abandonnant une vieille peau à laquelle on tient finalement plus qu'on ne le croit. Ce fut donc pour moi un temps important d'apprentissage et de méditation, mais pas seulement ! L'amour y eut aussi sa place et là, je dois dire... quel bonheur !

Un matin, nous arrivâmes en vue d'une puissante chaîne de montagnes, avec grand soulagement car ses contreforts nous avaient demandé pas mal d'efforts, sur une route caillouteuse surfant de dômes boisés en collines désertiques.

Il nous fallut une journée encore pour parvenir à l'entrée du défilé, que nous eûmes beaucoup de mal à repérer malgré la carte de Melgan. Il faut dire qu'il s'agissait d'une faille guère plus large qu'une route nationale. Un titan avait dû jadis abattre son épée sur ce roc, comme sur un gâteau d'anniversaire. La vérité, c'est qu'un torrent s'y était frayé un passage, arrachant à la montagne des blocs de roche qu'il avait patiemment, au fil des siècles, polis et arrondis. Entre la paroi de gauche et ce cours d'eau tumultueux serpentait un sentier étroit, malaisé mais praticable, même à cheval. Au reste, le spectacle qu'il nous fut donné d'admirer était réellement grandiose, et par certains aspects effrayant. Les sommets culminaient assez haut pour être coiffés de neiges éternelles. Les crêtes étaient de véritables lames, reliant les pics et les crocs de roche grise. Un paradis pour les aigles et pour Dieu sait quels autres carnassiers, songeai-je.

Nous passâmes la nuit, non loin de l'entrée de la gorge, appréciant la douceur relative de l'air, car le soleil avait daigné chauffer la roche toute la journée. Le lendemain, je me sentais prêt à affronter n'importe quel prédateur fabuleux surgi de l'imagination du maître des Épopées. J'ignorais que Lizlide en avait décidé autrement.

– Il vaut mieux que j'y aille seule, m'annonça-t-elle à brûle-pourpoint, alors que je m'apprêtais à monter en selle.

Je fis l'effort de ne pas avoir l'air interloqué.

– Ah ? Tu crois ?

– Je suis sûre. Si la bête qui vit dans ces montagnes est aussi redoutable que nous l'a suggéré Melgan, il est inutile que nous risquions tous les deux notre vie. Quand ton élévation sera terminée, tu disposeras des mêmes pouvoirs qu'un elfe sur les animaux. La raison commande que tu m'attendes là.

Je n'avais jamais eu de conflit avec Lizlide, pas même l'ombre du début d'un différend. Or, voilà qu'elle m'assenait une décision fort contrariante. Mon *ego* humain n'apprécia pas, pour le principe. Mon esprit chevaleresque s'épouvanta, ce qui était normal. Ma fierté masculine en prit un coup, ce n'était pas bien grave. Enfin, mon moi elfique n'était pas encore assez puissant pour accompagner Lizlide. Je pris une inspiration en laissant mon regard vagabonder sur les hauteurs. Ne pouvant résoudre mon conflit intérieur, je passai en mode louvoiement :

— Admettons que je ne sois pas d'accord...

— Tu es libre, Thédric.

— Non. Ce que je veux dire, c'est : et si j'y allais seul, moi ?

— Ce serait nous mettre en danger inutilement.

— Et si je t'attachais à un arbre pour que tu... ?

Son regard prit tout à coup une expression qui m'atomisa de honte.

— Même pas en imagination, enchaînai-je avec un sourire piteux. Je plaisantais. (Je descendis de cheval, puis conclus :) Je te fais confiance, Lizlide. Va et reviens vite.

Elle retrouva un visage serein. L'incident était clos. Ouf !

L'image de mon elfe, disparaissant au petit trot dans ce défilé brumeux, m'est restée comme une vision éprouvante, marquée par une boule d'angoisse à l'estomac. Sans doute avais-je peur de perdre à nouveau mon cher amour, et cette fois pour toujours. De plus, j'étais encore sous le coup de la bêtise que j'avais commencé à dire. Être maladroit avec un elfe est au moins aussi grave que blesser un enfant avec une plaisanterie stupide.

26

L'elfe et le fauve des airs

La première heure, je trompai mon anxiété en pratiquant divers exercices physiques, dont l'attaque à l'épée d'un malheureux arbuste qui y laissa quelques branches. Un vol de grands oiseaux noirs, semblant fuir la montagne, accentua les affres de l'attente. Je finis par m'installer en tailleur sur le dos rond d'un gros rocher émergeant du sol herbeux, puis entrepris de fixer du regard l'entrée du défilé, tel un chien inquiet guettant le retour de son maître. Un certain temps passa encore, que j'essayais de mettre à profit pour réfléchir à notre histoire et tenter d'en percer la logique. Ne parvenant pas à me concentrer sur une seule pensée, je ne fis que tourner et retourner des évidences déjà acquises : le continent des Épopées, le maître des Épopées, des épreuves initiatiques... voilà qui suffisait à comprendre que ce coin perdu de l'Imaginaire était un plateau de jeu, dont nous étions les pions vivants, Lizlide et moi. Une question se posait dès lors : qui étai(en)t le ou les joueurs ? Je penchais plutôt vers l'hypothèse que nous étions dans une partie à deux. Le maître des Épopées imposait les épreuves, dont il choisissait la nature et les lieux. Nous, les pions, devions les surmonter en respectant certaines règles que Melgan nous distillait au fur et à mesure. – Vous devez aller là, récupérer ça, réaliser tel exploit, etc. Cela ressemblait furieusement à un jeu de rôle, à cette nuance près que nous n'avions pas décidé d'en être. Si ce dieu de l'Olympe existait bel et bien – ce dont moi, pourtant irréductible agnostique, je doutais peu –, il allait devoir apprendre que j'étais un homme libre, farouchement attaché à la propriété de mon destin, et capable de le défier malgré mon insignifiance...

J'étais en pleine ébullition mentale quand survint un événement qui me ramena à la situation du moment. La montagne résonna tout à coup d'un grondement phénoménal, mélange de rugissement et de barrissement. En un éclair, je fus debout sur mon rocher. La main droite fermement serrée sur la garde de mon épée, je restai longuement immobile, résistant à mon envie irrépressible de courir au secours de Lizlide. Le cri se reproduisit trois fois encore, avant que je saute à bas de mon perchoir et m'élance dans la gorge. Celle-ci s'étirait sur deux kilomètres environ, accusant une pente qui ne faisait que s'accentuer, et par conséquent m'exténuer, à mesure que je progressais. Lorsqu'elle s'évasa brusquement, je devinai que le cirque n'était plus très loin. Il me fallut encore contourner, sur un sentier devenu carrément chaotique, un formidable empilement de rochers, vestiges lointains de quelque glissement de terrain. Un nouveau rugissement, tout proche cette fois, me fit stopper. Les précédents m'avaient suggéré l'image effrayante d'une créature infernale que je connaissais déjà. Ce nouveau cri me confirma qu'il s'agissait bien de la même bête. Stimulé par l'inquiétude, je redoublai d'efforts et accédai enfin à l'entrée d'une vallée en coquille Saint-Jacques, creusée en son centre par le torrent qui s'engouffrait dans la gorge. Je me trouvais donc face au Théâtre du Défi, un site majestueux, encaissé dans une forteresse de montagnes titanesques. Mais c'est le cœur de la scène qui happa mon regard.

Un dragon rouge carmin d'une envergure démesurée, au bas mot celle d'un Airbus, se maintenait en suspension à quelques mètres au-dessus du sol. Il battait des ailes avec une telle puissance que, malgré la distance, j'entendais le souffle de l'air brassé par ses gigantesques voiles de peau. Sa tête, fendue d'une gueule de *Sarcosuchus imperator**, était armée de deux cornes pareilles à des crocs pointés vers l'arrière. De ses yeux de crotale, il fixait en dessous de lui une minuscule cavalière à la chevelure fauve, en tenue elfique vert sapin, montée sur un étalon gris. On eût dit un faucon crécerelle en suspension au-dessus d'un souriceau. Mon premier réflexe m'intima l'ordre de m'élancer à sa rescousse, tel saint Georges allant terrasser le dragon. Mais la voix de la sagesse me retint, qui me disait de ne pas me montrer. Je remarquai que Lizlide n'avait pas pris son arc en main et qu'elle parvenait à grand peine à maintenir son cheval sur place, car il piaffait et se cabrait d'épouvante. Bien que je ne pusse l'entendre, je savais qu'elle était en train de parler au dragon en langage elfique. J'avais déjà eu l'occasion de la voir dialoguer avec l'un de ces impressionnants fauves des airs. C'était peu avant le début de la guerre contre l'Immonde, lors de mon premier voyage au royaume des Sept Tours. Cependant, aucun spécimen ne pouvait rivaliser par la taille avec cette créature flamboyante.

Soudain, il s'éleva et s'éloigna en poussant un puissant grondement de colère. Il vira au fond du cirque. C'est alors seulement que je remarquai l'entrée obscure d'une caverne, percée dans la paroi rocheuse à une vingtaine de mètres du sol. Ensuite, il revint vers Lizlide en vol plané. L'effroi me coupa le souffle, car je crus qu'il fondait sur elle pour la happer avec sa gueule. Et mon cœur se contracta violemment quand il la rasa à moins d'un mètre. Le message était clair : « Va-t'en, ou au prochain passage je te gobe ! » Lizlide le reçut cinq sur cinq, puisqu'elle fit volter notre étalon et repartit au galop vers la gorge.

Je pouvais me remettre à respirer.

Tandis que mon amour me revenait et que le dragon survolait son territoire à grands coups d'ailes, je m'inter-

* Crocodile préhistorique le plus gigantesque de tous les temps. Il atteignait douze mètres de long.

rogeais sur la suite des événements : allions-nous renoncer ou devions-nous trouver une autre solution ? Dans le second cas, une certitude s'imposait : ce serait à moi de jouer. J'explorai les alentours du regard et, comme je l'avais pressenti, un gros hibou brun assistait à la scène, confortablement installé sur le plus haut moignon d'un arbre mort. Je lui adressai un petit signe de la main et il sembla me répondre par un clin d'œil.

Enfin, Lizlide arriva.

— Thédric ! Mais que fais-tu là ? m'interpella-t-elle.

Pour la première fois depuis que nous nous connaissions, je lisais de la colère dans ses yeux... à moins que ce ne fût que de la peur.

— Les rugissements de ce monstre m'ont fait craindre que tu sois en danger. Comment aurais-tu réagi à ma place ?

Elle esquissa un sourire signifiant : « Sans doute comme toi. »

— Nous devons quitter ces lieux, murmura-t-elle.

Je sautai en croupe sur son destrier et nous repartîmes. C'est seulement une fois sortis du défilé que nous nous laissâmes aller au soulagement, y compris notre étalon qui éprouva le besoin de s'enfuir en hennissant pour évacuer le stress accumulé. Nous allâmes nous asseoir sur une langue d'herbe jaune s'étirant à l'ombre d'un gros arbre. Sans cesser de dévorer des yeux ma compagne, j'attendis qu'elle parle.

— J'ai essayé de le convaincre de nous laisser entrer dans sa caverne, expliqua-t-elle, mais je n'ai fait que le mettre en rage.

— Pourquoi tient-il tant que ça à un simple bouclier ?

— Ce n'est pas le bouclier qu'il garde, mais la lance.

— La lance ?

— C'est la seule arme qui puisse le tuer, à condition qu'elle soit tenue par un authentique chevalier.

— En ce cas, je comprends. Mais cela ne résout pas notre problème : comment va-t-on les lui prendre ?

Lizlide me dévisagea. Même anxieuse comme en cet instant, ses prunelles noires étaient d'une fascinante beauté. C'est dans ces moments forts, où nos nerfs étaient mis à rude épreuve, que j'avais le plus conscience d'être amoureux d'une créature de rêve. Malheureusement, comme chaque fois, j'éprouvais aussi une sourde angoisse, puisqu'on sait que le rêve s'évanouit au réveil...

— Qu'as-tu l'intention de faire ? m'interrogea-t-elle.

— Je n'y ai pas réfléchi, mais si ces objets sont notre passeport pour les Sept Tours, je n'ai pas le choix, je dois y aller !

— Le dragon ne te laissera pas approcher de son antre.

— Sauf si je me transforme en homme invisible.

Le petit pli de perplexité qui se forma entre ses fins sourcils était si charmant qu'il me fallut quelques secondes pour revenir à notre conversation :

— Est-ce qu'un dragon voit bien la nuit ? demandai-je.

— Oui. Mieux qu'en plein jour certainement, car ce sont des êtres de l'obscur.

— Bon. Alors, j'agirai de jour... tout à l'heure, après une petite séance de méditation et quelques baisers d'encouragement.

En d'autres circonstances, ma réplique coquine l'eût sans doute fait sourire. Ce matin-là, pas du tout.

27

Quand je devins l'homme invisible

Après avoir pris le temps d'un repos bien mérité, nous dûmes parler de la suite de notre épopée, sous le regard rond de l'omniprésent hibou brun, perché non loin de là. Il commençait à m'agacer sérieusement, ce qui me fit faire ce cruel constat que je n'avais encore jamais mangé de hibou à la broche. Lizlide voulut à nouveau savoir comment je comptais m'y prendre pour voler la lance et le bouclier d'orichalque au nez et à la barbe de leur gigantesque gardien. Ne sachant quoi répondre puisque je n'en avais à la vérité qu'une idée assez vague, je me levai et commençai à faire les cent pas, jetant des regards vers l'entrée de la passe rocheuse qui m'apparaissait, chaque seconde davantage, pareille à un funeste coupe-gorge. Cela dura un moment, jusqu'à ce que je me rende compte que j'étais moins en train de chercher une solution que de ruminer ma rancœur contre le maître des Épopées, alias l'Avaleur d'âmes. Je me retournai vers Lizlide pour déclarer :

— Je suggère de rester là tant que je n'aurai pas mis au point un plan infaillible.

— Cela risque de laisser le temps aux limiers du comtal de nous rattraper.

— Ce ne serait peut-être pas un si grand mal. Nous les obligerions à nous poursuivre dans la gorge jusqu'au

Théâtre du Défi. Le dragon nous en débarrasserait sûrement avec des rugissements de plaisir.

J'ignore si Lizlide était aussi optimiste que moi, mais elle n'objecta rien. Mon regard tomba alors sur son arc, et une envie me traversa l'esprit : chasser un gibier à faire rôtir. En un éclair, je me rappelai, chagriné, que les elfes de la forêt d'Émeraude ne mangeaient jamais de viande. Certes, cela ne me concernait pas, mais je ne tenais pas à indisposer ma compagne en écorchant sous ses yeux, puis en dévorant à la sauvage, une bête innocente. J'y renonçai. En revanche, malgré une température plutôt agréable, je conservai l'idée d'allumer un feu. Un besoin de me rassurer, sans doute inspiré par mon subconscient préhistorique. C'est en cherchant du regard le meilleur emplacement pour installer ce foyer que surgit enfin l'idée que je ne cherchais plus.

J'informais Lizlide de mon projet (de feu), puis partis en quête de combustible. Je n'eus pas à aller bien loin pour trouver quelques branches mortes. Me voyant en ramener une quantité de plus en plus impressionnante, mon elfe commença à s'inquiéter :

— Aurais-tu l'intention de faire cuire un dragon ?

J'éclatai de rire.

— Sûrement pas ! Non, c'est pour moi...

Ses yeux s'écarquillèrent et son ébahissement me ravit. J'adore surprendre mon monde.

— Cela dit, soupirai-je à mi-voix, un petit morceau de viande grillée ne me déplairait pas.

Son expression horrifiée m'y fit renoncer... définitivement.

Après avoir entassé une tonne de bois sec au milieu du terre-plein caillouteux nous séparant de l'entrée de la gorge, j'allumai un feu de joie digne des bûchers de l'Inquisition. Il fallut attendre le début de l'après-midi pour qu'enfin le tas de combustible soit réduit en cendres. Lizlide ne m'avait posé aucune question, mais je la sentais de plus en plus perturbée par mon comportement.

Enfin, je jugeai qu'il était temps de lever le voile sur le mystère.

— Il me faut de l'eau, dis-je en me levant.

Ma gourde de peau en main, j'allai puiser au bord du torrent une eau cristalline, dont la fraîcheur me fit grimacer, d'autant que j'anticipais l'usage que j'allais en faire. De retour près du feu mourant, je posai la gourde et me déshabillai, ne gardant que mes bottines elfiques et mon caleçon terrien. Par bonheur, aucun miroir ne pouvait me renvoyer l'image ubuesque que j'offrais à ma compagne, et à ce maudit hibou brun. Le malotru lança à cet instant un « Hou-hou ! » qui me sembla moqueur. « Ce qui compte, me dis-je, c'est l'efficacité, pas l'apparence. » Je regrettais tout de même de ne pouvoir vérifier sur une surface réfléchissante la réussite de la combinaison d'invisibilité que je m'apprêtais à confectionner pour les besoins de ma mission.

— Thédric, dis-moi ce que tu prépares, je commence à être vraiment inquiète, me conjura Lizlide.

J'acquiesçai, puis expliquai :

— Sur la Terre, il existe des tribus d'êtres humains, dits « primitifs », qui ont pour coutume de s'enduire entièrement le corps de boue, par exemple avant de partir à la guerre. C'est une manière de se rendre invisibles à leurs ennemis. Je vais faire la même chose avec ces cendres, afin d'être aussi gris que cette montagne, précisai-je en désignant la paroi rocheuse. Enfin, j'espère. Ce sera à toi de me le confirmer.

Mon plan parut si extravagant à ma compagne qu'elle ne dit mot, préférant attendre de voir le résultat. Sans autre commentaire, je récoltai entre mes mains la cendre fine que j'allai entasser sur une grosse pierre plate. Je l'amalgamai avec un peu d'eau, puis entrepris de me tartiner de la tête aux pieds. Quand ce fut fait, j'achevai ma transformation en me couvrant de cendres sèches.

— Voilà. Ça devrait être bon ! annonçai-je. Qu'en penses-tu ?

Je m'offris au jugement de Lizlide, bras écartés. À défaut d'être invisible, à coup sûr j'étais méconnaissable. Elle m'observa longuement avant de rendre son verdict :

— Oui, tu peux réussir à tromper la vigilance du dragon, si tu progresses lentement sans jamais le perdre de vue. Un dragon dispose d'une vue perçante, mais si le soleil reste lumineux comme maintenant, il sera gêné. De plus, son cerveau a des difficultés à interpréter ce qui lui est inconnu. S'il te voit, il pourra croire que tu n'es qu'un animal un peu bizarre. Il faudra alors espérer qu'il n'ait pas trop faim. Ensuite, quand tu seras parvenu jusqu'à son antre, tu ne devras y entrer que s'il n'y est pas. Si par malheur il y revenait avant que tu en sois sorti, tes chances de lui échapper seraient nulles. Comme elles le seront pour le retour, puisque tu porteras les armes d'orichalque et qu'il est impossible que cela lui échappe. Tu cours à la mort, Thédric, conclut-elle en baissant les yeux. Mais tu le sais, je ne peux pas t'en empêcher si tu es déterminé.

J'avais déjà réfléchi à ce problème du retour et n'avais pas trouvé de solution satisfaisante. Je courais donc à la mort, aussi vrai que j'étais décidé à aller malgré tout jusqu'au bout.

— Ne t'inquiète pas, je sais exactement comment faire pour que tout se passe bien, mentis-je.

Je m'examinais une nouvelle fois. M'estimant aussi invisible que possible, je jugeai qu'il était inutile de tarder, surtout que le temps m'était désormais compté avant le crépuscule.

— Lizlide, j'y vais, annonçai-je. Mais avant, je veux que tu me fasses une promesse... (Elle me regarda fixement.) Celle de ne pas faire comme moi, ce matin, et de m'attendre ici. De mon côté, je te jure que si j'estime que le risque est trop grand, je renoncerai et reviendrai aussitôt. Nous sommes d'accord ?

— Je verrai, répondit-elle.

Je n'insistai pas, car une elfe de sa trempe possède un libre arbitre au moins aussi solide que le mien. Me mettre en colère ou me faire menaçant eût été aussi vain que stupide. Je l'embrassai, du bout de mes lèvres maculées de boue craquelée, puis m'éloignai à pied, emportant une réserve de cendre dans une bourse ficelée à ma taille, ainsi qu'un bâtonnet d'étoupe et un briquet à silex que Melgan nous avait fournis.

28

La marche du caméléon

Le trajet vers le Théâtre du Défi me laissa le temps de tourner et retourner dans ma tête les bonnes et les mauvaises raisons qui me poussaient à aller narguer, jusque dans son nid, un prédateur de la taille d'un avion de ligne. J'en vins à la conclusion que j'étais soit un fou furieux qui périrait sans coup férir, soit un super-héros qui survivrait et pourrait raconter un jour ses voyages extraordinaires à ses petits-enfants. J'optai plus volontiers pour la seconde hypothèse...

Et j'accélérai le pas.

Revenu à l'entrée du cirque minéral, je m'accordai le temps d'observer le paysage. Aucun monstre en vue, ni dans les airs ni au sol. J'en déduisis qu'il était retourné dans son antre. Ne l'apercevant pas sur le seuil de ce dernier, tel un bon chien de garde, je me réjouis que la tâche me soit facilitée, au moins jusque là-bas. Je repris ma progression, sans chercher à me cacher. Afin de ne pas trop tenter le diable, je pris quand même la précaution de longer la montagne par la droite, là où s'étaient accumulés au fil du temps de nombreux rochers détachés des hauteurs.

À mi-parcours d'une progression laborieuse sur ce terrain chaotique, un cri retentit au-dessus de moi, assez semblable à celui d'un aigle... géant tout de même. Je m'immobilisai et, désappointé, vis surgir par-dessus les sommets ce maudit dragon rouge. Les ailes écartées, il effectua un majestueux tour de piste, puis se posa au milieu de la vallée, près du torrent. Mon pouls passa à la cadence supérieure, mais je restais modérément inquiet. J'observai la bête un moment. Elle paraissait davantage occupée à se gratter le cou et le ventre contre les rochers qu'à surveiller son domaine. Je repris ma marche de Sioux, sans jamais perdre de vue la bête. À un moment, je fis malencontreusement rouler un caillou. Vif comme l'éclair, le dragon releva la tête et scruta dans ma direction. Il pouvait m'apercevoir puisque j'étais à découvert. Je décidai de ne pas bouger un cil, ce qui n'était pas aisé car j'étais en position instable, à quatre pattes sur un éboulis qui, sous mon poids, ne demandait qu'à rouler.

Le monstre reprit son activité dans une apparente sérénité. La vérité, c'est que son œil noir, aussi minuscule que celui d'une baleine par rapport à son énorme corps, restait fixé sur ce coin du paysage où les pierres bougeaient. Or, justement, il fallait que je bouge, car les muscles de mes jambes commençaient à fatiguer. Avec une lenteur de caméléon, je repartis le plus courbé possible. Inévitablement vint le moment où je fis à nouveau rouler un bloc. Cette fois, le dragon ne se contenta pas d'arrêter de se gratter. Il se redressa, puis décolla ! Dix secondes plus tard, il se posait à moins de cinquante mètres de moi et repliait ses ailes sur son dos, en se dandinant un peu à la manière d'un canard. Vu ma situation, cela n'avait rien de comique et je priai le ciel pour n'être à ses yeux qu'une pierre parmi tant d'autres.

Le monstre examina longuement le bas de la paroi, ainsi que les escarpements et failles en aplomb. Je l'entendais souffler et gronder comme une marmite géante. Insatisfait, il avança. Chacun de ses pas faisait vibrer le sol. Il s'immobilisa à nouveau, puis darda son regard terrifiant sur ma minuscule silhouette. Il baissa la tête, étira son cou écailleux jusqu'à porter ses narines à moins de trois mètres de moi. Et quelles narines ! Deux cavernes rouges dans lesquelles j'aurais pu m'enfourner tout entier. Un souffle chaud s'en échappait, curieusement pas aussi nauséabond que j'aurais pu le craindre, juste un peu écœurant... Je crois que c'était plutôt la peur qui me donnait la nausée.

Finalement, il dut juger qu'il n'y avait pas menace, puisqu'il se détourna et redécolla. Le vent frais produit par son envol vint caresser ma peau croûteuse. Je pouvais respirer... et vomir ! De la suite de cette traversée du Théâtre du Défi, et jusqu'à ce que je me trouve à l'aplomb de la caverne du dragon, je n'ai gardé que deux souvenirs : mes genoux ramollis par le contrecoup de l'émotion, et mon soulagement en voyant disparaître le Cerbère reptilien pardessus les plus hauts pics.

L'escalade de la paroi ne me demanda que quelques minutes, car l'impatience d'en finir me donnait des ailes. J'accédai donc bientôt à une plate-forme aussi vaste qu'un parvis de cathédrale. L'entrée de la grotte était à la démesure de son locataire. Une puissante odeur s'en dégageait, mélange de crotte de tyrannosaure et de chacal préhistorique. Au-delà s'étendait une salle assez vaste pour accueillir un Airbus, dont les profondeurs étaient aussi obscures qu'un gosier de cachalot. Terriblement impressionné mais curieux, j'avançai. Mon pied heurta un objet que je ramassai. C'était une écaille triangulaire, brun rouge. Je l'aurais bien rapportée en souvenir, mais mon caleçon n'avait pas de poche. Je la jetai vers ma droite. En heurtant le sol, elle émit un bruit métallique qui m'intrigua. J'allais voir et fis la découverte peu rassurante d'un plastron de fer, rouillé et cabossé... Non, pas cabossé, broyé ! Un peu plus loin gisaient d'autres pièces d'armure, ainsi que des ossements. Ce n'était que le début des surprises macabres, car plus je m'enfonçais dans cette bouche de l'enfer, plus je découvrais de restes humains. Cela m'étonna, car un dragon de cette taille n'avalait-il pas tout rond ses victimes ? Je me dis avec un humour un peu forcé qu'il ne devait pas aimer les arêtes dans le bifteck. Cette pensée me stimula pour accélérer le pas.

À petites foulées, je traversai l'antre jusqu'au fond. Là, je me retournai et considérai la distance parcourue : une centaine de mètres environ. Où donc étaient cachés cette maudite lance et ce bouclier ? m'interrogeai-je. Ils devaient luire comme de l'or ! Or j'avais beau scruter le moindre recoin d'ombre, je ne repérai aucun éclat de cette sorte. Seules abondaient les taches pâles des ossements éparpillés un peu partout. Et si tout cela n'était qu'une mauvaise plaisanterie ? m'angoissai-je subitement. Faute de réponse, je me mis en quête d'une ouverture ou d'un quelconque renfoncement...

Et je ne tardai pas à trouver !

Il s'agissait d'une porte taillée de main d'homme, en ogive, haute de deux mètres et large d'un et demi. Grâce à la lumière du jour pénétrant en abondance dans la grotte, je remarquai qu'elle était flanquée de colonnettes torsadées et surmontée d'un fronton sculpté représentant un dragon de face, les ailes déployées comme en signe de défi. Je franchis ce seuil et me retrouvai dans un couloir obscur, que je suivis en me guidant sur le mur de droite, jusqu'à ce que je débouche dans une salle plongée dans les ténèbres. Il était temps que j'allume la lumière...

Je m'accroupis et sortis de la bourse accrochée à ma ceinture le bâtonnet d'étoupe et le briquet à silex. Je songeai que je devais ressembler à un homme de Cro-Magnon. Cette pensée m'amusa... mais pas longtemps, car cette maudite torche de poche ne voulait pas s'enflammer. Quand enfin la lumière fut, une caverne immense se révéla à mon regard... et l'effroi me saisit !

29

Face-à-face

La lumière vacillante de ma minitorche me révéla une salle d'armes inattendue où étaient entreposées des dizaines d'armures. La plupart étaient montées sur des supports de bois ou des mannequins, mais nombre d'entre elles avaient été renversées, certaines disloquées avec un acharnement manifeste. Ce capharnaüm donnait une idée assez précise du dépit qui avait frappé quelques-uns des téméraires échoués là avant moi. Ils avaient risqué leur vie pour voler UNE lance et UN bouclier, parmi un nombre incalculable, tous de forme différente, ornés de figures diverses, magnifiquement ouvragés pour la plupart et, comble d'horreur, en orichalque !

Choisir au hasard, c'était comme jouer à la roulette russe avec un barillet dans lequel il ne manquerait qu'une balle. L'angoisse me saisit vraiment quand je réalisai que, de surcroît, ma torche ne m'accorderait que trois à cinq minutes avant de s'éteindre. Je me lançai alors dans une quête désespérée, me disant que les armes que je cherchais avaient forcément une spécificité. Le problème, c'est que toutes en avaient une ! Je m'intéressai aux moins rutilantes, il me fallait encore trancher entre une cinquantaine de possibilités.

— C'est inutile, finis-je par me résigner à voix haute. Je vais arrêter ici la comédie et rejoindre Lizlide. Advienne que pourra.

J'émis un profond soupir de lassitude et ne bougeai pas. Car au fond j'étais convaincu de pouvoir dénicher le gros lot au milieu de ce fatras de vieilleries dont l'éclat me narguait avec cynisme. Jusque-là, ma raison avait observé, analysé, déduit. Grâce à Lizlide et à ses enseignements des jours précédents, j'allais procéder autrement.

Sans effort particulier de concentration ni autre contrainte mentale, je lâchai prise. Je parcourus à nouveau la salle, caressant du regard chaque bouclier et chaque lance. La condition du juste choix résidait dans la confiance. C'était une forme d'abandon à laquelle j'avais été entraîné pour devenir explorateur de l'Imaginaire – elle facilitait les transferts quantiques vers les destinations inconnues. Une armure accrocha un peu plus mon attention que les autres. Je m'éloignai, mais comme elle ne quittait pas ma pensée, je revins pour l'examiner. Elle n'avait pourtant rien de particulier, sinon qu'elle me plaisait. Le bouclier était un écu de forme classique, au centre duquel était martelé un dragon de face, les ailes déployées. La lance n'avait pour caractéristique que de posséder un fer en forme de cœur. Le reste de l'armure était des plus ordinaires.

Ma minitorche commença à émettre des grésillements d'épuisement. Mon dilemme était résolu : je rapporterais ces armes au maître des Épopées, et tant pis si ce n'étaient pas les bonnes ! Dès que je m'en fus emparé, je regagnai aussi vite que possible l'antre du dragon. Une pensée me vint en même temps que j'y débouchais : j'étais presque nu, couvert de cendre, en bottines elfiques et caleçon terrien, armé comme un chevalier de conte de fées... Le tableau devait être plus comique qu'épique. Ne manquait que le méchant dragon à terrasser.

C'est évidemment à ce moment précis qu'il rentra au bercail !

Je me figeai. Jambes fléchies, l'écu au bras, javelot au poing, prêt à mourir en héros. La bête occultait presque entièrement l'entrée de la caverne. Elle émit un rugissement assourdissant, puis baissa la tête pour me reluquer, comme un glouton une friandise. Bizarrement, le dragon eut un mouvement de recul. Il frappa le sol d'une de ses monstrueuses pattes postérieures, geste de colère et peut-être aussi de crainte. J'en déduisis que j'avais fait le bon choix des armes. Ayant recouvré un peu d'assurance, je progressai en esquissant des mouvements de lancés, tel l'homme préhistorique tentant d'intimider un dangereux prédateur. Peine perdue, le dragon avança soudain la tête pour me happer. Mes réflexes elfiques me permirent d'esquiver cette première attaque, si bien que ses mâchoires démesurées claquèrent dans le vide. Il se redressa pour me localiser. Je disposais d'un angle de tir idéal pour lui expédier ma lance en pleine poitrine, là où mon instinct me commandait de viser. J'armai mon bras...

— Non, Thédric ! résonna une voix féminine.

Avec la même stupeur, le dragon et moi vîmes surgir une elfe à la chevelure fauve. Elle vint s'interposer entre nous.

— Lizlide ! m'écriai-je. Qu'est-ce que tu fais-là ?

M'ignorant, elle se plaça face à mon adversaire et l'interpella en langage elfique. Le monstre gronda, me regarda, la fixa à nouveau. Il rugit et souffla par les narines. Je tremblais de peur et de nervosité, mais j'étais prêt à le tuer s'il changeait d'attitude. Lizlide continua à lui parler, avec plus de douceur. Elle tentait bien sûr de le convaincre de nous laisser partir, avec une argumentation dont je saisis à peu près la teneur :

— Vous perdrez ce combat, affirmait-elle, parce qu'il est chevalier en son monde et qu'il a su trouver l'arme qui vous terrassera. Mais sachez qu'il ne le souhaite pas, parce qu'il est un elfe et non un humain. Les elfes n'ont que faire de la gloire à vaincre un seigneur tel que vous, et ils ne tuent jamais, sauf s'ils y sont contraints parce que leur vie en dépend. Acceptez que nous quittions ces lieux, ou cette lance percera votre cœur.

La bête comprenait le message, mais elle ne pouvait se résoudre à nous laisser emporter une partie, même minime, d'un trésor qu'elle gardait peut-être depuis plusieurs siècles. Alors, à ma grande surprise, Lizlide se détendit, et sans lâcher le monstre des yeux, elle s'adressa à moi :

— Nous pouvons y aller, Thédric. Viens.

Bien que peu rassuré, j'obéis et nous sortîmes de la caverne en passant à portée de crocs de son gardien. Je me réjouis alors de ne pas avoir eu à m'enfuir comme un voleur, mais au contraire de quitter la scène de tant de morts inutiles, avec la dignité du brave, fier de la mission accomplie. Sans haine et sans violence, mais pas sans armes !

Une fois revenus dans la vallée, nous entendîmes le dragon hurler à l'intérieur de son antre. Son dépit nous toucha, mais nous n'eûmes pas envie de nous retourner.

— Tu as pris un risque insensé en intervenant comme tu l'as fait, fis-je remarquer, sur un ton teinté de reproche.

— Celui de te sauver, répliqua Lizlide.

— Pas sûr. Soit je parvenais à me faufiler telle une souris entre les grosses pattes du dragon, soit je le tuais.

Ma compagne me jeta un regard en coin qui me mit mal à l'aise, comme si je venais de perdre une occasion de me taire.

— Les dragons, même de cette taille, savent attraper les souris aussi sûrement que toi les fourmis.

— Alors je l'aurais tué, lâchai-je, prétentieux.

— En es-tu sûr ?

— Avec cette lance, oui.

— Pourquoi avec cette lance ?

— Parce que j'ai fait le bon choix. Il y en avait des dizaines d'autres, mais c'est celle-là que j'ai prise, en me servant de mon intuition elfique.

Elle sourit... puis éclata de rire.

— Tu es un enfant, Thédric. Un enfant elfe.

Après un court silence, elle reprit :

— Et un homme unique, que j'aime plus que tout. Apprends que l'intuition elfique n'est pas un don de voyance. Dans un jeu de hasard, le plus subtil d'entre nous n'obtiendrait pas un meilleur résultat que le plus benêt des humains. L'intuition elfique est une perception du vivant, rien que du vivant. Ce dragon, par exemple, tu as lu sa peur dans son comportement. Mais as-tu éprouvé son chagrin, son humiliation, sa honte tandis que tu le menaçais avec ta pique dérisoire ?

Il était vrai que je n'avais rien vu d'autre qu'une grosse bête qui voulait me manger. Prenant conscience de mon insuffisance, je demandai en montrant la lance et le bouclier d'orichalque :

— Es-tu en train de me dire que ces armes ne sont pas celles que je devais ramener ?

— Comment le savoir, puisqu'il y en avait des dizaines d'autres ?

Un profond découragement m'étreignit. Mes certitudes s'effondraient et je fus pris d'une peur rétrospective qui accrut mon désarroi :

— Dire que j'étais persuadé de pouvoir abattre ce dragon.

— À mon avis, tu ne l'aurais même pas égratigné.

— Sans doute, approuvai-je, pensif.

Je maudis intérieurement Melgan et son maître du jeu qui s'étaient bien divertis à nos dépends. C'est alors que j'aperçus, posé au sommet d'un arbuste, le hibou brun qui ne me lâchait décidément pas.

— Lizlide, prête-moi ton arc. Je vais mettre du hibou au menu de ce soir.

Elle me dévisagea avec effarement.

— Tu es sérieux ?

J'esquissai un sourire.

— Disons que c'est de l'humour noir, rectifiai-je.

Et je proférai en pensée : « Tu ne perds rien pour attendre, maudit volatile ! »

30

Reprise en main qui fait du bien

En sortant de la gorge, nous aperçûmes Melgan, debout près de la langue herbeuse, en train de caresser tranquillement le chanfrein de notre destrier. À notre approche, il tourna son regard sombre vers nous. Malgré mon allure d'homme des cavernes couvert de cendre, son visage n'exprimait, comme à son habitude, aucun sentiment. Le mien, par contre, se crispa de colère. Percevant cette brutale montée en pression, ma compagne me prit la main. Son contact doux m'apaisa, mais ne fut d'aucun effet sur ma détermination à changer le cours de cette histoire.

— Je vois que vous avez réussi, nous interpella le devin. Je dois à nouveau vous féliciter, car nul avant vous n'est jamais parvenu à sortir vivant de cette passe. Enfin... nul armé ainsi que je vous vois.

Nous nous approchâmes, bouche cousue. Bien que bref, ce temps m'aida à reprendre le contrôle de mon humeur.

— Pour qui sont ces trophées ? demandai-je, d'une voix posée. Vous ne nous l'avez pas encore dit.

— Il me semble que si.

— Le maître des Épopées ?

— Qui d'autre ?

— D'accord. Où le trouverons-nous ?

— Quelque part sur le Continent, mais votre périple n'est pas encore terminé. La prochaine étape sera plus courte, mais au bout vous attend une épreuve au moins aussi difficile que celle que vous venez de surmonter.

Je baissai les yeux, puis coulai un regard vers Lizlide. Je pense qu'elle avait deviné l'envie qui me démangeait de couper les fils avec lesquels le marionnettiste des Épopées s'ingéniait à nous manipuler. Elle ne s'en alarma pas. Sans doute me faisait-elle confiance.

Je changeai brusquement d'expression pour proposer avec entrain :

— Ne restons pas debout !

D'un geste, j'invitai Melgan à s'asseoir dans l'herbe.

— Je ne vais pas m'attarder, nous annonça-t-il. Je ne suis là que pour vous donner les renseignements dont vous aurez besoin pour la suite de votre voyage, ainsi que quelques provisions.

— Non, non, insistai-je, vous restez dîner avec nous ! Je dois d'abord faire un brin de toilette. Ensuite, j'irai chasser notre plat principal. (Je laissai planer un silence, puis lâchai en guettant la réaction de mon interlocuteur :) Un hibou grillé au feu de bois, ça ne se refuse pas, hein ?

Il écarquilla les yeux comme une chouette offusquée. Ce fut pour moi le déclencheur d'un fou rire qui ne s'éteignit que lorsque je plongeai nu dans la rivière, afin de redevenir un hôte présentable.

En fait de hibou, ce furent des racines grillées, insipides et filandreuses, puisées dans les provisions de Melgan, que nous croquâmes. Lui se contenta de boire dans un gobelet de métal une boisson chaude affreusement amère. La nuit était complètement tombée quand revint dans la conversation la suite du programme.

— Et si vous nous parliez de nos prochaines réjouissances, maître Melgan ? lançai-je en forçant un ton badin.

Il me considéra quelques secondes, essayant de percer à jour ma pensée profonde, puis il expliqua :

— À quelques lieues vers le nord se trouve une ville nommée Mauduit-Sad. En langage courant, cela signifie

« Maudit sois-tu ». Ses habitants ne sont pas... comment dire ? très hospitaliers. Peut-être cela a-t-il à voir avec le passé de cette cité qui a connu des événements si terribles que, même sous forme de légende, personne n'ose les raconter de crainte d'attirer le malheur. Je peux cependant vous révéler que l'un de ces citadins possède une chose fort précieuse que le maître des Épopées n'a pu obtenir, à son grand dam. Cet homme est, paraît-il, toujours vivant, bien qu'on le dise très âgé. Obtenir la chose en question serait à coup sûr un élément décisif pour votre retour chez vous.

Sur ces mots, le devin se tut. Il attendait mes questions. J'en formulai, en effet, mais davantage par curiosité que par souci de rassembler un maximum d'informations sur cette nouvelle mission, que je n'avais pas l'intention d'accomplir.

— Peut-on au moins savoir à quoi ressemble ce mystérieux objet ?

— En vérité, il ne s'agit pas d'un objet, ni même d'une chose.

— Ahaaa ! Non ! Mon Dieu, mon Dieu, dites-nous vite, c'est insupportable, un tel suspense !

Mon agacement avait atteint les limites de mes capacités de résistance. Aussi préférai-je jouer à l'idiot plutôt qu'au serial killer qui pète les plombs.

— Il s'agit de son âme, lâcha le devin avec un complet détachement.

Silence. Je n'avais pas besoin de consulter Lizlide du regard pour deviner qu'elle partageait le même malaise que moi.

— Rien que ça ? dis-je. Et comment ça s'arrache, une âme ? Avec des pincettes, je présume.

— Ce sera à vous de trouver. Je ne peux pas vous en révéler davantage.

— En somme, après des travaux de chevalerie, ironisai-je, nous voila devenus tueurs à gages. Comment finirons-nous ? Dealers de crack ?

Il n'entendait évidemment rien à cette activité infamante, mais il comprit le sens de mon allusion.

– Allons, Thédric Tibert, pourquoi ce courroux ? Vous ne savez rien de cet homme. Peut-être n'est-ce qu'une vulgaire crapule.

– Vous voulez dire un sbire du maître des Épopées... Une question, Melgan, je ne crois pas me souvenir que cette cité de Mauduit-Sad figure sur la carte que vous nous avez donnée. Cela signifie-t-il que nous devrons errer jusqu'à ce que nous tombions dessus ?

– D'une certaine manière, oui.

– Pour un serviteur dévoué, vous n'êtes pas très coopératif, fis-je remarquer.

– Je ne fais que dire ce que le Maître m'autorise à dire.

Je jetai un coup d'œil vers le hibou qui nous observait depuis son perchoir, dans un arbre proche, puis je m'avançai pour murmurer :

– Vous pouvez quand même nous indiquer à peu près où se cache cette charmante bourgade... qu'on évite de tomber dessus par hasard.

Malgré le regard sévère qu'il me lança, cela ne m'empêcha pas de me lever et d'aller chercher la carte dans l'une de nos sacoches que nous avions posées au pied d'un arbre. Je revins la déplier sous ses yeux.

– Voilà, Melgan, montrez-nous. Peut-être que nous irons, en fin de compte, si nous avons le temps.

Le long index blanc du vieil homme mit un certain temps avant de pointer l'endroit où nous nous trouvions, près de la gorge du Défi, puis il se déplaça lentement vers le nord. Telle une tête chercheuse, il survola en quelques cercles et circonvolutions une région située entre la mer et la montagne. Enfin, il s'immobilisa à quelques centimètres au-dessus du plan, désignant un comté poétiquement nommé Valdoubli.

– Ça pourrait être par là.

Je retournai la carte pour l'examiner. La région qu'il avait indiquée était située sensiblement à la même latitude qu'une ville côtière baptisée Firit. Je voulus solliciter l'avis de Lizlide, mais vis qu'elle ne s'intéressait pas à ce dont nous parlions, paraissant plutôt rêver que méditer. En fait, elle avait à gérer une grande anxiété. Je choisis de la laisser en dehors de cette conversation qui, pour un elfe, comportait trop de sous-entendus et de duperies réciproques.

— Bon, finis-je par déclarer, nous verrons. Maintenant, je voudrais que vous nous montriez l'endroit où nous devrons nous rendre lorsque l'âme du vieil homme sera en notre possession, dans l'hypothèse que nous acceptions de lui couper la tête pour cela.

— La réponse viendra naturellement le moment venu, éluda Melgan.

— Admettons que nous réussissions cette fois encore. Notre bourreau sera-t-il satisfait ou doit-on s'attendre à devoir subir d'autres épreuves, encore et encore, et ce jusqu'à quand ?

— Il ne fait pas de doute que vous rencontrerez d'autres difficultés sur la route qui vous mènera au maître, mais j'ignore encore lesquelles.

— Allons, Melgan, ne faites pas le modeste. Je suis sûr qu'un devin de votre qualité en a une petite idée.

— Une petite, en effet. Cependant, vous la confier ne ferait que troubler votre jugement. Un peu d'inconnu ne doit pas vous poser de problème, n'est-ce pas ?

J'imaginai qu'il faisait allusion à mon métier d'explorateur de l'Imaginaire. Je préférai ne pas relever. Une nouvelle question me vint :

— Au fait, vous auriez pu me prévenir qu'il y avait des dizaines de boucliers et de lances dans la caverne du dragon. Si c'était une blague, je l'ai trouvée d'assez mauvais goût. Pouvez-vous au moins nous dire si ceux que nous avons rapportés sont les bons ?

— Oui.

— Oui quoi ?

— Oui, ce sont les bonnes armes.

L'étonnement me saisit.

– Vraiment ? Je serais si doué que cela ?

Pour la première fois, nous vîmes dans sa belle barbe de devin de conte de fées se former un sourire un peu humain.

– Vous ne pouviez pas vous tromper, répondit-il, puisque n'importe lequel des boucliers et des lances que compte le trésor du Défi aurait convenu pour valider votre exploit.

– J'avais raison, c'était une mauvaise plaisanterie. Toutes les lances sont-elles susceptibles de tuer le dragon rouge ?

– Absolument. Sachez que ce n'est pas la lance en elle-même qui est mortelle pour lui, mais l'alliage dans lequel elle a été forgée. Même sans l'intervention de Lizlide, le gardien n'avait d'autre choix que de vous laisser partir.

Estimant sans doute nous en avoir assez dit, il se leva puis nous donna les provisions promises. Ensuite, tel un robot parvenu au bout de son programme, il monta en selle et s'en alla, sans même nous souhaiter bonne chance.

Lizlide rompit alors son mutisme pour demander :

– Que comptes-tu faire ?

– Seul, rien. Mais avec ton accord, j'aimerais contrarier ce destin tout tracé qu'on voudrait nous imposer.

– Comment ?

– En changeant les règles du jeu.

Elle me dévisagea avec une perplexité presque enfantine. Je souris et l'embrassai tendrement.

– Certains humains ont ceci d'extraordinaire, repris-je, qu'ils sont complètement imprévisibles. Je ne crois pas qu'il existe dans tout l'Univers une seule espèce vivante capable de prendre des décisions aussi absurdes.

Je me tus, mais poursuivis néanmoins quelques secondes ma réflexion. Au sens étymologique, le mot *absurdus* signifie « qui ne peut être entendu », à savoir par la raison. Saint Augustin a écrit que la foi est *absurde*, c'est-à-dire qu'elle dépasse l'entendement, le bon sens logique. Or ce que je m'apprêtais à faire s'apparentait justement à un acte de foi, car il était radicalement... absurde ! Ou bien carrément... fou ! Plus sûrement les deux.

Nous passâmes la nuit près du feu, sans nous soucier de nos poursuivants, dont Melgan ne nous avait d'ailleurs pas parlé. Peut-être les hommes du comtal avaient-ils renoncé, à moins qu'ils n'aient perdu notre trace, ou mieux, qu'ils se soient perdus dans les marais des Fulmides. Au matin, après un petit déjeuner végétarien auquel je commençais à m'habituer, je sellai notre destrier, puis montai en selle. Je tendis la main vers Lizlide pour l'aider à prendre place derrière moi... Le temps d'étendre le bras, elle était déjà en croupe.

— Fichtre ! Quel empressement ! soufflai-je.

— J'ai seulement retrouvé toutes mes forces.

Elle m'enlaça et me serra contre elle avec une vigueur qui me fit monter sur la première marche du paradis.

— Et puis je commence à trouver cette aventure intéressante, reprit-elle.

J'approuvai... assez mollement.

Durant la nuit, nous avions pris une décision qui réconciliait Lizlide avec sa nature elfique et moi avec mon tempérament d'indépendant invétéré. Les elfes de la forêt d'Émeraude ont une conception du destin reposant sur un dialogue subtil entre la Vie et la responsabilité. Ailleurs - dans l'Empire des Mondes - on appelait cela la Sagesse. Leur liberté est à la fois totale et complètement soumise aux lois de la nature. Personne ne peut les asservir ni les manipuler, parce qu'ils respectent des principes de vie simples, sains et dénués de toute convoitise. Quant à moi, modeste humain, je suis irrémédiablement attiré par ce qui me rend plus libre et plus épanoui.

Nous nous sentions mieux, parce que nous pensions avoir repris les rênes de notre destin.

Alors, au lieu de nous diriger docilement vers le nord, nous allâmes... vers le sud ? Non ! Vers l'est ? Pas davantage. Nous retournâmes dans la gorge menant au Théâtre du Défi.

Le hibou en resta le bec cloué...

31

Drôle d'impression à l'approche de Firit

Si nous sommes retournés dans ce cirque rocheux, c'est bien sûr parce que nous avions quelque chose à y faire. À peine étions-nous engagés sur l'immense prairie sillonnée par le torrent impétueux que le dragon rouge apparut à l'entrée de son antre. Malgré la distance qui nous séparait de lui, il nous sembla qu'il avait l'air étonné. Il mit un moment à réagir, mais quand il se décida à décoller, j'eus une montée d'adrénaline. Je tentai de me rassurer en me disant qu'il ne s'agissait heureusement pas d'un monstre de film à grand spectacle, genre Godzilla, aussi stupide qu'affamé.

L'approche de ce lézard volant rouge vermillon, caparaçonné, hérissé de cornes, de crocs et d'une crête dentelée comme une scie à bois, me laissa une impression telle qu'on en garde le souvenir sa vie durant. Lorsqu'il se posa en brassant l'air, à quelques dizaines de mètres de nous avec une souplesse surprenante, notre monture se cabra, manquant de nous désarçonner. Elle continua à s'agiter en bronchant et en hennissant. Aussi valait-il mieux mettre pied à terre et la laisser filer. Cela fait, nous marchâmes vers le grandiose seigneur des lieux. Je portais au bras gauche l'écu d'orichalque et, en main droite, la lance au fer en forme de cœur. Lizlide avait gardé son arc et son carquois de flèches sur le dos, montrant ainsi qu'elle n'envisageait pas de s'en servir.

Le dragon gronda à notre approche et par quelque crainte instinctive recula d'un pas, ce qui, compte tenu de nos différences de gabarit, était pour le moins surréaliste. Il se dressa soudain sur ses pattes postérieures et ouvrit ses ailes de peau. J'écarquillai les yeux. Il avait la dimension d'un immeuble de dix étages, dix ou vingt, je ne sais plus ; il était tellement gigantesque !

— *E-ondo ma'endé oélé-odon !* lança Lizlide.

Cela signifiait - en substance car la langue elfique, pas plus que le gazouillis d'un moineau, n'est traduisible mot à mot : « Seigneur dragon, nous avons une faute à réparer ! » Elle lui expliqua ensuite que nous avions eu tort de violer son territoire pour lui dérober des armes qui, tombées entre des mains criminelles, pouvaient signifier sa perte. Elle lui présenta nos excuses, puis annonça que nous venions lui rendre son bien. Le dragon l'écoutait avec attention, sans doute abasourdi, méfiant assurément. Quand elle eut terminé, Lizlide se tourna vers moi et me demanda d'aller déposer mon larcin rutilant aux pieds du monstre.

— J'espère qu'il ne va pas me bouffer, m'inquiétai-je.

— S'il le fait, je te rejoindrai aussitôt et nous partirons ensemble vers d'autres cieux imaginaires. Alors, sois sans crainte.

Sur le principe, j'étais d'accord ; il fallait rester zen. Dans la pratique, je dus quand même déployer des trésors de courage pour m'approcher de cette montagne d'écailles frémissante d'une fureur sauvage. Je déposai à quelques pas de ses griffes, dont la plus petite était aussi grande que moi, mon offrande dorée.

Finalement, tout se passa bien. Il gronda, souffla, frappa le sol de la patte, puis ramassa son bien comme s'il se fût agi de son petit. Et après nous avoir lancé un regard sévère, il regagna ses pénates. Avec une telle B-A, songeai-je, notre retour aux Sept Tours sentait plus que jamais le roussi.

Nous retrouvâmes notre fidèle destrier à la sortie du défilé. Il vint à notre rencontre, tête basse, un peu honteux de nous avoir laissés tomber.

— Il s'est attaché à nous, me réjouis-je en lui caressant l'encolure.

— Les elfes et les animaux ont toujours entretenu d'excellentes relations, confirma Lizlide.

— Je sais. Mais je m'étonne que cela vaille aussi pour les dragons.

— Nous avons un point commun : l'absence totale d'intention maligne. Lorsque nous ne représentons pas un danger ou une proie, nous pouvons communiquer.

— Il faudra m'apprendre.

— Plus tu t'éléveras, plus cela te deviendra naturel. Ce n'est qu'une question de temps, nullement d'apprentissage.

Sur ces mots, ma compagne sauta en selle puis me tendit la main afin que je monte en croupe derrière elle. L'inversion des rôles me prit au dépourvu, mais m'amusa... et finalement me ravit. Je retrouvais une Lizlide pleine et entière.

— Où va-t-on, messire Thédric ? s'enquit-elle après quelques minutes de chevauchée au petit trot.

— Je n'ai jamais vu la mer dans un infinimonde. Nous pourrions aller faire un tour du côté du port de Firit.

Elle approuva et nous mîmes cap au nord-est.

Ce voyage nous prit la journée.

Voir la mer me procura une émotion à laquelle je ne m'attendais pas. Moi qui suis un pur continental - bien que né en Normandie -, découvrir cette étendue sans fin d'eau azurée m'inspira un formidable sentiment de liberté. Très vite, hélas, ce sublime panorama maritime me rappela notre situation de naufragés supra-exotiques. Ma félicité ayant sombré dans l'humeur maussade des jours sans pain, je proposai à Lizlide de bivouaquer sur la plage.

— Nous ne sommes plus très loin de Firit, mais je préfère passer la nuit ici. Tu es d'accord ?

Elle consentit d'un simple signe de tête, sans quitter des yeux la brillante surface mouvante de l'océan. Sa fascination m'amusa.

— Tu n'as jamais vu la mer ? demandai-je.

— En rêve seulement. Mais en vrai, c'est encore plus beau. J'ai du mal à croire qu'il puisse exister une telle quantité d'eau en un même endroit.

Tout en continuant d'échanger nos impressions sur les beautés du paysage, nous descendîmes jusqu'à la plage à travers un champ de dunes parsemées de touffes d'herbacées. Craignant une éventuelle marée, je recommandai de ne pas nous installer trop près du rivage.

— Qu'est-ce que c'est, une marée ? m'interrogea Lizlide.

On eût dit un enfant découvrant le monde. Retrouvant pour un temps goût au bonheur, j'entrepris de lui parler de nos océans terriens, ce qui eut pour effet de me rendre un peu nostalgique.

— Y a-t-il des animaux, comme dans les lacs et les rivières ? demanda-t-elle encore.

— Oh oui ! Je dirais même que ça grouille de vie, sous les formes les plus incroyables. Par exemple, on peut y croiser des bêtes presque aussi énormes qu'un dragon rouge. On les appelle des baleines. Ce sont des créatures placides qui passent leur temps à nager, à manger et à jouer.

Il y eut un silence puis soudain, je m'exclamai :

— Et si on allait piquer une tête ?

Lizlide fronça les sourcils qui, sous la lumière rosissant du soir, prenaient des reflets d'or.

— Une tête ? Mais pour quoi faire ?

J'éclatai de rire et, en guise de réponse, me levai puis m'élançai vers les vagues, tout en faisant voler un à un mes vêtements. C'est en tenue d'Adam que j'atteignis l'eau. Mais là, au lieu de plonger à la manière des éphèbes bronzés et musclés qu'on voit dans les publicités, je pris la température de l'eau du bout du pied. Elle était fraîche, très fraîche.

— Bon, ben... je crois qu'on va remettre ça à demain.

Je me retournai pour faire part à Lizlide de ce changement de programme.

– Finalement, je propose...

Mon Ève nue m'enlaça, m'embrassa et me fit basculer dans la mer. Je hurlai, autant de joie que de froid. Surtout de joie. Compte tenu de ma résistance à l'eau glacée, la baignade pouvait durer au moins... deux minutes ! Elle fut d'ailleurs écourtée lorsque j'aperçus à la surface une forme noire, fonçant droit vers nous. Cela ressemblait furieusement à un aileron de requin géant. J'en frissonne encore.

Le lendemain, à l'aube, nous repartîmes à pied le long de la rive, sans nous presser, laissant à notre compagnon équidé la liberté de nous suivre ou de s'en aller vers d'autres horizons. Celui qui s'étendait à l'est, aux confins de l'océan, m'apparaissait davantage comme un infini désespérant que comme la promesse d'une nouvelle vie. Il faut dire qu'il s'était soudain assombri, strié de lames de pluie sous de lourds nuages anthracite. L'atmosphère s'était rafraîchie et le temps menaçait de passer également à l'orage au-dessus des terres.

En franchissant une haute crête de dunes, nous aperçûmes enfin notre destination. Ce fut une vision saisissante d'austérité qui nous cueillit, presque par surprise. La mer avait pris une teinte sombre, plus encore que le plafond nuageux. La cité portuaire de Firit était ceinte d'un rempart de pierre grise, crénelé et peu élevé. Les tours d'angle - j'en comptai six - étaient massives et rondes, sans aucun style. Les silhouettes minuscules de quelques sentinelles déambulaient lentement sur les chemins de ronde. Côté océan, le port avait ses propres murs, en pince de crabe. Le bras qui opposait un coude aux flots était singulièrement haut et massif, comme pour protéger la crique de tempêtes apocalyptiques. Dans son ombre ballottaient doucement une centaine de bateaux de pêche, ainsi que trois puissants voiliers, tels qu'on pouvait en voir en Europe, au temps des Croisades.

Côté terre, la citadelle était accessible par trois routes convergentes qui se rejoignaient deux cents mètres avant le châtelet d'entrée, lequel était dépourvu de pont-levis. Le paysage autour de la citadelle était une vaste lande plane, marécageuse au nord, couverte de buissons et de prairies partout ailleurs. Vers l'ouest, nous apercevions le moutonnement d'une forêt, et assez loin au-delà, les contreforts du massif de hautes montagnes qui occupait le centre de la carte de Melgan.

— Qu'est-ce que cela t'inspire ? demandai-je à ma compagne.

— La mort.

Tout était dit. Vivre ici devait être aussi déprimant que sur une île déserte, du côté du cap de Bonne-Espérance.

— On s'en détourne, si tu veux, suggérai-je.

— Je ne sais pas. Il pourrait être utile d'y faire un tour.

— C'est mon avis. J'espère seulement que ce n'est pas un coupe-gorge.

— Ce monde entier est un coupe-gorge, répliqua Lizlide. Qu'avons-nous à redouter de pire que ce que nous avons déjà affronté ?

« La mort elle-même », pensai-je spontanément. Cela me flanqua la frousse. Je portai la main gauche à la garde de mon épée, et la droite à celle de mon poignard.

— Il faut savoir vivre dangereusement, marmonnai-je.

Pour me donner du courage, je me forçai à me souvenir que j'étais un explorateur de l'Imaginaire, aguerri à ne reculer devant aucun danger. Nous nous remîmes en marche, sans quitter des yeux cette cité, comme si elle pouvait à chaque instant nous sauter à la gorge.

32

Une ville sans âme

À l'approche de Firit, l'activité - certes modérée, mais réelle que nous apercevions sur le port et à l'entrée principale - nous rassura au moins sur un point : nous ne marchions pas vers une cité fantôme, hantée par des spectres assoiffés d'énergie vitale. Nous rejoignîmes l'une des trois routes en terre battue qui y conduisaient. Elle était en pente douce et manifestement entretenue. Nous montâmes en selle et forçâmes l'allure, pressés par la curiosité. Bientôt, nous croisâmes une carriole tirée pas un poussif rossard squelettique. Le paysan moustachu qui menait l'attelage avait le visage en partie dissimulé dans l'ombre d'un chapeau à large bord. Bizarrement, ni Lizlide ni moi n'eûmes l'idée de le saluer. Il passa son chemin dans la plus parfaite indifférence, et nous le nôtre.

Un peu plus loin, ayant dépassé l'embranchement où les trois voies se rejoignaient, le hasard nous amena à chevaucher à la hauteur d'un homme d'armes, peut-être un officier de la garnison locale. Il portait un casque rond piqueté de rouille qui présentait un curieux protège-nuque courbé en gouttière. Le reste de son équipement était de cuir clouté (cotte et épaulières) et d'épaisse toile de lin gris (chemise et braies). Il n'avait pas l'air spécialement bourru, mais il ne nous prêtait aucune attention, ce qui m'agaça un peu.

— Bonjour, messire ! l'interpellai-je en haussant le ton.

Il nous jeta un regard morne, mais daigna nous répondre d'un léger mouvement de tête.

— S'il vous plaît, repris-je, croyez-vous que nous pourrons entrer dans la ville avec notre monture ?

— Rien ne l'interdit, répondit-il.

Je m'efforçais d'afficher l'air bienveillant et niais du voyageur empoté en terre inconnue.

— Merci, messire, dis-je en esquissant un geste de révérence qui le laissa de marbre.

Lizlide accéléra le pas pour que je cesse d'importuner ce militaire taciturne.

— Quel accueil, maugréai-je. Ça promet.

— Sans doute ces gens n'aiment-ils pas les étrangers.

— Ça n'empêche pas un minimum de politesse.

En même temps que je prononçais ces mots, il me revint à l'esprit que, à Paris, un provincial fraîchement débarqué n'obtient parfois pas davantage d'attention de la part des indigènes de la capitale.

— Il n'y a pas foule, constatai-je ensuite.

Sous le châtelet d'entrée que nous allions franchir se tenait un unique lancier. Un piéton vêtu d'un long manteau en peau de mouton passa dans son dos, sans qu'il s'en préoccupât. L'instant suivant, un cavalier au pas sortit de la ville, précédant de peu une charrette vide avançant à une allure de corbillard... Tout cela dégageait une ambiance de désolation qui n'avait rien à voir avec une quelconque misère matérielle.

Nous nous engageâmes sous le haut porche. Je pris alors l'initiative de sauter à terre afin de me tenir prêt à toute éventualité. Au passage, j'aperçus notre fidèle et énigmatique compagnon à plume, le hibou brun. Il s'était perché sur la corniche d'une des maisons à colombages construites face au châtelet d'entrée. L'envie me démangea de ramasser un caillou pour le déloger. Je me contentai de lui adresser un petit geste menaçant de l'index signifiant : « Gare à ton croupion si je t'attrape ! »

Je me plantai devant l'huissier et le saluai avec sobriété, veillant à ne pas sourire.

— Bonjour, mon brave, est-ce bien ici le bourg de Firit ?

Il me dévisagea d'un air maussade.

— C'est ici, confirma-t-il sobrement.

— Bon... Merci.

Je l'aurais bien questionné davantage, mais la prudence me retint. Et puis, au fond, peu importait, puisque nous n'étions là que pour une simple et rapide virée touristique. La porte franchie, Lizlide mit à son tour pied à terre pour marcher à mes côtés, tout en tenant notre destrier par la bride.

— Jamais je n'ai vu une ville aussi morne, commenta-t-elle. Je ne souhaite pas que nous nous y attardions.

— Rassure-toi, moi non plus. J'aimerais quand même que nous prenions le temps de recueillir quelques informations, à condition que nous trouvions une bonne âme pour nous renseigner.

— Quel genre d'informations ?

— Sur le continent et le maître des Épopées, par exemple. On devrait faire aussi un petit tour sur le port et interroger des marins. Les marins sont des voyageurs, ils nous apprendront peut-être quelque chose sur ce qu'il y a au-delà des mers.

« S'il y a quelque chose », terminai-je en pensée. Car je savais qu'un infinimonde, comme son nom l'indique, peut être un infini d'eau, de ciel... ou de rien !

Nous traversâmes un large boulevard circulaire pavé, longeant le rempart à droite et à gauche, probablement sur toute sa longueur. Des passants s'y déplaçaient, avec lenteur, d'une démarche mécanique. Ils étaient vêtus dans le style des bourgeois du Moyen Âge, avec des couleurs aussi ternes que semblait l'être leur moral.

— Essayons par là, proposai-je en désignant une ruelle face à nous.

C'est alors que mon attention fut attirée par une scène étrange. À une centaine de mètres sur l'avenue, une charrette était en cours de chargement... et de déchargement. En même temps ! Le manège se déroulait ainsi : un homme sortait d'un couloir en roulant devant lui un tonneau. Il soulevait celui-ci sans difficulté, comme s'il avait été vide, et le remettait à un jeune commis qui le tirait jusqu'à l'avant du véhicule où étaient déjà alignées trois autres barriques. Là, un second commis s'emparait de ce même tonneau, le rapportait à l'arrière, puis le basculait sur le dos d'un homme en tablier blanc. Ce dernier le portait dans le couloir d'où, l'instant d'avant, le premier homme l'avait sorti. Une scène déroutante qui me flanqua la chair de poule.

L'esprit perturbé par une anxiété croissante, nous nous enfonçâmes dans une rue étroite et sombre digne d'une vraie ville médiévale, avec ses maisons à encorbellements, son pavé noirâtre, ses portes d'entrée de lourd bois brun et ses badauds... Quoique, de ce côté-là, il n'y eût pas foule. Rien à voir avec une agitation urbaine habituelle. D'ailleurs, il régnait ici un silence de mort ! Lizlide, partageant le même malaise que moi, me prit la main.

— Regarde ça, c'est dingue ! m'exclamai-je tout à coup.

Je désignai l'étal d'un boutiquier qui attendait le chaland, debout et vigilant, alors qu'il n'avait strictement rien à vendre. Son voisin boulanger n'avait plus une miette de pain à proposer, et son four au fond de l'échoppe était éteint. Malgré cela, des femmes approchaient, discutaient, payaient - faisaient semblant, plus exactement -, puis s'en allaient, avec au bras un panier vide !

— Lizlide, qu'est-ce que ça veut dire ?

— Ces humains sont morts, répondit-elle.

Je la dévisageai, incrédule autant qu'effrayé.

— Ils n'ont pas d'âme, termina-t-elle.

— Évidemment, maugréai-je, une ville normale, c'eût été trop simple. Le maître des Épopées vous souhaite la bienvenue chez les zombies !

Nous débouchâmes bientôt sur la place principale où déambulaient au ralenti une trentaine d'habitants, hagards et silencieux. Je fus presque surpris d'en voir un se retourner pour nous considérer. Je lui adressai un salut de la main qui resta sans écho. J'avisai ensuite un chevalier sur son destrier. Il portait un camail, un plastron de métal – qui aurait mérité un bon lustrage –, une grande épée au côté et, sur son écu fixé à l'arrière de sa selle, les armes de sa maison.

— Monseigneur, est-il possible que je vous parle ?

— Je vous écoute.

Décontenancé d'obtenir une réaction presque normale, je marquai une hésitation avant de poser ma question :

— Pouvez-vous nous expliquer ce qu'il se passe ici ?

Le cavalier me fixa d'un regard vide.

— Il ne se passe rien, répondit-il.

— Justement, c'est ce qui est étrange. La population a l'air... comment dire ? éteinte. Les marchands n'ont rien à vendre, les matrones se promènent avec des paniers vides... Même les enfants que nous avons croisés ont l'air morose. Il doit bien y avoir une explication.

— Je ne vois pas ce que vous voulez dire. Bien le bonjour, messire.

Il s'éloigna et je n'insistai pas. Mais après quelques pas, il lança sans se retourner :

— Gare à la nuit !

L'avertissement produisit son effet, car nous décidâmes d'accélérer la visite, en nous rendant sur le port, comme je l'avais souhaité.

33

Une présence sur le port

Après avoir erré dans un lacis de venelles et de placettes, toutes plus sinistres les unes que les autres, nous trouvâmes enfin quelqu'un d'assez aimable pour nous guider. L'homme nous expliqua d'abord que l'accès au port n'était possible que par une poterne. L'ancien portail par lequel transitaient les marchandises arrivant par la mer était condamné depuis… L'inconnu ne sut que nous dire : « Un certain temps. » Sinon, il fallait retourner à la porte principale et contourner la ville, ce que nous ne souhaitions évidemment pas faire. Ensuite, notre guide improvisé nous conduisit à l'issue en question sans nous lâcher un mot de plus. Un garde était là qui ne gardait rien du tout, tant il était indifférent aux rares piétons qui fréquentaient le secteur. Comme à un portemanteau, nous lui confiâmes notre destrier, car celui-ci n'aurait pu nous suivre plus loin. En effet, pour traverser le rempart, il fallait descendre un escalier escarpé d'une centaine de marches, franchir un court tunnel, clos de nuit par une herse, puis parcourir un long chemin tortueux, caillouteux, malaisé. C'est ainsi que nous nous retrouvâmes sur un quai presque désert, où deux vieillards assis sur des plots d'amarrage, la pipe à la bouche, fixaient le paysage d'un air absent. Aucune fumée ne sortait de leur pipe, pas plus qu'il n'y avait d'activité sur ce port.

— Ce n'est pas eux qui vont nous renseigner, nous pouvons repartir, déclarai-je, maussade et déçu.

— Allons voir ce bateau de plus près, suggéra Lizlide.

Elle regardait l'un des trois galions amarrés les uns derrière les autres, le long de cette muraille démesurée destinée à protéger le port des colères de l'océan. En nous approchant, nous remarquâmes que le premier était manifestement le plus récent ou le mieux entretenu. Cela se voyait notamment à l'état de la coque, dont la ligne de flottaison n'était pas assaillie, contrairement aux deux autres, par les algues vertes et les coquillages. Nous serions certainement montés à bord si nous l'avions pu, mais la passerelle était tirée. Bizarrement, de nombreuses hampes le maintenaient à deux mètres du quai, comme pour éviter qu'il ne s'abîme en se frottant à la pierre du quai - Mais en ce cas, m'interrogeai-je, pourquoi ne pas placer des tampons ainsi qu'on en voit dans tous les ports du monde... des mondes ? - Cela nous conforta dans l'idée qu'il présentait davantage les caractéristiques d'un navire habité que hanté, d'autant que les deux autres ne possédaient pas ce dispositif insolite.

— J'aimerais bien voir la tête du capitaine, dis-je.

— Il est là, j'en suis sûre.

Lizlide avait capté, émanant de ce vaisseau, une vibration de vie à laquelle les elfes sont extrêmement sensibles.

— Ohé, du bateau ! m'écriai-je. Il y a quelqu'un ? Ohé !

Seul le clapotis de l'eau sur la coque nous répondit. J'insistai trois fois, puis suggérai :

— C'est inutile. Soit il est sourd comme un pot, soit il n'a pas envie de se montrer. Tant pis.

Curieusement, je n'étais pas mécontent de ne voir apparaître personne. Je ne pouvais m'empêcher d'imaginer une ruine de capitaine, une espèce de pirate borgne avec une jambe de bois, alcoolique, à la voix rocailleuse et, pendant qu'on y était, avec un crochet en guise de main gauche.

— Allons-nous-en, finit par approuver Lizlide. Je ne me sens pas très bien. Quelque chose est en train de...

Elle s'interrompit. La crainte se lisait sur son visage qui avait légèrement pâli.

— De quoi ? Qu'est-ce qui se passe, Lizlide ?

— Je ne sais pas, répondit-elle en détournant les yeux pour les porter sur la sombre muraille de la citadelle qui nous dominait. Cette ville est un tombeau. Il me semble que je vais étouffer.

Partageant tous les deux la même hâte à quitter ces lieux malsains, nous nous éloignâmes du navire. Tout en allongeant le pas, j'éprouvais une dérangeante intuition qui me chatouillait le creux des reins, comme si quelqu'un nous observait. J'allais me retourner quand une puissante voix masculine résonna dans le port :

— Holà, étrangers ! Partez pas si vite !

Nous nous figeâmes. « Le pirate ! » pensai-je. Nous fîmes volte-face et découvrîmes, juché sur le château arrière du galion, un personnage digne d'un roman de Stevenson : hirsute, barbu, débraillé, vêtu d'un gilet noir sur une chemise blanche crasseuse, d'un ceinturon large à grosse boucle carrée... C'était assurément un marin, en l'occurrence en retraite. Les vestiges d'une chevelure longue, qui avait dû être brune puis blanche avant de virer au jaune, laissaient imaginer qu'il avait été un fier et beau jeune homme. Mais le plus important pour nous était son regard, pétillant de vie ! Ce n'était donc pas un zombie !

J'arborai un visage bienveillant pour le saluer :

— Bonjour, messire ! Nous vous avons dérangé. Pardon.

— C'est juste. J'étais tranquillement en train de ne rien faire, quand j'ai ouï des braillements de perroquet malappris. Qui êtes-vous ? Et qu'est-ce que vous fichez en ces lieux qui empestent le poisson mort ?

— Je m'appelle Thédric, et voici ma compagne Lizlide, répondis-je. Nous sommes des... disons des voyageurs égarés.

L'homme plissa les yeux, puis grommela :

— Approchez un peu ! Comment voulez-vous que je vous examine à cette distance ?

Nous revînmes sur nos pas. Lizlide prit son arc en main.

— Crains-tu quelque chose ? m'inquiétai-je en baissant la voix.

— Je perçois un danger... de plus en plus proche. Nous ne devons pas nous attarder.

Elle me communiqua son anxiété, si bien que je pris le parti d'écourter la discussion avec ce drôle de personnage, qui pourtant ne présentait aucune menace évidente.

— Nous n'allons pas pouvoir converser longuement, annonçai-je au marin, car nous sommes un peu pressés. Mais nous reviendrons, promis.

— Quoi ? Comment ça, pressés ? répliqua l'homme en se dirigeant vers l'escalier qui, du gaillard arrière, descendait sur le pont.

De là, il pourrait plus aisément nous parler. Il réapparut au bastingage, ce qui nous permit de constater qu'il n'avait ni jambe de bois ni crochet, ni même en fin de compte l'allure d'un flibustier rangé des bateaux. On eût plutôt dit un misérable ermite ayant sombré dans l'indigence. Il montrait cependant une belle vigueur.

— Me direz-vous comment des voyageurs égarés ont pu échouer dans ce port ? demanda-t-il. Car on sait bien qu'en ce monde il n'y a point de hasard, seulement les nécessités de son épopée, n'est-ce pas ?

— Justement, répliquai-je, c'est parce que nous n'aimons pas les fatalités que certains voudraient nous imposer que nous nous trouvons ici plutôt qu'ailleurs.

— Ah oui..., marmonna l'homme en fermant à demi un œil. Et à quelles fatalités croyez-vous donc vous être soustraits ?

— Celles du maître des Épopées. Peut-être en savez-vous plus que nous à ce sujet ?

— Possible. Vous prétendez donc suivre votre propre voie, résuma le vieil homme en se grattant la joue. Intéressant. Je serais curieux de philosopher avec vous sur la question. Voulez-vous monter à bord ?

J'en fus ravi. Lizlide pas du tout.

— Ce sera pour une autre fois, seigneur, déclina-t-elle. Nous devons vraiment repartir.

— Quel dommage, se désola l'homme en se grattant cette fois le front. Mais dites-moi, à bien y regarder, je vous trouve une tête... voyons, pas très comme on en voit souvent par ici. Vous n'êtes point du genre animal et pourtant...

— Nous sommes des elfes, lui expliquai-je. Si vous vous demandez ce que cela signifie, ne cherchez pas dans un dictionnaire, vous n'y trouverez rien. Nous venons d'un autre infinimonde.

L'homme plissa une moue perplexe, haussa les épaules, puis déclara :

— Oh, vous savez, en matière de têtes bizarres venues d'ailleurs, on est plutôt blasés, sur le continent des Épopées.

Sentant Lizlide de plus en plus nerveuse, je décidai d'en venir au sujet qui me préoccupait en priorité :

— Dites-moi, mon brave, savez-vous s'il y a une terre au-delà de cet océan ? Une terre accessible et habitable.

Il ouvrit de grands yeux effarés.

— Fichtre ! Seriez-vous tentés par une évasion ?

— Pourquoi pas, si c'est envisageable !

— Sans le consentement du maître, je ne vois pas comment.

— Pour être franc, nous nous fichons de ce que consent ou non cette entité, quoi qu'elle soit. Savez-vous s'il y a une terre ailleurs, oui ou non ?

Il prit un air songeur et quelques secondes, avant de lâcher :

— On le dit. Êtes-vous sûrs de ne point vouloir monter à bord ?

— Sûrs, merci, confirmai-je. Un chevalier nous a recommandé de prendre garde à la nuit.

— Il avait raison, mais vous avez le temps.

— Ce n'est pas qu'une question de temps, répondis-je, songeant à Lizlide, dont ces lieux mettaient la sensibilité à rude épreuve. Pourquoi faut-il se méfier de la nuit ? Et quel malheur a frappé les habitants de cette ville, à part vous, semble-t-il ?

— Bah ! Qu'est-ce que cela peut bien vous faire, puisque vous partez ? Filez, gamins ! Et bon vent !

Sur ce, il se détourna et disparut. Je prenais mon souffle pour le rappeler, quand Lizlide me saisit le bras.

— Thédric, il faut fuir ! Vite !

— Fuir... à ce point-là ? Pourquoi ?

Dans ses yeux se lisait une telle alarme que je m'interdis toute discussion. Je m'emparai de sa main et nous déguerpîmes sans savoir ce qui nous menaçait, mais convaincus qu'il s'agissait d'une catastrophe...

34

Prisonniers pour la nuit

Aussi vite que nous le permettaient nos jambes, nous remontâmes le chemin qui serpentait entre les rochers, puis quatre à quatre l'escalier de pierre. De retour de l'autre côté du rempart, nous retrouvâmes avec soulagement notre destrier, exactement tel que nous l'avions laissé, la bride dans la main du garde. Nous voyant réapparaître dans l'affolement, ce dernier eut cette curieuse remarque :

— La nuit n'est pas encore là.

Sans lui donner d'explication, ni même le remercier, nous sautâmes en selle - Lizlide prenant les rênes - puis nous nous élançâmes dans les ruelles. Un dérapage incontrôlé de notre monture à un angle de rue faillit nous faire mordre le pavé. Du coup, je suppliai mon elfe de lever un peu le pied, ce qu'elle accepta de faire en s'excusant.

— Lizlide, mais enfin, vas-tu me dire ce qui se passe ? l'interrogeai-je ensuite.

— Je ne peux pas. C'est mon instinct elfique ! Je dois faire de gros efforts pour contenir ma panique. Tu ne sens vraiment rien ?

Je tentai de faire silence dans ma tête en espérant recueillir d'éventuelles informations dans les abysses de mon esprit. Et, en effet, une vague angoisse m'étreignait. J'aurais cependant été bien incapable de la distinguer de celle qu'avait provoquée ma compagne par son propre affolement.

— C'est ma part animale, reprit-elle. En ce moment, je suis comme Izlide-Orbath* lorsqu'il perçoit l'approche des hommes, alors qu'ils viennent à peine d'entrer dans notre forêt.

Cette explication résonna en moi comme une révélation divine. Une fenêtre s'ouvrait tout à coup, me révélant la nature exacte de la menace qu'il nous fallait fuir. Dès lors, c'est moi qui poussai notre équipage à prendre tous les risques.

Pourtant, je savais qu'il était déjà trop tard !

Nous parvînmes sans encombre ni accident à la porte principale. Lizlide fit brusquement stopper notre monture. Les lourds battants de bois cloutés étaient grands ouverts, comme à notre arrivée. Quant à l'huissier, il n'avait pour ainsi dire pas changé de place. Il se retourna pour jeter vers nous un bref coup d'œil, puis il reprit sa morne observation de la campagne. Son esprit privé de conscience ne pouvait voir qu'il s'y produisait un événement exceptionnel : une importante troupe armée traversait la lande, approchant par la route du sud.

— Ce sont les soldats de Morte-Mère, constatai-je amèrement. Ils ont donc fini par nous retrouver. Je me demande bien comment.

— Melgan.

— Bien sûr. Quoique... Ne l'accusons pas sans preuve. Le maître des Épopées dispose sûrement d'autres moyens de faire bouger ses pions. En tout cas, ils arrivent à point pour nous cueillir. Qu'est-ce qu'on fait ?

— Il ne faut pas nous montrer...

— Ni les laisser entrer dans la ville.

— Alors fermons ces portes.

---

* Au royaume des Sept Tours, Izlide-Orbath est le cerf que montait Lizlide, lorsqu'elle se déplaçait hors de la forêt d'Émeraude.

— Tu me l'enlèves de la bouche, conclus-je sur un sourire.

Nous sautâmes à terre, puis nous précipitâmes vers l'huis que nous entreprîmes de clore. Le soldat protesta d'une voix molle :

— Hé là, qu'est-ce que vous faites ? Ce n'est pas encore la nuit !

— Vous n'avez donc pas vu que la citadelle va être attaquée ? répliquai-je sans rompre mon effort.

Les battants claquèrent et nous abaissâmes le lourd madrier de blocage.

— Ce serait trop vous demander de sonner l'alarme ?

L'homme ne bougea pas.

— Je ne sais pas, bredouilla-t-il. Je ne dois pas quitter mon poste, sauf quand la nuit est tombée.

Il aurait vraiment été inutile d'insister. Je suggérai à Lizlide que nous montions sur le chemin de ronde pour observer le comportement des nouveaux venus.

— Avec un peu de chance, ils passeront leur chemin et iront nous chercher ailleurs, déclarai-je.

— Tu comptes encore sur la chance, me fit remarquer mon elfe.

— Absolument ! C'est pour ça que je crois en notre avenir, et que je suis sûr que le maître des Épopées ne nous aura pas.

Mon optimisme volontaire l'amusa, mais je crois aussi qu'il lui fit du bien. La mort qui régnait en ces lieux était éprouvante pour une elfe, tandis que mon dynamisme et, d'une certaine manière, ma confiance résolue constituaient un puissant générateur de peps.

Au sommet du rempart, nous retrouvâmes deux guetteurs qui avaient interrompu leur ronde pour observer l'arrivée de l'armée étrangère. Celle-ci comptait une dizaine de chevaliers et une bonne cinquantaine de cavaliers lourdement harnachés. Les étendards, que levaient haut les écuyers, claquaient au vent et montraient que le comtal ne nous avait pas envoyé d'obscurs sous-fifres.

La troupe s'immobilisa à deux ou trois cents mètres de la muraille, hors de portée de flèches. Les chevaliers se rassemblèrent autour d'un des leurs. Après un bref conciliabule, deux entre eux ainsi qu'un officier s'élancèrent sur la route. Bientôt, ils stoppèrent à une trentaine de mètres du châtelet d'entrée. Le soleil déclinant, à l'ouest montagneux, étirait leurs ombres jusqu'au bas de l'huis clouté. Nous n'avions désormais d'autre choix que de passer la nuit dans cette cité funèbre. Une belle promesse de cauchemar en perspective. Lizlide me proposa de suivre la suite des événements à l'abri des regards, dans une guérite percée de trois meurtrières. L'officier-héraut fit avancer sa monture de quelques pas, puis interpella les sentinelles qui se tenaient derrière les créneaux.

— Holà, de la ville ! Nous sommes Igrasse de Frontporte-Haut, grand chambellan du comtal de Morte-Mère, ses chevaliers et hommes d'escorte. Nous venons en paix. Ouvrez vos portes à ses seigneuries et il vous en sera rendu grâce !

Je quittai ma meurtrière pour observer, depuis la porte de la guérite, le comportement des guetteurs. Comme je m'y attendais, ils ne réagirent pas.

— Holà ! Vous, là-haut ! insista l'officier-héraut. Avez-vous perdu votre langue ou vous moquez-vous ?

Silence.

Il me vint alors une idée. À quatre pattes afin de rester dissimulé derrière le parapet crénelé, j'avançai jusqu'au soldat le plus proche. Il me regarda, étonné, sans plus. Je ne pris même pas la peine de lui intimer le silence d'un index sur ma bouche. J'inspirai un grand coup, puis lançai aussi fort que possible :

— Bien le bonjour, messires qui venez de loin ! Nos portes ne sont point closes par mauvaise volonté ou manque de courtoisie, mais nous avons des ordres de grande méfiance. Que venez-vous donc faire sous nos murs ?

— Sous vos murs, rien, répondit le héraut. En vos murs, cela dépend. Nous sommes à la recherche d'un couple de dangereuses créatures, que nous avons ordre de capturer et de ramener à notre maître, le comtal Edhon de Morte-Mère. Ils ressemblent à des humains, mais n'en sont point. La femme, aux cheveux d'un vilain roux, présente de singulières oreilles pointues.

Je fronçai les sourcils d'indignation. Les cheveux de mon elfe étaient de la plus belle couleur fauve du monde. Je jetai un regard vers la guérite. Lizlide se tenait dans l'encadrement de la porte et me considérait, bras croisés, avec un petit air offusqué qui me tira un sourire. Je lui adressai un clin d'œil, puis répliquai à l'insolent :

— Ah certes, messire, nous avons vu vos gibiers. Quoique... Sont-ce bien eux ? Car nous avons remarqué, au contraire de votre description, une fort jolie personne, avec une chevelure comme j'aimerais que ma femme en ait une. Et j'ajouterai...

— Alors, sont-ils là, oui ou non ? s'écria une voix qui devait être celle d'un des deux chevaliers.

— Certes non ! répondis-je. Ainsi qu'à toute personne étrangère, nous ne leur avons point ouvert nos portes. Ils s'en sont allés, comme vous le ferez sans nul doute.

— Par où sont-ils partis ? questionna la voix.

— Ils venaient du sud et nous les avons vus repartir vers le nord, en longeant la mer. Vous devriez partir sans délai, car ils sont passés tantôt et ne doivent pas être si loin.

Il y eut un silence qui s'éternisa. Lizlide m'adressa une mimique de félicitations pour cette brillante duperie. Le guetteur semblait quant à lui de plus en plus embarrassé par la situation. Un de ses collègues approcha.

— Nous devrions reprendre notre ronde, suggéra ce dernier.

— Et en aviser le chef quand il montera pour l'inspection de nuit, renchérit l'autre.

— Restez encore un peu, le temps que j'en finisse avec ces visiteurs, leur demandai-je.

Le second garde ne tint aucun compte de ma requête et reprit sa ronde à pas lents. Devinant que le premier allait l'imiter dans l'autre sens, je l'empêchai de s'éloigner en lui enlaçant les jambes.

— Messire, lâchez-moi. Je dois accomplir ma mission, protesta-t-il.

— Vous ferez ce que je vous dirai. Ne bougez plus et taisez-vous !

— Holà, du rempart ! lança l'un des chevaliers à cet instant. Allez-vous nous accueillir ou doit-on enfoncer cette porte ?

— Je vous le déconseille fortement, Monseigneur, répondis-je, car vous y laisserez tant de plumes qu'on vous verra le croupion. Partez, vous dis-je, et bonne chasse !

— Qui est le seigneur de cette ville ? Allez le chercher ! Et le bailli ! Obéissez, ou il vous en cuira quand nous aurons conquis ce maudit bourg.

— Je suis l'officier supérieur, criai-je. Nos maîtres sont... (J'hésitai entre partis en voyage et morts de la peste. La maladie me parut une idée plus convaincante :) Ils sont morts ! Ainsi que la moitié des habitants.

— Morts ? Fichtre ! Et de quoi ?

— D'une maladie affreuse, totalement inconnue. Ça vous fait gonfler les jambes, puis les bras, puis la tête. Les yeux deviennent comme des œufs de poule, jusqu'à ce qu'ils giclent hors des orbites... (Lizlide me fit comprendre d'un froncement de sourcils que j'étais en train de déraper. J'acquiesçai, puis passai directement à la conclusion :) Non, vraiment je vous déconseille d'insister. Sauf si vous pensez être immunisés contre cette maladie.

J'attendis une quelconque réplique, mais n'entendis qu'une cavalcade s'éloignant rapidement. Les émissaires s'en étaient allés rendre leur rapport. Je libérai mon prisonnier qui, tel un balancier d'horloge mu par une force mécanique, reprit sa ronde somnambulique.

De retour dans la guérite, je retrouvai Lizlide qui m'exprima son admiration, puis son effarement :

— Où es-tu allé chercher de telles idées ? Pour un elfe, c'est... déroutant.

— Pour un homme un peu imaginatif, c'est... banal. Voyons ce que vont décider nos pisteurs.

Postés chacun derrière une meurtrière, nous vîmes les chevaliers discuter un long moment, jusqu'à ce que le chef tranche. Il ordonna à sa troupe de faire demi-tour.

— Eh bien, je n'aurais pas parié que ça marcherait aussi bien, soupirai-je.

Ma joie fut de courte durée, puisqu'ils installèrent leur camp en terrain sec sur la lande.

35

La taverne zombie

En attendant la nuit, nous descendîmes du rempart pour visiter la ville, non pas en touristes qui flânent, mais parce qu'il pouvait s'avérer utile de la bien connaître. J'espérais aussi que cela nous occuperait l'esprit et tromperait nos inquiétudes sur les prochaines heures qui s'annonçaient éprouvantes pour les nerfs. Cette déambulation ne fut finalement guère instructive, voire nocive, car la morosité ambiante, régnant jusque dans les moindres recoins sombres, finit par nous contaminer. Elle s'acheva par le malencontreux épisode de la taverne...

Celle-ci était signalée par une enseigne en fer forgé représentant un chat noir assis, ébouriffé de manière assez cocasse. La porte basse en arcade n'était guère avenante ; on eût plutôt dit une entrée de cave. L'envie me prit pourtant d'aller y faire un tour, « juste pour voir », contre l'avis de Lizlide. Une fois le seuil franchi, en baissant la tête, il nous fallut descendre quelques marches de pierre lépreuse, pour nous retrouver en effet dans une salle voûtée et sans fenêtre. Quatre ou cinq chandelles sur des tables rondes entretenaient une luminosité faible et précaire. L'endroit n'était pas désert puisqu'une dizaine d'hommes étaient attablés par deux ou trois. L'air était lourd de silence, ainsi que d'un saisissant relent de moisi, de vinasse et de crasse. L'aubergiste, un gros type à demi chauve, pâle comme la mort, se tenait poings sur les hanches au fond de la salle devant une ouverture donnant sur une cuisine immonde. Il était engoncé dans un tablier grisâtre ressemblant davantage à une serpillière dépenaillée, pieds nus - on imaginera aisément le spectacle - sur la terre battue de son établissement. Cette seule vision suffisait à nous faire prestement tourner les talons, mais l'homme ne nous en laissa pas le temps.

— Par ici, Monseigneur, belle dame ! nous interpella-t-il.

Surpris, nous le considérâmes, avec l'espoir qu'il comptait peut-être parmi ceux qui n'avaient pas encore perdu leur âme. Sans doute pour le vérifier, nous consentîmes à nous installer sur les tabourets à trois pieds qu'il nous désigna de sa grosse pogne velue. Il s'approcha, puis agita une main au-dessus de notre table. Je compris avec un temps de retard qu'il l'époussetait fictivement avec un torchon invisible.

— Une pinte ? grogna-t-il.

— Deux, rectifiai-je avec un sourire qu'il ne vit pas.

Tandis qu'il allait chercher notre commande, Lizlide chuchota :

— Je n'aime pas du tout cet endroit.

— Moi non plus, mais reconnais qu'il est... pittoresque.

J'explorai notre environnement du regard et remarquai, parmi les zombies attablés, trois types patibulaires qui nous observaient du coin de l'œil. En d'autres circonstances, j'eusse été persuadé qu'ils allaient nous détrousser dès notre sortie de la taverne. En celle-ci, forcément, je les croyais inoffensifs.

— Ne t'inquiète pas, dis-je à Lizlide, on ne va pas rester plus de quelques minutes.

— C'est déjà trop.

J'étais d'accord, mais ne me levai pas pour autant. L'aubergiste revint et posa avec brusquerie sur la table deux gobelets de bois et une cruche de terre cuite. La curiosité me fit oublier de le remercier. Je saisis la cruche et jetai un œil à l'intérieur.

— Elle est vide, constatai-je.

— Partons, Thédric ! lança Lizlide.

Cette fois, j'avais enfin compris que nous n'avions rien à faire dans ce bouge. Quand nous nous levâmes et quittâmes les lieux, l'aubergiste n'eut aucune réaction. Dans la rue, ni l'un ni l'autre n'étions inspirés pour faire un commentaire. Et nous nous éloignâmes, silencieux, quelque peu désœuvrés.

Peu après, ils attaquèrent...

Surgissant derrière nous, trois individus nous cernèrent et nous obligèrent à nous adosser au mur d'une maison. Je reconnus les trois têtes d'égorgeurs qui nous avaient lorgnés dans la taverne.

— Les sous, les bijoux ! réclama le plus petit.

Il était aussi le plus trapu et le plus hargneux. Sa barbe hérissée et sa chevelure graisseuse et hirsute lui donnaient l'air d'un abruti imprévisible. Le couteau qu'il pointait vers mon ventre, en revanche beaucoup moins. Son regard éteint était caractéristique des zombies de Firit. N'ayant nullement l'intention d'obtempérer, je tirai mon épée, bien décidé à ne pas faire de quartier avec ce gibier de potence. Nos agresseurs ne s'en émurent pas davantage que si je m'étais gratté l'oreille. Lizlide retint mon bras :

— Attends. Ils n'agissent que par automatisme. Donnons-leur ce qu'ils demandent.

— Tu vas voir la mécanique, comment je vais la désosser ! répliquai-je, pressé d'en découdre.

Face à une si piètre adversité, je dus m'avouer qu'à vaincre sans péril je triompherais sans gloire.

Un deuxième malfrat, plus grand et plus mince que ses acolytes, agita ses doigts noirs de crasse sous mon nez en grognant :

— Alors, ces sous, ça vient !

J'esquissai une révérence, puis déclarai :

— Mais certainement, mon brave. Voici une bourse bien pleine que mon pépé m'a offerte quand j'étais petit. Et voilà mes bijoux de famille.

Ce disant, je remis docilement nos richesses virtuelles. Le grand accomplit le geste de me les arracher des mains, puis de s'emparer d'un collier au cou de ma dame.

— C'est bon, on s'en va, marmonna le chef. Criez pas avant qu'on soit partis, sinon on revient et on vous tue !

Ils s'éclipsèrent comme des voleurs de pommes. J'aurais bien éclaté de rire, mais je n'eus que le cœur de dire :

— Bon sang, mais qu'est-ce qui leur est arrivé ?

— Ils ont servi de repas à l'Avaleur d'âmes, répondit Lizlide.

Sa réponse me flanqua la chair de poule.

— Que veux-tu dire ?

— Peu après avoir été relâchée sur les terres du fief de Morte-Mère, j'ai été enlevée par un chevalier qui m'a amenée à son maître, le frère du comtal. Cette bête immonde a voulu faire de moi son animal de compagnie, parce que j'avais « une drôle de tête et une odeur bizarre », disait-il. Quand je lui ai sauté dessus en lui plaquant son propre poignard sur la gorge, il a compris que j'étais plus dangereuse qu'un fauve. Paradoxalement, c'est ce qui m'a sauvée, car il a estimé que me dompter serait un jeu encore plus amusant que me voir gambader autour de lui, ce qui l'aurait sans doute très vite lassé. Un jour, il est entré dans ma cellule et m'a révélé que j'avais de la chance de n'être qu'un animal, sinon le maître des arracheurs d'âmes aurait sûrement convoité la mienne. Plus tard, j'ai appris que ce personnage prélevait régulièrement sur les populations humaines sa dîme spirituelle et que c'était sa seule nourriture.

— Ce que tu es en train de me dire, c'est que le maître des Épopées serait une espèce de vampire ?

— Je ne sais pas ce que c'est.

— Sur la Terre, ce terme désigne des créatures qui ne sont ni mortes ni vivantes. Elles sont ainsi condamnées à errer entre deux états. Seul le sang humain est capable de soulager leur soif malheureusement inextinguible.

— Comment les combattez-vous ?

Son ingénuité me fit sourire.

— Ce sont des êtres mythiques. Ils n'existent pas... pas dans le réel, car dans l'Imaginaire, c'est plus que probable. Je te raconterai l'histoire du plus célèbre de ces vampires, mais pas ce soir.

— Pourquoi pas ce soir ?

— Parce que n'est pas le genre de conte qu'il faut raconter au crépuscule, dans une cité zombie. Demain, quand le soleil sera bien haut et resplendissant, on verra.

Nous reprîmes notre exploration de la ville, tout en discutant ainsi. Si bien que je finis malgré tout par lâcher le récit des exploits nocturnes du super-héros de nos cauchemars, le comte Dracula. À ma grande surprise, elle ne le trouva pas aussi effrayant que je l'aurais craint. Pour un elfe, les contes ou les mythes n'ont aucun impact émotionnel, car ces esprits de la nature ne possèdent pas d'imaginaire ; ils n'en ont pas besoin. C'est aussi une de leurs faiblesses que de ne pouvoir anticiper l'imprévu ou concevoir l'impossible et l'absurde. Ce qu'ils ne comprennent pas ou leur est trop étranger suscite chez eux des sentiments pouvant aller de la simple perplexité jusqu'à la confusion totale, voire la peur panique. Ils deviennent alors comme des animaux face au feu, fous, imprévisibles, parfois dangereux pour eux-mêmes. Notre perception de Firit constituait un exemple intéressant de cette différence entre l'elfe et l'homme : le type de menace que nous avions identifié, au moins dans son principe, avait de quoi affoler les esprits les plus braves. Pourtant, Lizlide n'y voyait pas de raison de s'inquiéter, « puisque le danger est à l'extérieur de la citadelle ! », disait-elle. Il était certain que, *a priori*, bien à l'abri derrière des portes solidement fermées, nous ne risquions rien. Une part de moi partageait cette tranquille assurance. Une autre, plus humaine – et encore largement dominante –, redoutait le pire et frémissait de terreur à l'idée de se faire sucer l'âme par des vampires, dont je ne pouvais m'empêcher d'imaginer la tête, et surtout... les crocs. Le doute, inhérent à la nature humaine, m'amena à lui demander :

– Qu'est-ce qui te fait croire que les arracheurs d'âmes ne peuvent pas entrer dans la ville ?

– Un seul habitant de Firit a gardé son âme, parce qu'il a su se mettre hors d'atteinte en faisant en sorte que son bateau ne touche pas le quai et que la passerelle soit toujours tirée. J'en conclus que les arracheurs d'âmes ne volent pas et ne passent pas à travers les murs comme les spectres.

– Bien raisonné, la félicitai-je.

– Si je me trompe, ajouta-t-elle, nous ne serons en sécurité nulle part dans cette cité.

– Me voilà bien soulagé, soupirai-je en forçant un sourire qui devait plutôt ressembler à une grimace. Je sens que je vais dormir comme un ange, cette nuit. Où, au fait ?

Je considérai les façades des maisons de part et d'autre de la rue où nous marchions. Leurs fenêtres obscures n'avaient rien de franchement engageant.

– À moins que nous allions demander l'hospitalité au vieux marin, suggérai-je.

– Je ne pense pas qu'il nous l'accordera. Nous ferions mieux de retourner au rempart. En gardant un œil sur les environs, la nuit nous sera plus légère.

« Espérons », pensai-je.

Main dans la main, nous retournâmes vers la porte principale.

36

Massacre au son du canon

Avant que nous montions nous installer dans la salle des gardes du châtelet d'entrée, à deux pas du chemin de ronde, je songeai à récupérer dans une maison choisie au hasard, au nez et à la barbe d'une grand-mère zombie, deux chaudes couvertures de laine. En attendant le marchand de sable, assis chacun dans un créneau, les jambes pendant dans le vide, nous observâmes l'installation de nos ennemis. Ils allumèrent des feux assez grands pour tenir jusqu'à l'aube. Les soldats s'assirent autour, tandis que les chevaliers ripaillaient dans leur confortable tente. À ma grande honte, je ne pus m'empêcher de souhaiter malheur à ces derniers, c'est-à-dire de subir le même sort que les habitants de Firit. Si j'avais su à ce moment-là ce qui les attendait, une telle pensée ne m'aurait pas effleuré. Peut-être même aurais-je pris le risque de les avertir.

Les premières heures, nous les passâmes dans une paisible atmosphère de clair de lune, bercés par des chants mélancoliques. La plupart des hommes de troupe sommeillaient, enveloppés dans des manteaux. Quelques-uns veillaient en jouant aux dés ou en contemplant la danse des flammes. Une interminable série de bâillements me convainquit qu'il était temps pour moi de gagner les bras de Morphée. J'aurais préféré ceux de Lizlide, mais mon elfe ne dormant, comme je l'ai déjà dit, que d'un œil, elle choisit de monter la garde.

Un certain temps plus tard, je fus réveillé par le grondement sourd et lointain d'un orage. Par la meurtrière, j'aperçus un éclat de lumière blanche. Je me retournai et me recroquevillai en chien de fusil. Je pensais aux hommes de Morte-Mère qui n'allaient pas tarder à recevoir des trombes d'eau sur la tête. À peine étais-je reparti au doux pays des songes qu'une main délicate se posa sur mon épaule.

— Thédric ? murmura Lizlide.

— Hum... moui ? C'est pourquoi ?

— Il se passe quelque chose... Lève-toi, je t'en prie.

Je me redressai sur un coude, contemplai le pâle ovale du visage de mon elfe, à peine visible dans la pénombre. Je tendis l'oreille... et rendis mon verdict :

— Ce n'est qu'un orage. Allonge-toi près de moi. Ta chaleur me manque.

— Thédric, ce n'est pas l'orage qui approche du camp de Frontporte-Haut.

Un doute m'assaillit.

— Que veux-tu dire ? m'enquis-je en m'asseyant.

— Viens te rendre compte par toi-même.

Le cœur serré d'appréhension, je suivis ma compagne jusqu'aux créneaux. Sur le coup, je ne vis rien que de très normal. Les feux avaient certes perdu de leur vigueur et le ciel était devenu noir d'encre, mais pour le reste... Un éclair zébra à nouveau les ténèbres du côté des collines boisées, illuminant la lande et le camp. Alors je compris !

— Qu'est-ce que c'est que ça ? mumurai-je, abasourdi.

— Les arracheurs d'âmes, répondit Lizlide.

Un vent glacé nous gifla le visage, comme si une nuée de spectres précédait la horde que j'avais entrevue à la faveur d'un éclair. Le suivant me fournit une vision plus précise de la longue file d'individus qui approchaient par la route de l'ouest. C'était une procession aussi curieuse qu'impressionnante de têtes chauves et blanches, posées sur des corps bossus enveloppés dans de longs manteaux de toile cirée noire. Je notai également que derrière leur tête s'élevait un singulier col en arceau. Globalement, hormis cet insolite accessoire et leurs épaules exagérément basses, ils présentaient les mêmes caractéristiques que les chasseurs d'âmes, ce qui ne me surprit guère.

— C'est l'heure du festin, murmurai-je.

La pluie commença à tomber, mais notre effroi était tel que nous étions littéralement figés sur ce chemin de ronde. Dans un concert tonitruant de claquements et de roulements de tonnerre, les flashs lumineux de l'orage se multiplièrent, nous permettant de suivre quasiment en continu la progression des vampires. La colonne arriva bientôt au contact de trois sentinelles. Les arracheurs les cernèrent, sans se hâter. On eût dit des manchots empereurs manœuvrant pour se tenir chaud. Il me sembla que les malheureuses victimes s'écroulèrent avant d'avoir eu le temps de réagir. L'obscurité régna ensuite un long moment, me mettant au supplice. C'est alors qu'apparurent trois minuscules points lumineux, qui se dandinaient comme des lucioles géantes. Un éclair illumina à nouveau le paysage ; la colonne s'était remise en marche. Une dizaine de soldats se précipitèrent à l'attaque et subirent le même sort que leurs camarades, du moins le déduisis-je puisque, après quelques minutes, un nombre équivalent de lumières blanches se joignirent aux trois premières. Des appels aux armes s'élevèrent enfin, ainsi que la plainte des trompes d'alarme.

Le campement s'anima dès lors comme une fourmilière piétinée.

Dans le halo rougeoyant des feux, nous voyions passer des hommes manifestement paniqués, l'épée au poing. Les silhouettes ténébreuses des arracheurs se répandirent dans le camp, tel un flot de bitume. Les cris de guerre ne tardèrent pas à se muer en hurlements de terreur, en appels au secours, en gémissements poignants... Mon attention se fixa sur une scène ahurissante que ma vue devenue perçante et un brasero à proximité me permirent de suivre à peu près distinctement. Un soldat à demi équipé vint se planter à quelques pas de trois arracheurs marchant de front. Il les défia, brandissant son épée et crachant des insultes. Nullement impressionnées, les créatures s'approchèrent de l'intrépide. Celui-ci porta une attaque fulgurante et réussit à embrocher l'un des arracheurs qui s'effondra, comme n'importe quel mortel, notai-je avec satisfaction. J'aurais volontiers applaudi à cette petite victoire, si elle avait changé quelque chose au sort du soldat. Ce dernier leva son épée pour frapper à nouveau, mais son geste devint lourd et malhabile. Il recula, se retourna pour fuir, mais ses jambes semblaient ne plus vouloir répondre. Alors qu'il se recroquevillait sur lui-même, vaincu par quelque atroce douleur, l'un des deux arracheurs vint lui poser une main sur la nuque, ce qui finit de le paralyser. Quand la victime bascula sur le côté, raide comme une statue, j'en eus le souffle coupé. Le troisième vampire se pencha sur lui. Je ne pus voir à quelle odieuse opération il se livra, mais j'en découvris le résultat quand il se redressa. Il serrait dans sa main droite une sphère de la taille d'une orange, qui brillait comme une lanterne. De la manche gauche de son manteau, il tira une tige à l'extrémité recourbée. Avec effarement, je le vis accrocher la boule lumineuse à cette crosse, puis s'éloigner ainsi qu'un gosse à qui on aurait offert un lampion dans une fête foraine. Un peu plus tard, j'aperçus un autre de ces monstres qui tenait une semblable canne, à laquelle étaient suspendues trois boules lumineuses.

Horrifiée par ce massacre, Lizlide s'était blottie contre moi et tremblait. Je me rendis compte que moi aussi j'étais transi. Le froid et la pluie qui nous rinçait copieusement n'y étaient pas pour rien.

— On en a assez vu, décrétai-je. Retournons à l'abri.

— Non, Thédric, il faut qu'on sache ce qu'il va encore se passer.

— D'accord. Mais rentrons dans la guérite.

C'est ainsi que, drapés de laine, chacun debout devant une meurtrière, nous assistâmes à la suite de l'hécatombe, dont la fureur résonnait sur la lande comme sur une plaine de l'enfer. Dans ma naïveté, je pensais que nous ne serions pas plus touchés par ce drame que des spectateurs impuissants, que très vite un silence sépulcral retomberait sur ce théâtre de l'horreur. Enfin que, à l'instar de l'orage, les arracheurs s'en retourneraient vers leur sinistre maître, avec leur lumineuse moisson d'âmes.

Je le crus vraiment... jusqu'à ce que se produise un abominable retournement de situation.

37

Les arracheurs d'âmes aux trousses

D'abord, nous vîmes un nombre important de soldats d'Igrasse de Frontporte-Haut se rassembler à l'est du camp, épée au poing. Quelques-uns, parmi les plus vaillants, tentèrent une attaque frontale contre les arracheurs qui commençaient eux aussi à se regrouper, toujours avec la même lenteur mécanique. Bien qu'ils fussent parvenus à occire un nombre non négligeable de leurs ennemis, les hommes finirent par subir le funeste engourdissement précédant le vol de leur âme. Les survivants, pas plus d'une trentaine, n'avaient d'autre échappatoire que de se réfugier dans la citadelle. Sur l'ordre d'un homme en chemise, armé d'une épée et d'une dague, ils se précipitèrent sur la route menant à Firit.

— Ils vont demander qu'on leur ouvre les portes, m'alarmai-je.

— C'est plus que certain, renchérit Lizlide. Que comptes-tu faire ?

— Je ne sais pas... Qu'est-ce que tu en penses ?

— La même chose que toi.

Voilà qui ne m'aidait pas à trancher, car leur ouvrir les portes présentait plusieurs dangers, à commencer par celui de faire entrer des arracheurs. Mais celui qui me préoccupait le plus était de révéler notre présence aux sbires du comtal. J'avais en effet la conviction que leur gratitude à notre égard, si nous leur sauvions la mise, ne pèserait pas lourd en regard de leur loyauté envers leur gargouille de maître.

Après une courte mais intense réflexion, je pris ma décision :

— Nous ne sommes pas censés être là, donc nous ne sommes pas là.

— Veux-tu dire que tu choisis de condamner ces humains ?

— C'est cruel, j'en ai conscience, mais je ne suis pas prêt à nous mettre en danger pour sauver des gens qui ne sont là que pour ramener notre tête à Morte-Mère. Voilà pourquoi je ne bougerai pas. Tu n'es pas de cet avis ?

— J'ai choisi de te faire toujours confiance, dès lors que je n'ai pas de certitude. Donc nous n'interviendrons pas.

Les soldats ne tardèrent pas à venir s'écraser contre les portes de la citadelle. Leurs appels au secours résonnaient dans la nuit orageuse :

— Ouvrez ! Laissez-nous entrer ! Au nom du comtal de Morte-Mère, ouvrez cette porte ou il vous en cuira ! Traîtres ! Canailles ! Sauvez-nous !

Devant le silence des sentinelles zombies qui, du haut des remparts, continuaient à les ignorer, le ton changea : d'autoritaire, menaçant et injurieux, il se fit suppliant, culpabilisant... poignant :

— Pitié ! Ils arrivent, ne les laissez pas nous sucer l'âme ! S'il vous plaît, ouvrez ! Nous vous donnerons de l'orichalque !

Le chevalier de Frontporte-Haut y alla de sa promesse de Gascon :

— Ma fortune, si vous me faites entrer !

Avant d'ajouter :

— Votre infamie pèsera sur votre conscience jusqu'à la fin des temps !

Lizlide tendit l'index vers le campement. Un serpent noir piqueté de points lumineux s'était formé sur la route de Firit. Les éclairs de l'orage faisaient luire les cirés ruisselant de pluie qui, telles des chenilles processionnaires, marchaient vers la citadelle. Avant qu'ils rattrapent leurs proies pour l'ultime curée, je suggérai à Lizlide de quitter notre poste d'observation et de descendre nous trouver une chambre quelque part dans la ville, le plus loin possible de ce lieu maudit.

Armés chacun d'une torche, nous empruntâmes l'escalier à vis partant de la salle des gardes. Nous débouchâmes sous le haut porche du châtelet d'entrée. Je ne pus m'empêcher de jeter un regard vers la double porte, sur laquelle cognaient les désespérés. Les coups redoublèrent quand l'un d'eux annonça en hurlant que les arracheurs d'âmes approchaient. Alors que Lizlide s'éloignait, je peinais à mettre un pied devant l'autre, comme aimanté par la détresse de ces malheureux.

— Viens, Thédric, me pressa ma compagne. Il ne faut pas rester... ou bien ouvrir !

J'étais à deux doigts de céder à cette dangereuse tentation. Pour y résister, il me fallut me souvenir que j'étais un explorateur de l'Imaginaire, un commando spécial formé à surmonter les situations les plus stressantes, à dominer mes élans compassionnels, à...

— Courons ! m'écriai-je.

Nous nous élançâmes sur le boulevard circulaire. Quand nous quittâmes le couvert du porche, la pluie glacée nous gifla au visage et je stoppai net ma course.

— Attends ! hurlai-je.

Lizlide se retourna et me considéra, inquiète. Nous restâmes plusieurs secondes à nous fixer mutuellement du regard. Enfin, j'esquissai un non de la tête. Elle me comprit et sans un mot courut vers le portail. Je la rejoignis et nous unîmes nos forces pour relever la poutre de blocage. Les battants s'écartèrent.

— Entrez ! criai-je, levant haut mon flambeau, et balayant l'air de mon bras libre à la manière d'un sauveteur. Vite ! Vite !

Se bousculant et poussant des cris de déments, les soldats s'engouffrèrent par l'ouverture. Dans leur emportement, ils me renversèrent. Le temps de me relever et de ramasser ma torche, tous étaient passés. La plupart traversèrent l'avenue pour s'égailler dans l'ombre des ruelles. Quelques-uns eurent quand même l'idée de se retourner pour nous aider à refermer l'huis. Mais il était déjà trop tard ! En voyant la tête de colonne des arracheurs d'âmes franchir le seuil de la citadelle, ils firent volte-face et s'enfuirent, nous laissant seuls face à ces humanoïdes blafards.

Ma vaillance me fit dégainer l'épée pour attaquer de front la horde molle.

— Thédric, non ! hurla Lizlide. Il ne faut pas les laisser t'approcher !

Elle décocha une flèche sur le premier vampire, alors que je commençais à éprouver une pénible lourdeur dans le bras droit. Cette sensation disparut d'un coup avec la mort de l'arracheur qui s'écroula sans un cri. Prenant conscience que le combat était d'avance perdu, je tournai les talons. Pour autant, je n'étais pas tiré d'affaire, car l'engourdissement reprit de plus belle, gagnant tous mes membres, transformant ma course en marche de plomb. Cela cessa quand Lizlide abattit son deuxième arracheur. Elle m'attrapa ensuite par un bras et m'aida à prendre le large.

Dans les rues sombres de Firit, je retrouvai bientôt toute ma vitalité. Mais cette expérience me laissa une sensation d'oppression qui ne disparaîtrait qu'avec l'aube. Et celle-ci était encore loin...

38

Et nous perdîmes l'esprit

Nous retrouvâmes certains des soldats que nous avions (au moins provisoirement) sauvés, réunis sur la place centrale de la cité. Agités, essoufflés, désemparés, ils nous regardèrent venir vers eux non pas comme des alliés, mais comme des ennemis potentiels. Un homme en chemise se porta à notre rencontre :

— C'est donc vous ! s'exclama-t-il sur un ton ambigu.

— Oui, nous, confirmai-je.

— Pourquoi avoir tant attendu ? m'interpella avec agressivité un soldat en s'approchant.

— Parce que nous n'avons pas su évaluer le danger à sa juste mesure.

Ce devait être un des chevaliers de Frontporte-Haut. Ce dernier calma l'agité d'un geste autoritaire.

— Ce n'est pas le moment des explications, trancha-t-il. Vous êtes, semble-t-il, les engeances que nous traquons.

La moutarde me monta au nez instantanément.

— Si ce sont des engeances que vous recherchez, alors il vous faudra tourner le regard ailleurs, car nous n'en sommes point. Cela dit, nous reconnaissons que nous n'appartenons pas au même monde que vous, monsieur.

Il eut un sourire sarcastique.

— Sachez que chasser des gibiers de votre espèce ne m'apporte aucun agrément, puisque je ne serai pas celui qui jouira de la mise à mort. De fait, si vous nous trouvez une solution pour échapper aux arracheurs d'âmes, je jure de vous laisser le temps nécessaire pour qu'on ne puisse plus vous rattraper.

J'échangeai un regard avec Lizlide et une même pensée : « Ce type est un homme de la pire espèce, il n'a aucune parole. » J'affichai néanmoins une niaise satisfaction et lui donnai ma réponse :

— Cela nous convient. Voici comment ne pas tomber sous les crocs de ces vampires...

— Vampires ?

— Pingouins, si vous préférez (Il ne comprit pas davantage.) Votre salut sera de fuir par une poterne, puis un escalier menant au port. De là, vous pourrez contourner la ville, tandis que les arracheurs seront occupés à vous chercher ici. Vous retrouverez vos chevaux et prendrez le large sans être inquiétés.

La vérité, c'est que j'avais la certitude que, hors les murs comme à l'intérieur, si l'on traînait dans les rues, il n'y avait point de salut. La seule issue était plus sûrement de s'enfermer à double tour dans une maison et d'y attendre que passe la nuit, solution que je n'envisageais, bien sûr, que pour Lizlide et moi.

— Et vous, que ferez-vous ? me questionna Frontporte-Haut, suspicieux.

— Nous partirons, soyez-en convaincu, vers un autre horizon que le vôtre. Nous oublierez-vous ?

— Sur mon honneur, je le jure ! clama-t-il, une main sur le cœur.

Son expression à cet instant, sous la lumière du flambeau que brandissait un écuyer à sa droite, était d'un cynisme évident. Notre cause était entendue : dès l'aube, la chasse reprendrait.

— Ils arrivent ! cria un soldat posté en sentinelle à l'entrée d'une rue.

Je jetai un bref coup d'œil dans cette direction, puis m'exclamai :

— Suivez-nous !

C'est ainsi qu'à petites foulées, sous une pluie battante, nous guidâmes à travers la ville les survivants de l'expédition punitive de Morte-Mère. Comme je le soupçonnais, la lourde herse de fer de la poterne était baissée. Sans m'en émouvoir, je me ruai vers un escalier de pierre tout proche, menant au sommet du rempart. En aplomb de la poterne avait été édifiée une guérite qui, à l'évidence, abritait le mécanisme commandant la levée de la herse. Sous le regard inquiet des soldats et de leur chef, je montai à l'assaut de la muraille, puis disparus dans la tourelle. Le grelottement des chaînes et le grincement des poulies ne tardèrent pas à couvrir le crépitement de la pluie. Et la herse s'éleva ! Les soldats n'attendirent pas que je sois redescendu pour s'engouffrer dans le passage et disparaître dans la nuit. Même ce félon de Frontporte-Haut déguerpit comme un chenapan.

Poings sur les hanches, je me plantai devant la poterne au-delà de laquelle s'éloignaient les flambeaux des fugitifs.

— Les salauds, ils auraient pu nous remercier, grommelai-je.

— Les maîtres de cette sorte ne remercient pas leur chien, déclara Lizlide.

Elle avait dramatiquement raison, ce qui m'ôta définitivement toute honte de les avoir envoyés se faire sucer l'âme ailleurs.

— Tu ne rabaisses pas la herse ? s'inquiéta Lizlide.

— Si nous avons besoin de quitter la ville en catastrophe, je préfère savoir que cette issue est ouverte.

— Je suppose que nous devons trouver une maison dans laquelle nous enfermer jusqu'à l'aube.

— Mais oui, belle dame, et prestement !

Nous échangeâmes une pensée d'amour puis, main dans la main, nous nous mîmes en quête d'un logement sûr et, si possible, pas trop miteux. Malheureusement, notre affaire s'avéra vite compliquée.

— Fermée ! maugréai-je une nouvelle fois.

C'était la dixième porte que je tentais d'ouvrir sans succès. La onzième, pareillement verrouillée, me mit en rage. Je cognai dessus d'abord avec les poings, puis à coups de bottes. Exaspéré par ce nouvel échec, je proférai des jurons, puis essayai à grands cris d'alerter les hypothétiques habitants des lieux, sans plus de résultat. À court d'argument, je décidai d'enfoncer l'huis au risque de me démolir l'épaule, ce qui faillit se produire tant il était épais et sans doute consolidé par un système de blocage digne d'une forteresse miniature. Vaincu, je dus me résigner à envisager une autre solution.

— Je crois que nous avons fait une petite erreur de calcul, avouai-je.

Lizlide me lança un regard qui m'incita à rectifier :

— *J'ai* fait une erreur. Si tu as une idée pour la suite, je suis preneur.

La réponse fut vite trouvée, car à cet instant précis, au bout de la ruelle, un éclair nous révéla trois silhouettes noires marchant vers nous en file indienne. Sans cela, ils nous auraient sûrement eus par surprise, puisque Lizlide était incapable de capter la présence de créatures sans âme.

Nous retournâmes en hâte à la poterne. En nous y engageant, je suggérai :

— Il faut qu'on demande asile au vieux marin !

— Il refusera.

— Non, je ne crois pas. Ce serait trop... (La pluie avait rendu glissant l'escalier que nous dévalions.) inhumaaaaain ! criai-je.

Mon pied droit ayant ripé sur une marche, je dégringolai les dix suivantes sur le dos. Mes os s'en souviennent encore...

Après cet accident, qui heureusement ne se solda que par des douleurs dans la hanche et les côtes et un froissement musculaire à la cuisse droite, j'avais doublement hâte de trouver un refuge. Pour comble de malchance, j'avais laissé échapper le flambeau dont j'étais porteur. Il avait fini sa course dans une crevasse remplie d'eau où il s'était éteint dans un ultime grésillement. C'est donc dans le noir que nous descendîmes le chemin caillouteux, tortueux, escarpé, jusqu'au port. Pour ma part, ce fut en boitant, en grimaçant et à tâtons. Lizlide, quant à elle, disposait d'une vision lui permettant de se déplacer dans les pires conditions, sans plus de difficultés qu'en plein jour - je me souviens d'avoir à cette occasion prié le dieu des elfes d'accélérer mon processus d'élévation, afin que je dispose au plus vite des mêmes aptitudes. Mon amour me prit la main et m'aida à marcher, ainsi qu'on guiderait un aveugle qui viendrait de perdre sa canne. En arrivant sur le port, j'éprouvai un vrai soulagement, persuadé qu'avant cinq minutes nous serions en sécurité sur un galion, à siroter une tisane bien chaude.

— Thédric, ils sont là ! m'avertit soudain Lizlide.

Je tournai la tête de tous les côtés.

— Où ça ?

Elle tendit l'index vers le quai sud. Je constatai avec horreur qu'une vingtaine de pingouins se dirigeaient vers nous à petits pas, en rang d'oignons, indifférents au déluge qui faisait luire leur crâne blanc et leur ciré de ténèbres. Malgré la douleur qui me vrillait la cuisse, je me mis à courir, serrant la main de Lizlide comme s'il se fût agi de celle de ma mère. Je dois reconnaître qu'à ce moment-là j'étais habité par une véritable terreur d'enfant et le contact ferme et doux de mon elfe m'était d'un réel secours. Nous parvînmes ainsi rapidement à la hauteur du navire. Aussitôt, je commençai à m'époumoner. En attendant que notre sauveur daigne se manifester, Lizlide prit son arc en main. Les arracheurs d'âmes ne tardèrent pas à se présenter sur le quai est. Le premier de la file tomba, une flèche d'orichalque plantée dans le front.

— AU SECOURS ! hurlai-je. Aidez-nous ! Réveillez-vous, M... !

Mes appels et mes jurons ne semblaient d'aucun effet, jusqu'à ce qu'enfin une lucarne s'éclaire sur la coque, du côté de la poupe. L'ombre d'une tête s'y découpa. Je redoublai d'efforts pour qu'elle se presse de répondre à mes appels.

Après avoir abattu son troisième arracheur, Lizlide m'avertit :

— Ils sont plus nombreux qu'il ne me reste de flèches. Si le marin ne nous fait pas monter sur son navire dans la minute, nous sommes perdus.

— Alors nous sauterons à l'abordage ! criai-je. Il n'y a pas plus de trois mètres, c'est jouable.

— Pour un elfe, sans doute, mais pour un humain c'est impossible.

— Je tomberai à l'eau, et alors ? Tu n'auras qu'à me récupérer une fois que tu seras sur ce rafiot.

— Si les arracheurs d'âmes ne t'engourdissent pas, ce sera le froid qui le fera.

— Nous verrons. Saute, Lizlide ! Vas-y avant qu'il soit trop tard !

Elle décocha sa dernière flèche et à nouveau le vampire de tête s'effondra, sans que la chenille de la mort s'arrête pour autant.

— Obéis-moi, Lizlide ! suppliai-je. Au nom de notre amour, sauve ta vie !

— Un elfe ne peut répondre à un tel ordre. Je t'aime, Thédric.

Nous nous regardâmes. Il se passa alors une chose étrange et, je dois le dire, merveilleuse malgré les circonstances : la peur nous avait soudain quittés. Mourir ne nous paraissait finalement pas un si grand malheur puisque nous restions ensemble. Quant à nos âmes, elles étaient évidemment inséparables.

Lizlide laissa tomber son arc et nous nous enlaçâmes. C'est alors qu'enfin, sur le pont du galion, apparut une lanterne, tenue par un vieillard en chemise de nuit. Il s'avança jusqu'au bastingage et leva sa loupiote qui éclaira son visage, dont l'expression nous stupéfia : il souriait.

— Tiens donc, des revenants ! s'exclama-t-il joyeusement.

Je me séparai de Lizlide et dégainai mon épée.

— Amenez la passerelle, m'écriai-je. Il est encore temps !

— Pas sûr, dit-il.

Si je l'avais eu à cet instant à portée de main, nul doute que je lui aurais tordu son cou de pintade. Et je me retins de justesse de l'injurier.

— Envoyez-nous au moins une corde ! le suppliai-je.

Il fit non de la tête, me laissant abasourdi.

— Il est inutile d'insister, déclara Lizlide avec calme.

L'homme se détourna, haussant les épaules avec fatalisme. Tout espoir s'éteignit avec sa disparition. Je fis volte-face et me jetai à corps perdu dans l'attaque de la colonne. Je décapitai sans façon le premier arracheur - sa tête roula sur le quai et tomba dans l'eau noire. Le suivant perdit un bras, le troisième fut embroché jusqu'à la garde. C'est à partir du quatrième que mon épée commença à s'alourdir et mes membres à s'engourdir, exactement comme dans ces cauchemars où l'on ne parvient plus à mettre un pied devant l'autre, alors qu'il faudrait fuir... Ma vue ne se brouilla pas, mais il eût sans doute mieux valu. Parvenant à me retourner, je vis mon amour ployer devant un arracheur qui était parvenu à l'approcher. Il tendait vers elle une main aussi blanche que son crâne. Le regard de Lizlide et le mien s'accrochèrent et ne se lâchèrent plus. Bientôt, je me retrouvai à mon tour à genoux et cerné. Une main glacée se plaqua sur ma nuque, injectant dans mon corps un froid qui acheva de le paralyser. Le son métallique de ma lame tombant sur le sol résonna dans ma tête, me tirant une grimace de douleur. Je garde l'image très nette d'un arracheur d'âmes se penchant sur moi. Son visage glabre affichait une concentration surprenante pour un être dépourvu d'humanité. Il approcha de mon front une sorte de pentacle de fer, de la taille d'une médaille. Il me semble que la figure centrale représentait une silhouette de hibou. Il appliqua l'objet sur ma peau. Mon sang se glaça, puis j'éprouvai une sensation épouvantable d'arrachement intérieur... de succion spirituelle.

39

L'offrande

Une deuxième, puis une troisième tête blanche entrèrent dans mon champ de vision. Les arracheurs chuchotaient en échangeant de furtifs regards. J'avais l'impression d'être une énigme scientifique sur laquelle se penchaient et s'interrogeaient des savants extraterrestres. La vivisection n'allait sans doute pas tarder. À cette pensée affreuse, une peur panique me submergea, mais j'étais dans l'absolue incapacité de prendre mes jambes à mon cou. Même mes yeux ne pouvaient plus bouger. Finalement, les faces de pingouin se retirèrent, remplacées par un plafond bleu nuit que j'aurais volontiers pris pour un ciel nocturne. Après une interminable attente dans une angoissante incertitude, il se passa un événement que sur le coup je ne compris pas. Le décor tressautait autour de moi, comme l'image d'un film d'amateur. Je captai des grommellements inquiétants, un juron, une respiration rapide et rauque. « Mon Dieu, réalisai-je soudain, on est en train de m'emporter ! » J'imaginai avec horreur mon âme lumineuse se dandinant dans une sphère, au bout d'une crosse d'arracheur d'âmes. J'étais comme un défunt conduit par Charon sur l'autre rive du Styx. Il me fallut mobiliser toutes mes ressources psychologiques pour ne pas chavirer dans la folie. Pour cela, je me forçai à raisonner scientifiquement : « Ainsi, une âme sans corps pense et voit presque normalement, me dis-je. En revanche, je n'éprouve plus aucune sensation, ce qui signifie que je serai dispensé de tourments physiques... »

Une première raison de positiver la situation. Restaient les tortures mentales : je me demandai ensuite si j'allais être à jamais séparé de Lizlide. Je refoulai cette éventualité avec violence. « Peut-être, espérai-je, nous fondrons-nous l'un dans l'autre pour ne plus former qu'une seule entité. Il suffit de le vouloir très fort... »

Je continuai à converser avec moi-même, jusqu'à ce que j'éprouve la première douleur.

Elle se manifesta d'abord dans les extrémités, comme si j'avais encore eu des pieds et des mains. Puis elle remonta le long de chacun de mes nerfs, transformant avec une lenteur sadique mon pauvre corps virtuel en un épouvantable sac de souffrance. Pour s'en faire une faible idée, il suffit de se souvenir de ces fourmis qu'on doit endurer après être resté trop longtemps dans une mauvaise position, lorsque le bras ou le pied se réveille et que la circulation sanguine se rétablit.

Tout en gémissant intérieurement, je me demandais si finalement ce martyre n'était pas une bonne nouvelle, car cela voulait dire que j'avais gardé mon enveloppe charnelle. Le soupçon devint certitude lorsque je bougeai les doigts, puis les bras et enfin la tête ! Une plainte sur ma droite m'informa que Lizlide était toute proche. Je regardai... mais oui ! Elle était là, allongée et remuant mollement. Une ombre se pencha sur elle. Une main se posa sur son épaule. Une voix de vieillard l'encouragea :

— Ça ira, madame ? Et vous, messire Thédric ?

— Aon... oin.

J'étais encore incapable d'articuler une réponse compréhensible, mais dans ma lucidité retrouvée, je me rendis compte avec un infini soulagement que nous nous trouvions sur le pont du galion, avec chacun un coussin sous la tête.

— Je sais ce que ça fait, déclara le marin. Des crampes à s'en taper la tête sur le mât. Rassurez-vous, ça va passer. Avant une heure, vous trotterez comme des souriceaux ressuscités.

Il s'assit sur un rouleau de cordage, puis patienta en fumant tranquillement sa pipe. Elle dégageait une forte odeur d'herbe brûlée qui me rappela des souvenirs d'enfance, quand j'allais assister à l'écobuage chez nos voisins paysans, en Auvergne...

Nous finîmes par trouver la force de nous redresser. Je m'emparai de la main de Lizlide, que je trouvai affreusement glacée, et la gardai dans les miennes. L'engourdissement de mes mâchoires s'estompa complètement, ce qui me permit de questionner le marin :

— C'est vous qui nous avez transportés ici ? Qu'est-ce qui s'est passé ?

— Il s'est passé que... c'est beau, l'amour !

— Pardonnez-moi, monsieur... monsieur comment, au fait ?

— Artimiston Clairdemer, dit Pafroiauzieux. Mais ça, c'était avant... avant eux. Appelez-moi Artimiston.

J'acquiesçai, puis m'efforçai de rassembler mes idées.

— Pourquoi les arracheurs d'âmes ne nous ont-ils pas emmenés ?

— Parce qu'ils sont tombés sur une trop grosse arête, hé hé ! Bien pris, les *arsouins* ! L'amour, c'est plus fort que la superpoix que mes charpentiers utilisaient pour recoller les morceaux de ce rafiot. Y a que les âmes qui n'ont pas l'amour vissé en fond de cale qui sont à la merci des surineurs. À voir leur pêche quand ils débarquent, ils ne sont pas nombreux ceux qui s'aiment sur cette terre.

— Vous ne faites donc pas partie de ceux-là, n'est-ce pas ? dis-je.

— C'est pourquoi je ne me risquerais pas à aller leur taquiner le bec.

Je serrai Lizlide contre moi. Elle se remettait plus difficilement que moi de l'attaque. Elle grelottait et gémissait, comme un enfant malade en proie à une douleur lancinante.

— Vous pourriez nous apporter une couverture, s'il vous plaît ? demandai-je.

Le marin sursauta.

— Oh, c'que je suis nuchon ! Bougez pas ! s'exclama-t-il en se levant vivement.

« On ne bouge pas, promis », pensai-je, avec un sourire intérieur. Artimiston revint bientôt avec une grosse couverture de laine. Je le remerciai, mais je me rendis bientôt compte que cela ne suffirait pas :

— Il serait mieux que Lizlide puisse se rallonger et peut-être boire quelque chose de chaud, suggérai-je.

— Ah ? Eh bien... c'est que... faut voir.

L'hésitation du vieil homme m'intrigua, mais ma priorité était de mettre au plus vite Lizlide à l'abri du vent et de la pluie qui risquait de reprendre.

— Vous savez, si c'est parce que vous n'avez pas fait le ménage depuis un siècle, on s'en fiche, insistai-je.

— Bah, c'est pas ça. C'est à cause de... Oh et puis zut, suivez le poisson pilote !

Il se leva et nous mena vers l'arrière du bateau où se trouvait la cabine du capitaine. Lizlide et moi marchions comme des petits vieux perclus de rhumatismes. C'était horrible ! Nos articulations criaient grâce à chaque mouvement. Blottis l'un contre l'autre, partageant la même couverture, nous pénétrâmes dans une pièce faiblement éclairée par deux ou trois chandelles de suif qui dégageaient une odeur écœurante. Le marin nous désigna une alcôve vers notre gauche, dans laquelle était aménagée une couche aux draps gris.

— Allongez-vous là, belle dame, dit-il.

Il nous devança pour aller tapoter l'immonde couchette. En traversant la pièce, je vis soudain luire un regard dans un recoin sombre. Je tressaillis. Une femme nous observait... Quoiqu'on eût plutôt dit qu'elle contemplait l'abîme qui nous séparait. C'était une vieillarde aux cheveux jaunâtres, très longs et très sales, au visage blafard, sillonné de profondes rides. Elle était assise dans un grand fauteuil d'osier, serrant contre sa poitrine un châle noir.

– Ah, voilà... Je vous présente Anacbeth, mon épouse, ou ce qu'il en reste, déclara Artimiston. Je suis désolé de vous infliger ce spectacle. Je n'ai jamais pu me résoudre à la jeter aux crabes.

– Les arracheurs ont emporté son âme, déduisis-je.

– Eh oui, soupira-t-il. Faut croire qu'on n'était pas sur le même pont, elle et moi. D'ailleurs, c'était le cas, puisqu'elle était au ravitaillement et moi sur notre bateau quand ils nous sont tombés dessus. C'est trop bête, hein ? (Il haussa les épaules, puis ajouta comme s'il se parlait à lui-même :) Et c'est moi qui ai eu cette fichue idée de faire escale à Mauduit-Sad...

– Mauduit-Sad ! répétai-je presque en criant. Il s'agit bien de cette ville qui a connu un grand malheur dans un passé récent ?

– Ma foi, oui, c'est elle.

– Rassurez-moi, Artimiston, ça n'a rien à voir avec Firit ?

– Ben si. Mauduit-Sad, c'est le surnom qu'on a donné à ce port après que les arsouins lui furent tombés sur la coque.

En une fraction de seconde, le voile de ma naïveté s'envola et je découvris toute l'étendue de notre propre malheur. Lizlide me regarda avec tristesse :

– Je l'ai deviné dès que nous avons pénétré dans cette ville, murmura-t-elle.

– Pourquoi est-ce que tu ne m'en as pas parlé ? lui reprochai-je.

– Je ne sais pas. Peut-être parce qu'il était trop tard, ou alors parce que j'étais convaincue qu'il fallait en passer par là pour avancer. Cette cité est une étape de notre épopée, et je doute que nous puissions échapper aux suivantes.

J'étais abasourdi, consterné, anéanti.

– Vous avez une chaise, s'il vous plaît ? Il faut que je m'assoie.

Finalement, Lizlide ne se coucha pas. Nous nous installâmes derrière la table où le marin prenait ses repas, sur un banc fixé à la paroi de la cabine. Pour travailler, Artimiston disposait d'un bureau cloué au plancher dans l'autre partie de sa cabine, ainsi que d'une étonnante bibliothèque aux rayonnages croulant d'ouvrages. Il s'excusa de nous abandonner un moment.

— Je vais faire chauffer l'eau pour le thé.

Il disparut par une porte basse qu'il referma derrière lui. Durant son absence, Lizlide et moi eûmes un échange qui ne me remonta pas le moral :

— Melgan nous a bien eus, maugréai-je. Si je le tenais, je crois que je serais capable de lui faire la peau et de la hisser au sommet du grand mât comme un fanion.

— Melgan n'est qu'un pion, tu le sais bien. C'est le maître des Épopées qui tire les ficelles.

— Alors, c'est lui que j'aimerais écorcher vif.

— C'est ce qu'il attend, sans nul doute...

— Que je l'assassine ?

— Que nous allions à sa rencontre...

— S'il n'y a que ça pour lui faire plaisir.

— Avec l'âme d'Artimiston Clairdemer.

Je frissonnai et restai un moment sans voix, avant de lâcher entre mes dents :

— On est vraiment dans la merde.

Notre hôte reparut, avec un pot fumant et trois chopes d'étain. Il s'efforçait de sourire, mais derrière cette brave figure, nous percevions un malaise, ou plus sûrement une inexplicable peur. Il nous servit un breuvage brunâtre, dont je préférai ne pas connaître la composition (le goût était toutefois supportable), puis il demanda :

— Et si on ouvrait votre livre de bord ? Vous ne devez pas être de n'importe quelle eau pour que le maître des Épopées s'intéresse à vous comme ça.

Je ne pus ensuite m'empêcher d'esquisser un petit sourire de fierté, avant de répondre :

— Il est vrai qu'on trouve héros plus ordinaire...

J'entrepris ensuite de lui résumer mon parcours supra-exotique ou « comment un étudiant en droit qui s'ennuie à mourir sur la Terre devient un touriste de l'Imaginaire, puis le responsable involontaire et en même temps la clé d'un conflit formidable, puis le fiancé improbable d'une elfe de la forêt d'Émeraude, puis... ». Nous y aurions sûrement passé la nuit si Lizlide ne m'avait suggéré de sauter quelques épisodes. J'en vins donc à raconter notre cavale en ce monde. Lorsque j'évoquai le devin Melgan, le marin m'interrompit :

— Je connais cet homme. On prétend qu'il est la voix du maître des Épopées. Que vous a-t-il dit à propos de votre mission à Mauduit-Sad ?

— Que nous devions nous y rendre, ce que nous pensions bêtement ne pas faire en venant ici.

Je ne m'étendis pas plus sur le sujet, ne souhaitant pas encore aborder le point délicat de notre affaire. Cependant, Artimiston ne voulait pas en rester là :

— Hum... mais encore ?

— Rien d'important, puisque nous ne comptons pas obéir, éludai-je.

Puis je me hâtai de passer à l'épisode suivant, celui où nous échapperions aux griffes du destin :

— Combien de temps vous faudrait-il pour appareiller avec ce vaisseau ?

— Quelques heures. Mais sachez que je n'ai pas l'intention de m'éloigner de ce continent sans mon épouse.

— Quel espoir vous reste-t-il ? demandai-je, un peu maladroitement.

— Melgan m'a expliqué que le maître des Épopées s'abstiendrait de dévorer l'âme de mon Anacbeth tant que je resterais dans ce port. Il a ajouté qu'il était possible qu'un héros parvienne un jour jusqu'à lui et obtienne que nous soyons à nouveau réunis. Il y aurait quand même une condition, mais il n'a pas voulu me la donner. Peut-être que, vous, vous la connaissez...

Je jetai un coup d'œil à Lizlide que le drame de ce malheureux homme affectait visiblement, puis émis un soupir. Que dire ? La vérité, crue et cruelle ? Je préférai laisser à mon elfe le soin de trouver les mots, ce qu'elle devina :

— Notre espoir de regagner le royaume des Sept Tours repose sur notre aptitude à surmonter les épreuves vers lesquelles Melgan nous guide, affirma-t-elle. Dans cette cité, nous devions affronter les arracheurs d'âmes. C'est fait. Nous sommes en train de subir la nouvelle épreuve...

Le vieil homme haussa ses sourcils broussailleux.

— Il est si mauvais que ça, mon thé ?

Je n'osai sourire, n'étant pas certain qu'il s'agisse d'un trait d'humour.

— Allez, belle dame, lâchez les voiles ! l'encouragea-t-il avec un geste fataliste de la main.

Je pris le relais :

— Le maître des Épopées veut que nous venions à lui avec une offrande.

Une lueur d'intérêt brilla dans les yeux pâles du marin.

— Tiens donc. Je me demande bien ce que c'est.

— Vous.

Il éclata de rire.

— Tu peux compter sur moi, moussaillon ! s'écria-t-il. On part demain, si vous êtes en forme. Moi, j'ai juste à enfiler ma tenue de combat, et voguez jeunesse !

À mon expression embarrassée, il déduisit que l'offrande était d'une nature sensiblement différente.

— En fait, c'est... comment vous dire ? Pas vous... vous, sur pied. Je veux dire..., m'embrouillai-je.

Lizlide trancha :

— C'est votre âme que nous devons amener au maître des Épopées.

L'homme en resta bouche bée. Après plusieurs secondes de stupeur, il se tourna vers sa femme et lui dit :

— Qu'est-ce que t'en penses, mon petit poisson lune ? Hein... ? Eh oui, tu es de mon avis, ils n'en voudront jamais, de l'âme de l'Artimiston, plus sèche qu'une vieille noix ! (Nous regardant à nouveau, il demanda :) Qu'est-ce que vous voulez qu'il en fiche, l'Avaleur d'âmes ? Une petite bouchée qu'il recrachera en disant : « Beurk ! L'est trop rance, ce vieux croûton ! »

— Rassurez-vous, Artimiston, assurai-je, nous n'avons absolument pas l'intention de vous demander un sacrifice aussi odieux.

— Non ?

— Non.

— Alors comment que vous comptez revenir au port ?

Je haussai les épaules de résignation.

— Nous trouverons une autre solution. Pour nous, la seule chose qui compte, c'est ne pas être séparés.

Ce disant, je pris la main de Lizlide, dont la tiédeur me rassura. Il était vrai, en y réfléchissant, que le monde pouvait s'écrouler autour de nous, je m'en fichais. Nous étions définitivement unis, ainsi que la douloureuse expérience que nous venions de vivre le prouvait. Je m'aperçus alors que le marin observait, avec une tristesse poignante, son fantôme d'épouse prostrée au fond de la cabine.

— Ben oui, murmura-t-il. Nous, ça fait trente ans qu'on nous a enlevé le gouvernail et que notre pavillon est à la dérive dans le néant.

Il nous fixa avec un tel feu de haine dans les yeux que je crus qu'il avait tout à coup décidé de nous chasser de chez lui. Instinctivement, je posai la main sur la garde de mon épée.

— C'est mon âme qu'il vous faut ? grinça-t-il, entre ses dents.

Nous ne répondîmes pas.

— Eh bien, je vous la donne ! clama-t-il en frappant la table du poing.

40

Un (malheureux) élan de haine pure

Artimiston nous a offert son âme et nous l'avons acceptée. Plus exactement, nous ne l'avons pas refusée. À ma grande honte, j'avoue avoir été soulagé par cette annonce et m'être dit, pour me déculpabiliser, que nous n'étions pas dans la vraie vie mais dans l'Imaginaire, et qu'il le fallait pour que notre épopée avance, et puis que nous n'avions exercé aucune pression... Je n'étais quand même pas très à l'aise. L'affaire étant entendue, il demeurait une question : comment cela devait-il se passer ? Je la posai à Artimiston qui répondit du tac au tac :

— Les arsouins sont comme les requins, jetez un bout de viande à l'eau, ils le flaireront à dix lieues à la ronde. Y a qu'à laisser la passerelle au quai et vous les verrez rappliquer.

Cette perspective me glaça le sang.

— Mais ensuite, une fois qu'ils vous auront... ?

Assassiné ? Vampirisé ? Comme il était difficile de trouver le mot juste !

— Ah çà ! moussaillon, c'est toi le pêcheur ! Moi, je ne serai que l'appât.

J'acquiesçai d'un air gêné. Lizlide glissa sa main dans la mienne. Il fallait avancer.

— Et votre épouse ? Comment survivra-t-elle en votre absence ? m'inquiétai-je.

— Pas de problème pour les dix jours qui viennent, car nous avons ce qu'il faut dans nos réserves.

— Mais saura-t-elle... ?

— Bien sûr ! me coupa-t-il. Comment croyez-vous que les autres font, ceux de Mauduit-Sad ? Ils ont perdu leur âme, pas leur appétit. L'instinct de survie s'occupe d'eux.

— Seulement l'instinct de survie ? m'étonnai-je.

— Ceux qui n'en avaient pas assez sont morts, répliqua-t-il en dardant sur moi un regard dur.

Un pesant silence suivit, durant lequel je repensai à notre voyage jusqu'au palais du maître des Épopées. La carte que nous avait fournie Melgan ne comportait aucune information utile pour une telle expédition. J'en fis part à notre hôte qui, en guise de réponse, se leva pour fouiner dans les rayonnages de sa bibliothèque. Il en revint exhibant un rouleau de parchemin, entouré d'un cordon de cuir. Il me le tendit en marmonnant un « voilà ». Je voulus le déplier, mais il m'en empêcha :

— Pas ça, moussaillon ! s'exclama-t-il en levant les bras au ciel. On ne quitte pas le port quand on sait ce qui vous attend en haute mer. C'est la règle, sur le continent des Épopées !

Sur le coup, je crus qu'il insinuait que nous risquions de prendre peur en apprenant les dangers de ce voyage, et de ce fait d'y renoncer. La vérité était que le maître du jeu interdisait de tuer le suspense en révélant à l'avance aux héros le programme des mauvaises surprises qu'il leur avait concoctées. J'y consentis, tout en me promettant, dès que l'homme aurait tourné le dos, de transgresser cette loi.

— Et si nous revenions à nos arsouins, hein ? reprit-il. Je suis quand même curieux de savoir comment vous comptez vous y prendre pour récupérer ma pauvre âme toute ridée.

Le plan ne fut pas très long à élaborer. Je proposai que Lizlide retourne d'abord sur le port, en espérant qu'il fût déserté, pour récupérer quelques flèches dans le corps des arracheurs qu'elle avait occis. La suite coulait de source...

Lorsque nous pensâmes être psychologiquement prêts, nous regagnâmes l'air libre - qui fleurait bon l'humidité suave d'après l'orage. Muni de sa lanterne, le marin alla s'asseoir sur son rouleau de cordage et s'alluma une pipe. Nous plaçâmes un flambeau sur chaque mât pour éclairer au mieux l'étendue du pont. Alors que je m'apprêtais à descendre la passerelle, je fus pris d'un dernier sursaut de scrupule :

— Artimiston, êtes-vous sûr que... ?

— Encore un mot, garçon, et je change d'avis ! me coupa-t-il.

Je restai coi et commençai la manœuvre consistant à relâcher le système de corde et de palans fixé au grand mât, grâce auquel il était aisé de relever prestement ou de rabaisser l'étroit pont de planches.

— Thédric, attends ! s'écria Lizlide.

Je retins de justesse la corde que je venais de libérer. Elle pointa une direction dans l'obscurité. L'orage s'étant éloigné, nous privant de ses lumières, je dus aller chercher dans une soute, au pont inférieur, un flambeau de poix. Après l'avoir allumé, je le lançai aussi loin que possible dans la direction indiquée par ma compagne. Il rebondit sur le pavement, roula et incendia le ciré d'un arracheur d'âmes. Cette torche vivante révéla non pas dix, mais cent créatures de son espèce ! En fait, ils étaient innombrables, tous tournés vers le bateau, leur tête blanche auréolée de ce curieux col en arceau. J'en eus le souffle et les jambes coupés. Je remarquai aussi qu'aucun ne portait de petite lumière. J'en conclus qu'il s'agissait des chasseurs bredouilles de la soirée, et qu'il ne devait plus rester dans Firit et ses environs d'autres âmes à vampiriser que les trois nôtres.

Le vampire que j'avais incendié quitta le rang pour trottiner vers le bord du quai. Il émettait un curieux mélange de borborygmes et de sifflements. « Sa manière à lui de crier au feu », pensai-je. Il bascula dans l'eau, s'y débattit quelques secondes en crachotant, puis fut happé par les profondeurs.

— Je n'ai pas assez de flèches, nous devons renoncer, déclara Lizlide.

— Mais point du tout ! s'exclama le marin. Soulevez donc le couvercle de ce coffre, là...

Il désignait un compartiment de rangement, à battant incliné, que je m'empressai d'aller ouvrir. Il regorgeait d'un véritable arsenal de piraterie. Me disant qu'il aurait pu nous en parler plus tôt, je lâchai toutefois un sifflement admiratif, puis ce commentaire :

— Ça va être comme à la fête foraine.

Sous des épées de belle facture et des poignards longs comme mon avant-bras, je trouvai des arbalètes et leurs munitions. Certaines étaient de vraies œuvres d'art, avec crosse incrustée de nacre et d'orichalque. Je choisis les deux plus grosses et les carquois assortis. Ensuite, nous allâmes nous positionner sur le pont surélevé du château arrière, à l'abri derrière la rambarde de bois sculptée. J'emportai avec moi la corde qui me permettrait de relever la passerelle dès que ce serait nécessaire. Avant de lancer l'opération, j'adressai une promesse au vieil homme :

— Si tout fonctionne comme prévu, nous trouverons et libèrerons l'âme d'Anacbeth. Et comme nous sommes capables de réaliser des miracles, nous vous ressusciterons tous les deux.

— Ben voyons, marmonna le marin dans sa barbe.

Le pauvre avait depuis longtemps perdu toute illusion. Moi, je croyais encore maîtriser mon destin.

Résolument confiant, j'abaissai la passerelle.

L'arbalète en appui sur la rambarde du gaillard arrière, Lizlide se tenait prête à décocher ses traits meurtriers. Corde en main, je devais attendre que soient montés à bord deux ou trois arracheurs avant de relever la passerelle. Le scénario que nous avions élaboré prévoyait que, en fourmis-zombies consciencieuses, ils se hâteraient avec lenteur d'extirper l'âme de notre hôte puis, s'en retournant, se trouveraient bien marris de ne pouvoir rejoindre leurs congénères. C'était simple, si simple que je ne croyais pas un instant que les choses se passeraient ainsi.

Après quelques minutes d'attente dans un silence bercé par le clapotis de l'eau contre la pierre du quai, nous entendîmes de petits couinements que nous attribuâmes au frottement des manteaux en toile cirée de nos vampires. Ils s'étaient mis en mouvement. Le bruit s'amplifiant, il devint horripilant. Enfin, nous vîmes apparaître la silhouette des arracheurs, progressant sur la passerelle en file indienne. Mon cœur battait à tout rompre et je sentais mes muscles perdre leur force sous l'effet de la peur. « La force ! » m'exclamai-je intérieurement. Une onde d'effroi me picota le crâne.

— Lizlide, m'écriai-je, s'ils sont trop nombreux sur la passerelle, je n'arriverai jamais à la remonter tout seul.

— Ne t'inquiète pas, je ferai le ménage.

Le mot fit pouffer le marin en dessous de nous. Jambes croisées, assis confortablement sur son rouleau de cordage, il observait la scène avec un détachement que je trouvais suspect. Je le soupçonnais d'être persuadé que les arracheurs ne pourraient pas lui voler son âme. Peut-être n'étions-nous pas les premiers héros que Melgan lui avait envoyés. Je n'eus pas le loisir d'échafauder d'autres hypothèses, car Lizlide m'interpella :

— Thédric, tiens-toi prêt.

Les arracheurs étaient parvenus au niveau du pont, quand celui de tête s'immobilisa. Il tourna sa face blême vers nous, regarda Artimiston... nous considéra à nouveau. Ensuite, il pivota à petits pas vers le congénère qui le suivait et entama avec lui un conciliabule de fort mauvais augure. Je supputai qu'ils n'allaient finalement pas se laisser duper ainsi que des insectes stupides. Il fallait pourtant bien qu'ils prennent une décision. Artimiston entreprit de les provoquer :

— Eh alors, les arsouins, vous venez ? Voyez bien que je vous attends... Ah, ne me dites pas que je suis trop vieux, ça me vexerait !

Le premier arracheur reprit sa position. Il descendit la petite marche formée par l'épaisseur de la passerelle posée sur le pont. Ensuite, curieusement, il se dirigea vers la proue. Les autres ne bougeaient pas. Il s'arrêta, plia les genoux et tendit une main vers le plancher. Je me demandai vraiment à quoi il jouait, jusqu'à ce que je m'aperçoive qu'il ramassait une dague que j'avais imprudemment laissée traîner près du coffre.

— Lizlide, abats-le ! criai-je.

L'arracheur se redressa, se retourna et reçut le trait en pleine poitrine. Avant de s'écrouler, il trottina en direction de ses congénères. Le deuxième de la file prit à son tour pied sur le bateau, puis alla ramasser la dague. Il n'eut pas le temps de faire demi-tour, terrassé d'une flèche dans la nuque. Le troisième profita du temps nécessaire au rechargement de nos armes pour parcourir quelques centimètres... Le quatrième gagna un mètre supplémentaire.

— Aide-moi ! lança Lizlide.

Pour me libérer les mains, je nouai au bastingage le bout de la corde actionnant la passerelle, puis me saisis des arbalètes. Une fois armées, je les donnai à Lizlide, qui ne ratait jamais sa cible. À chaque arracheur qui tombait, Artimiston applaudissait et riait, comme à un spectacle de foire.

— Ils sont trop nombreux, ça ne sert à rien ! pestai-je, grimaçant et déjà en nage.

Car tendre ces cordes qui ne l'avaient pas été depuis des lustres était un véritable exercice de culturiste. De fait, les arracheurs finirent par récupérer la dague qu'ils firent rapidement circuler de main en main jusqu'au quai. Là, un certain nombre d'entre eux s'agitèrent autour des cordages, qu'ils ne tardèrent pas à trancher, nous privant de tout moyen de relever le pont-levis.

— Aïe ! Aïe ! Aïe ! fit le marin en secouant une main. Elle tourne au vinaigre, notre affaire.

— Qu'est-ce qu'on peut faire ? le sollicitai-je.

— Vous savez nager ?

— Dans une eau à dix degrés, pas plus de trois minutes, grommelai-je.

Ne craignant plus d'être coupés de leurs arrières, les créatures infernales commencèrent à investir le pont du bateau.

— Artimiston, rejoignez-nous ! criai-je.

Le vieil homme tira sur sa pipe, leva la tête pour nous montrer un visage résigné.

— Quand c'est l'heure, c'est l'heure, soupira-t-il. Personne n'est jamais allé contre la volonté du maître des Épopées, pas plus vous que tous ceux qui vous ont précédés. Pour moi, il est écrit sur le grand livre du Continent que c'est cuit. Mais si messire Melgan vous a mis au défi de rapporter ma pauvre âme racornie à son seigneur suprême, c'est sûrement qu'une solution existe. À vous de la trouver, mes amis. Bonne chance !

En prononçant ces derniers mots, il tourna les yeux dans une autre direction, vers les hauteurs de son voilier. Au bout de la vergue du mât de hune était posé un grand hibou dont la silhouette ovoïde se découpait à peine sur fond de ciel bleu nuit. La vision de cet oiseau de malheur m'inspira une fureur irrépressible. Je m'emparai d'une arbalète, la chargeai avec un grognement rageur.

— Non, Thédric, ne fais pas ça, tenta de me dissuader Lizlide.

— Oh, que si ! répliquai-je.

Je mis l'arme en joue, visai le volatile... Sa tête bougea, comme s'il était interloqué. Le trait que je lui expédiai le délogea de son perchoir dans un jaillissement de plumes. Il s'abattit avec un choc sourd sur le pont, pile au pied d'un arracheur d'âme. Celui-ci émit un couinement et battit des bras de manière comique.

— Touché, coulé ! triomphai-je.

— Tu as eu tort, Thédric, me reprocha Lizlide. Cela va rendre l'Avaleur d'âmes fou de rage, et peut-être compromettre notre retour aux Sept Tours.

— Sans doute, mais ça soulage.

J'étais vraiment hors de moi, au point de ne pas voir le dépit que mon acte idiot avait éveillé chez mon elfe. Les assaillants changèrent dès lors brusquement d'attitude. La plupart tournèrent leur regard obscur vers nous. Il y eut un long silence, puis soudain, ils se précipitèrent (à petits pas) vers l'escalier qui, à bâbord, permettait d'accéder au ponton supérieur où nous nous trouvions.

— Je crois qu'ils ne sont pas contents, lâchai-je sans ironie, car leur démarche grotesque ne les rendait pas moins effrayants. D'autant que, après la chute du hibou, un vent glacé de consternation avait balayé le pont.

— Reculons, proposai-je d'une voix blanche.

Nous prîmes chacun en main une arbalète prête à tirer, puis passâmes à notre cou un carquois plein. J'abattis le premier arracheur qui se présenta en haut des marches. Il bascula en arrière, renversant comme des dominos ceux qui le suivaient. Cela nous donna les quelques secondes de répit dont nous avions besoin pour trouver une échappatoire.

— Dans les hauteurs, s'exclama Lizlide. Suis-moi !

Elle passa son arme en bandoulière, sauta sur le bastingage, puis agrippa le hauban qui tenait le mât d'artimon. Je tuai un deuxième arracheur. Celui-là poussa un curieux couinement avant de bousculer ses congénères dans sa chute. Je me jetai à mon tour à l'assaut du mât, tel un insolite corsaire en tenue d'elfe. La vérité était moins héroïque, puisque je réalisai, lentement mais sûrement, mon erreur d'avoir abattu le hibou du maître des Épopées. Et il est vrai que je n'avais pas fini de le regretter.

C'est alors que j'eus la révélation d'une solution qui nous sauverait peut-être la mise, au moins provisoirement. Je jetai un regard vers l'escalier où déjà se présentait la face lunaire de l'arracheur suivant.

— Thédric, qu'est-ce qui se passe ? s'inquiéta Lizlide, qui avait déjà atteint la vergue.

Il me restait moins de dix secondes pour agir. Pas le temps de répondre.

AGIR !

Tirer l'épée et agir !

41

Avec l'aube arrivèrent les nouveaux ennuis

La solution était d'éloigner le bateau du quai afin que la passerelle tombe à l'eau. L'idée m'était venue en me rappelant qu'il était amarré à l'arrière, par une corde que je pourrais trancher avec mon épée en quelques coups bien ajustés. Le même dispositif existait à l'avant, mais j'espérais qu'il ne me serait pas nécessaire de faire de même. Sans plus me poser de question, je me plaçai au-dessus du cordage et abattis ma lame de toutes mes forces. L'entaille était belle, mais insuffisante. J'avais besoin d'au moins une minute, autant dire une funeste éternité, pour libérer l'arrière du bateau de cette amarre grosse comme mon bras.

— Lizlide, couvre-moi ! criai-je.

J'entendis siffler un carreau d'arbalète et l'instant suivant, dans mon dos, le choc sourd d'un corps qui choit. Je frappai, frappai et frappai encore, accompagnant chaque coup d'un grognement rageur. Une sensation glacée me parcourut tout le corps. L'articulation de mon épaule droite, celle que je sollicitais le plus, commença à s'engourdir. Les vampires avaient pris pied sur le pont du château arrière. Les secondes passaient de plus en plus lentement. Mais j'y étais presque. Un sifflement. Un bruit mou. Un coup. Mon épée pesait cent kilos.

— Thédric, monte ! Il est trop tard ! cria Lizlide.

J'abattis une ultime fois ma lame. Enfin, la corde se rompit. Je me redressai et, mû par je ne sais quel instinct, décapitai dans un mouvement circulaire un arracheur qui levait la main sur moi pour me refroidir. Dans cette ultime action, mon arme m'échappa et émit en tombant un son qui me résonna dans la tête. Je m'agrippai au hauban. Lucide, mais avec un corps fonctionnant au ralenti, je parvins à m'élever d'un mètre... puis d'un deuxième. Une main se glissa sous mon aisselle gauche, un bras me soutint pour gagner de la hauteur. Il me sembla que la sensation de glace s'atténuait. Mes articulations, atrocement engourdies, répondaient légèrement mieux aux ordres de mon cerveau. « Lève le genou droit, m'encourageai-je en pensée. Cale ton pied sur la corde. La main droite au-dessus. Monte le genou gauche... » Je finis ainsi par atteindre mes limites.

— Je n'en peux plus, mon amour... Je vais... lâcher.

Lizlide réagit en elfe, non pas en me stimulant par de farouches paroles, mais en m'insufflant dans le corps l'énergie de son amour. Elle s'empara de mon visage et m'embrassa. Une onde de chaleur pénétra dans mes poumons et se répandit jusqu'au bout de mes membres. Je ne peux pas dire que ce baume au cœur chassa comme par magie la tétanie, mais il l'amoindrit. Du coup, je pus encore accroître la distance qui me séparait des arracheurs.

Après un temps que je n'aurais su évaluer, je jetai un regard en dessous et m'aperçus avec soulagement qu'ils étaient incapables de grimper sur les haubans. Nous étions donc provisoirement hors d'atteinte. Lizlide, m'enserrant dans ses bras, me soutenait de toutes ses forces.

— Il faut s'élever encore de quelques mètres, me murmura-t-elle à l'oreille. Il y a un refuge où tu pourras récupérer en sécurité.

Je levai les yeux et aperçus en effet une plate-forme rectangulaire, arrondie sur un côté, qu'en marine on appelle une hune. Peu après, j'étais allongé sur le dos, contemplant le plus beau paysage dont puisse rêver un être humain : un visage d'elfe attentif et compatissant.

– Comment te sens-tu ? s'enquit-elle.

– Pas bien du tout. Je crois que j'ai encore besoin d'un bouche-à-bouche.

Elle fronça ses fins sourcils, car elle ne connaissait pas cette expression de secourisme. Finalement, parce que j'avais fermé les yeux et offrais mes lèvres, elle comprit.

Ma remise sur pied fut... miraculeuse !

Nos tendres élans furent brusquement interrompus par un bruit de plongeon. Nous nous redressâmes et faillîmes crier de joie. L'arrière du bateau avait lentement mais sûrement dérivé, faisant tomber la passerelle à l'eau. Comme nous l'espérions, elle avait entraîné dans sa chute la ribambelle d'arracheurs qui attendaient leur tour pour monter à bord. Cela nous libérait d'un souci, mais le problème restait entier. Lizlide tendit l'index vers Artimiston qui gisait sur le flanc, cerné de pingouins. Une sphère lumineuse de la taille d'une mandarine apparut, qui fut accrochée à la crosse de l'un d'eux. Celui-ci fendit la foule de ses congénères pour se diriger en hâte à bâbord. Constatant que la passerelle avait disparu, il s'arrêta et ne bougea plus, tel un robot à court de piles.

Sur les trois flambeaux que nous avions allumés et disposés sur les mâts, deux s'étaient éteints. La lumière du survivant, à l'avant, n'était pas suffisante pour permettre au simple humain que j'étais encore d'évaluer le nombre d'envahisseurs que nous devions éliminer, avant d'espérer récupérer l'âme de notre ami marin. Je sollicitai Lizlide :

– Combien sont-ils à ton avis ?

– Trop nombreux.

– Qu'est-ce que tu préconises ?

– D'attendre l'aube.

– Mais oui, tu as raison ! m'exclamai-je. Les vampires ne supportent pas le soleil. Ils vont probablement griller comme des sardines et finir en petit tas de cendre.

Je me rallongeai et me dis, mains sous la nuque : « J'ai hâte de voir ça. »

Malgré mon épuisement, je ne parvins pas à trouver le sommeil. Bien au contraire, je ne fis que me polluer l'esprit de mille et un tourments. Entre autres ruminations, je culpabilisais d'avoir abattu le hibou. C'était une action vraiment stupide et qui, forcément, serait lourde de conséquences. Car, en privant le maître des Épopées du plaisir de nous voir galérer, nous perdions tout intérêt pour lui, à l'instar d'un jouet cassé qui finit à la poubelle.

— Thédric, il se passe quelque chose, m'avertit Lizlide.

Je me redressai. À l'horizon, au-dessus des terres, le ciel commençait à pâlir légèrement. Mais c'est du côté des arracheurs que les événements se précisaient. Ils s'étaient alignés sur le pont, tel un sage bataillon de petits soldats, tous tournés vers l'est. Je repérai avec soulagement la petite sphère de lumière, même si elle avait changé de place. Son porteur était noyé parmi les autres, ce qui ne faciliterait pas sa récupération s'il fallait hâter les choses. Je notai aussi que le bateau était de nouveau calé contre le quai. Cela n'avait guère d'importance concernant les arracheurs, puisque nous savions qu'ils étaient incapables de sauter ou d'escalader un obstacle plus haut qu'une marche. Par contre, il en allait tout autrement du chambellan de Morte-Mère, à supposer qu'il eût survécu à cette nuit.

— On dirait qu'ils attendent quelque chose, dis-je.

— Le lever du soleil, peut-être. Je doute qu'ils le craignent autant que tu l'imagines.

Durant les minutes interminables et tendues qui suivirent, je passai en revue tous les scénarios possibles, sauf un... le bon, évidemment.

— Voilà ce qu'ils attendent, finit par annoncer Lizlide.

Elle fixait du regard un point précis de l'horizon vers les montagnes. Son acuité visuelle était autrement plus puissante que la mienne, si bien qu'il me fallut patienter encore un moment avant d'apercevoir à mon tour la clé du mystère. Je ne vis d'abord dans la masse sombre qui franchissait la ligne des plus hautes cimes qu'un nuage assez dense et bizarrement étiré. Puis je pensai qu'il devait plutôt s'agir d'un vol de corbeaux. Il me fallut encore du temps pour prendre conscience que les corbeaux en question possédaient une envergure de huit à dix mètres. L'aube naissante permettait d'observer de plus en plus finement ces drôles d'oiseaux.

— Voici venue l'heure du retour au bercail, persiflai-je.

— Thédric, armons les arbalètes et redescendons.

— Ça va réveiller l'appétit des arracheurs.

— Je ne crois pas. Leur mission est terminée.

— Espérons-le, murmurai-je.

Le cœur battant la chamade, comme dans les derniers instants précédant l'assaut, je vérifiai mon armement, puis passai mon carquois en bandoulière sur mon dos. J'attrapai les cordes du hauban. Avant d'entamer ma descente, je jetai un regard vers l'escadrille à plumes. Ces spécimens, dont le vol rappelait celui des aigles, étaient nombreux et volumineux, avec des serres carrément monstrueuses. Soudain, le groupe de tête se disloqua pour fondre sur la lande. D'autres dégringolèrent vers la forteresse. Puis très vite, le nuage entier explosa. C'était fascinant et absolument terrifiant.

— Thédric, m'appela Lizlide, il faut me rejoindre. Vite !

Je me secouai et retrouvai mon elfe sur le pont du gaillard arrière, que les arracheurs avaient complètement déserté. Une cacophonie de cris étranges - entre le rire de la mouette et le miaulement du chat qui se fait marcher sur la queue - retentit dans le ciel. J'écarquillai les yeux en voyant l'un des volatiles piquer vers le bateau. Il vira juste à temps pour ne pas heurter les gréements, puis il se maintint en suspension au-dessus des arracheurs. Après être descendu d'un mètre supplémentaire, il étira les pattes et referma ses serres sur l'arceau de l'un d'eux. Alors, il s'éleva dans des claquements d'ailes, emportant son passager aussi inerte qu'un pantin de chiffons. En fait d'oiseau, cette bête ressemblait davantage à un ptérodactyle, dont le corps était recouvert de plumes noires et luisantes. Il avait des ailes membranées et un bec démesurément long, hérissé de dents pointues. Un deuxième se présenta et, selon la même technique, enleva sans autre difficulté un arracheur. Le troisième entra en collision avec une corde tendue entre le grand mât et le pont, dans un craquement d'os qui me tira une grimace. L'animal poussa un cri strident de douleur, partit en vrille et finit dans l'eau du port où il se débattit un moment avant de couler. Bientôt, nous fûmes cernés par toute une escadrille de ces rapaces préhistoriques. Ils tournoyaient, rompaient brusquement leur approche, reprenaient de la hauteur, mais parvenaient finalement à se faufiler entre les cordages pour ramasser leur colis.

Nous mîmes nos armes en appui sur la balustrade, guettant avec anxiété le moment où viendrait le tour du porteur d'Artimiston. À cette occasion, je notai – une fois encore – combien Lizlide et moi étions différents dans la gestion d'une telle situation. Un elfe en état de tension voit son rythme cardiaque ralentir et la précision de ses gestes s'accroître à l'extrême. Ainsi ma compagne montrait-elle un calme prodigieux, ne quittant pas des yeux le point lumineux qui se dandinait parmi les créatures en ciré. De mon côté, je n'arrêtais pas de me tordre le cou, ne sachant où donner de la tête. Et il est vrai que le spectacle était partout ! Ainsi me laissai-je distraire par les déboires d'un ramasseur qui s'était pris les pattes dans un hauban, ou par cet autre maladroit qui avait saisi son colis, non par le col, mais par un bras et qui, s'en apercevant, rouvrit brusquement les serres, laissant le malchanceux s'écraser sur le quai...

J'avais le souffle court, les traits crispés, les phalanges blanchies par la pression que j'exerçais sur la crosse de mon arme. Et je sursautais quand retentissait un peu trop près de nous un cri de mouette-chat.

Lizlide ne bougeait pas un cil.

Soudain, elle s'exclama :

— Attention ! Il faut abattre celui-là !

Un ramasseur s'était stabilisé au-dessus du porteur de l'âme d'Artimiston. L'elfe tira une flèche qui se ficha dans le cou du volatile. Celle que je décochai l'instant suivant se planta dans son jabot. Il poussa une plainte aiguë et fut déstabilisé, mais il se reprit presque aussitôt et revint se positionner à l'aplomb de sa cible. Je rechargeai précipitamment mon arbalète sans cesser de le fixer.

— Dans la tête, il faut lui tirer dans la tête ! recommandai-je.

Problème ! Elle était minuscule et surtout étroitement enchâssée dans son puissant bec. Le deuxième trait que Lizlide lui expédia l'atteignit sous l'œil droit. Hélas, au lieu de lui perforer le crâne, le projectile y rebondit comme sur un blindage. Dès lors, il apparut certain qu'il allait nous souffler sous le nez notre passeport pour le palais des Épopées. L'instinct prit les commandes : je laissai tomber mon arbalète, me retournai et repérai mon épée qui gisait sur le plancher. En deux bonds, je l'avais récupérée, en deux autres j'étais à l'escalier, que je dévalai comme si j'avais été sur une planche de surf. Profitant de mon élan, je fonçai l'épaule en avant à travers les voleurs d'âmes et les renversai telles des quilles de bowling. L'oiseau avait refermé les serres sur le col de sa charge. À grands coups d'ailes, il commença à s'élever. Menton sur la poitrine, serrant à deux mains la canne au bout de laquelle se balançait l'étoile d'Artimiston, l'arracheur m'aperçut et me tourna une face hargneuse. Son ramasseur reçut une nouvelle flèche à la base du cou, qui lui fit perdre le peu d'altitude qu'il avait gagnée. Il heurta le grand mât, ses battements d'ailes devinrent désordonnés et il partit à la dérive, traînant son fardeau sur le pont comme un sac de charbon trop lourd. Il parvint toutefois à reprendre son assiette. Entre-temps, je l'avais rattrapé et me ruai sur l'arracheur d'âmes que j'enlaçai à pleins bras. Je pris alors vaguement conscience du glacial engourdissement qui commençait son œuvre. Malgré cela, poussant un grognement de bête, je trouvai la force de soulever mon arme et, dans un sursaut d'énergie héroïque, de l'enfoncer dans le poitrail du volatile.

Des quelques secondes qui succédèrent à cet exploit, il ne me reste que trois souvenirs : le couinement de protestation de l'arracheur d'âmes, le crash de l'oiseau géant sur le pont du bateau et la subite disparition de la sphère lumineuse.

Arthritique jusqu'au bout des doigts, j'étais désormais hors de combat.

42

L'unique vainqueur des Épopées

Il faisait jour, un jour gris d'automne breton, quand je repris conscience. J'étais allongé sur le pont, un coussin de vieux vêtements sous la tête. Lizlide était accroupie près de moi, attentive et souriante.

— C'est fini ? articulai-je.

Mon corps était parcouru de fourmillements désagréables, mais supportables.

— Oui. Nous sommes seuls... Enfin, presque, répondit mon amour.

Elle leva les yeux. Je tournai la tête pour suivre son regard et découvris le vieux marin, tel que la veille, assis sur son cordage, tirant sur une pipe à présent éteinte, aussi éteinte et froide que son expression, notai-je tristement.

— Et son âme ? m'inquiétai-je en me redressant sur un coude.

Lizlide tendit la main vers moi, et dans sa paume elle offrit à mon admiration une étoile blanche, prisonnière d'une cage sphérique de la taille d'une orange.

— Comment as-tu fait ?

— Je n'ai eu qu'à attendre et rester vigilante.

Elle m'aida à m'asseoir. Je découvris alors un pont jonché de cadavres d'arracheurs, la plupart tués d'un trait d'arbalète. Avec satisfaction, je vis que le bateau était à nouveau amarré par l'arrière, son flanc gauche touchant le quai. Près de l'escalier menant au pont supérieur gisait un oiseau géant, le bec recroquevillé contre son jabot. Sous son aile droite déployée dépassaient deux pieds chaussés de bottines noires et luisantes.

— Nous avons eu de la chance que cet arracheur soit mort avec son ramasseur, commentai-je.

— Je l'ai un peu aidé.

Je constatai qu'autour de l'oiseau avaient péri un nombre impressionnant d'arracheurs, ceux qui visiblement avaient eu la mauvaise idée de l'approcher. Je félicitai mon elfe et me forçai à me lever.

— Il ne faut pas qu'on s'attarde, déclarai-je en me dérouillant les articulations.

— Tout est prêt.

Je dévisageai Lizlide, interrogatif.

— Durant ton repos, expliqua-t-elle, j'ai consulté la carte d'Artimiston. La cité du maître des Épopées est située sur un plateau, assez loin au-delà de la chaîne de montagnes qu'on aperçoit à l'horizon. Parvenir jusqu'à cette barrière rocheuse nous prendra de nombreux jours de cheval, ce qui nécessite d'en trouver chacun un. Ensuite, la traversée elle-même nous demandera encore plus de temps et sera encore plus dangereuse.

Elle baissa le regard, puis conclut après un bref silence :

— Artimiston a eu raison de t'empêcher de consulter cette carte avant que les arracheurs lui aient volé son âme, car devant un si long voyage aussi périlleux, il est certain que nous aurions renoncé.

— Si c'est à ce point difficile, pourquoi le faire ? Nous pourrions tout aussi bien décider d'aller nous réfugier dans une contrée lointaine, à l'autre bout de ce monde.

Le sourire de résignation qu'elle m'adressa en guise de réponse était d'un charme irrésistible. Ses yeux de biche m'observaient, non pas comme si j'avais pu commettre l'immonde félonie de jeter le vieux marin aux crabes, mais avec l'amour et l'amusement d'une femme qui sait que son homme est la droiture incarnée, certes dans un esprit affreusement compliqué !

— Tant pis, soupirai-je pour la forme. On dira que ce n'était pas possible, qu'on s'est engagés sans savoir, et que...

Elle me posa dans les mains la sphère lumineuse. Avec stupeur, je constatai que son rayonnement était tiède. On eût dit qu'entre mes doigts était niché un poussin frémissant, touchant de fragilité. Je regardai Lizlide, ému.

— Eh bien, soit. Va pour le voyage extraordinaire ! Que dis-je ? Pour l'épopée !

— Sous le regard du maître, enchaîna-t-elle en désignant de l'index quelque chose dans mon dos.

Je me retournai et découvris avec stupeur - et soulagement - un grand hibou brun, sur un perchoir à perroquet à l'avant du bateau. Il nous fixait de ses grands yeux jaunes, ronds comme des billes. J'éclatai de rire. Le pauvre avait une allure pour le moins insolite avec ce bandage qui lui ceignait le haut du corps.

— Tu l'as sauvé ? m'exclamai-je.

— Disons plutôt que tu ne l'as pas tué. Ne recommence pas.

Je marchai jusqu'au volatile qui manifesta une légère nervosité à mon approche, puis je lui demandai pardon en caressant son crâne du bout de l'index.

— La prochaine fois que tu me vois en colère à cause de ton maître, l'avertis-je, prends le large.

Il ferma un œil et lâcha un « Hou-hou » !

— Il ne lui manque que la parole, dis-je en me retournant vers Lizlide.

— La voilà qui arrive...

Ma perplexité dura peu. Suivant son regard, j'aperçus sur le port, montant un cheval noir et tirant par la bride deux autres montures, dont mon fier destrier gris, un homme de belle prestance à la longue barbe grise.

— Melgan !

Je ne peux pas dire que j'en aurais sauté de joie, mais cela me fit plaisir, ne serait-ce que parce qu'il nous amenait nos moyens de transport. Après avoir jeté sur le quai sacs, couvertures et autres vêtements chauds que Lizlide avait ficelés et rassemblés sur le pont, nous rejoignîmes le devin. Il affichait un visage ostensiblement satisfait.

Je l'interpellai en ces termes :

— Bien le bonjour, messire Melgan. Nous ne vous attendions pas si tôt, mais comme d'habitude nous ne sommes pas très étonnés de vous voir.

— Salutations, héros des Épopées ! lança-t-il avec un geste d'empereur romain. Vous avez cette fois encore fort bien su vous jouer d'épreuves auxquelles presque personne à ce jour n'a survécu.

— Presque. Qui étaient les heureux gagnants avant nous ?

— Leur nom s'est perdu dans les limbes du passé. Peut-être croiserez-vous bientôt leur spectre. On dit qu'ils ont péri dans les montagnes.

— En existe-t-il seulement un qui ait réussi ? persiflai-je.

Melgan me fixa du regard en fronçant les sourcils. À en croire son expression de perplexité, je crus deviner que j'avais posé le doigt sur un mystère, ou un souvenir sans doute assez douloureux, enfoui dans les arcanes de sa mémoire.

— Si, finit-il par répondre, comme s'il s'en étonnait lui-même. Il y en eut un : moi.

Je le dévisageai longuement, tentant vainement de percer à jour les secrets de cet homme décidément déroutant. Puis il me vint l'envie de l'interroger, un peu par provocation, sur la suite des événements :

— Quelle est notre prochaine destination, maître Melgan ?

En guise de réponse, le devin se tourna vers la barrière rocheuse, dont les sommets enneigés n'étaient pas loin d'égratigner le lourd plafond nuageux. Puis il lâcha :

— Je n'en ai aucune idée.

43

Oxylodon tacheté

Nous chevauchions depuis trois jours quand survint le premier événement extraordinaire de cette nouvelle et, espérions-nous, ultime étape de notre épopée en ce monde. Jusque-là, nous avions traversé une lande sans fin, terne à mourir. Nulle colline pour accrocher notre regard, nulle forêt pour ressourcer nos fibres elfiques, nulle rivière aux eaux claires pour nous baigner... Que des marais glauques, des étendues de bruyères rêches, des arbustes rachitiques et, parfois quand même, de vastes pâtures livrées à la nature sauvage. Nous avons rencontré de nombreux villages fantômes, mais évité soigneusement les bourgs fortifiés où nous savions que nous n'allions croiser que de pauvres hères sans âme. Chaque fois, me revenait l'inquiétude qui m'avait saisi en partant de Firit, et avait pour nom Igrasse de Frontporte-Haut. Le chambellan de Morte-Mère avait levé le camp, soigneusement, ne laissant sur place ni tente ni arme, pas même une tombe de guerrier, comme d'ordinaire après une bataille. La logique, ou du moins l'optimisme, incitait à en conclure qu'il avait renoncé à nous pourchasser. Mon intuition m'affirmait le contraire. Seul me rassurait l'espoir qu'il ne fût plus qu'un zombie, mû par une volonté mécanique. Cela ne le rendait pas forcément moins dangereux.

Zombie, j'étais moi-même en train de le devenir. La mélancolie m'avait insidieusement pris, polluant mes pensées, me rendant de plus en plus taciturne. Lizlide partageait une humeur similaire, que nous attribuâmes autant à l'environnement qu'à la fatigue et au mal du pays - du royaume, en l'occurrence. Melgan nous avait prévenus que le premier ennemi que nous aurions à affronter serait l'ennui. Il nous avait aussi prédit, avec un cynisme glaçant, que cela cesserait avec la survenue de nouvelles épreuves et que, dès lors, notre périple ne nous laisserait aucun répit. La carte d'Artimiston ne disait pas autre chose. Elle portait de nombreuses annotations manuscrites qui étaient autant d'avertissements, rédigés en termes mystérieux pour ménager le suspense. Ainsi allions-nous traverser le territoire de l'oxylodon tacheté. Ce redoutable prédateur, dès l'instant qu'il avait repéré sa proie, ne lui laissait aucune chance de lui échapper, « même en volant », était-il précisé sans ironie. Après cela, nous devions nous attendre à affronter le peuple des hommes-pierre, du genre à aimer son semblable en cocotte, paraissait nous avertir la marmite esquissée à côté de ce nom. Et de la sorte, moult joyeusetés, plus funestes les unes que les autres, allaient jalonner notre progression.

Nous avions donc quelques bonnes raisons de ne pas avoir le cœur léger.

Le paysage changea vers la fin de l'après-midi, à l'instar du temps qui perdit son calme et sa douceur pour une agitation pré-tempétueuse, assortie d'une chute spectaculaire de la température. Le maître des Épopées devait sans doute trouver qu'il était temps de nous secouer le quotidien. Nous avions quitté la lande pour une savane piquetée de bosquets plus ou moins vastes. Nous établîmes le camp pour la nuit dans l'un d'eux. Ce minuscule bois clairsemé présentait la particularité avantageuse d'avoir poussé à l'abri d'une masse rocheuse qui le protégeait des vents d'est glacés.

— Je vais faire un feu, annonçai-je.

— Avec ce temps, crois-tu que ce soit prudent ?

Je levai le nez, pour humer l'air. Une rafale me rabattit malicieusement une mèche sur le visage.

— Absolument ! confirmai-je.

Sans mc l'avoucr ouvertement, je me fichais comme d'une guigne d'incendier cet environnement que j'avais fini par exécrer. Et même si cela arrivait malencontreusement, le feu éloignerait les prédateurs tentés de mettre de l'elfe à leur menu. D'abord, par crainte des prédateurs susceptibles de chasser dans le secteur, nous attachâmes les chevaux à l'arbre le plus proche. Je pris toutefois la précaution de protéger le foyer en disposant en arc de cercle de grandes pierres plates, face aux bourrasques. Je le réalisai assez grand pour accueillir de grosses branches. Il ne me restait plus qu'à amasser suffisamment de combustible pour tenir la nuit, puis à préparer la défense du camp. Nous gardâmes à portée de main les deux arbalètes que nous avions utilisées sur le bateau d'Artimiston, ainsi que mon épée et deux poignards. Lizlide, quant à elle, était prête à utiliser son arc et les flèches d'orichalque qu'elle avait récupérées sur ses victimes. Elle s'était aussi munie d'une superbe dague à poignée dorée, qu'elle portait en permanence à la ceinture. Avec un tel arsenal, nous avions de quoi faire face à une menace ordinaire. Malheureusement, sur le continent des Épopées, aucune ne l'était...

Lizlide donna l'alerte en pleine nuit, alors que je sommeillais recroquevillé en chien de fusil, bercé par le crépitement du feu.

— Qu'est-ce qui se passe ? m'enquis-je, en me redressant pesamment.

Je me frottai le visage à deux mains.

— Nous avons de la visite.

En deux secondes, j'étais en position de combat, un genou à terre, l'arbalète en main, prêt à trucider tout intrus qui surgirait sans s'annoncer.

— Homme ou bête ? demandai-je.

— Bête.

Ma compagne avait détecté l'approche de l'animal, alors que celui-ci était encore à plusieurs centaines de mètres de nous. L'attente fut donc interminable avant que je le perçoive à mon tour, à l'oreille.

— Qu'est-ce que c'est, à ton avis ? demandai-je à voix basse.

— Un chasseur... intrigué. Prudent mais affamé. Il sera difficile de le faire renoncer.

Je respirai. Un prédateur nocturne de type animal, même déterminé à nous manger, ne me faisait pas peur. Nous avions du feu, des armes et nous l'attendions. Si je m'étais interrogé sur la taille du prédateur en question, j'aurais assurément été moins confiant.

Quand il pénétra dans notre bosquet, je n'eus pas besoin de crier « Le voilà ! », il faisait autant de bruit qu'un éléphant... Un éléphant ? me répétai-je avec effroi.

— Lizlide, il doit être très gros, chuchotai-je.

— Plus que cela, renchérit-elle.

Il cessa de faire craquer les arbres entre lesquels il avait quelques difficultés à se faufiler. Je ne pus m'empêcher de me lever pour aller voir de plus près. Je m'emparai d'un bâton enflammé, puis m'avançai à pas feutrés, tous les sens aux aguets. Lizlide progressait à ma gauche.

— Il est là, murmura-t-elle en tendant l'index à onze heures.

J'abaissai le flambeau et repérai à mon tour notre visiteur du soir. Plus exactement, je distinguai ses yeux dans lesquels se reflétaient les flammes de ma torche... grands comme ma main, profilés comme ceux d'un félidé ! La dentition qui apparut l'instant suivant, blanche et luisante, était bien celle d'un fauve. À en juger par ces deux éléments, j'estimai la taille de l'animal comparable à celle d'un rhinocéros, mais pas les petits de nos savanes africaines, les géants laineux de la période glacière : deux mètres au garrot pour trois et demi de long. Il émit un long feulement. Que faire face à un tel monstre ? Je me souvins alors de l'anecdote d'un globe-trotter. Il s'était retrouvé par inadvertance nez à nez avec une famille de lions. « Si vous tournez les talons et détalez, avait-il expliqué, vous risquez d'être pris pour une gazelle. À l'inverse, si vous les chargez en poussant des cris et en agitant les bras, vous avez alors une chance sur deux de les mettre en fuite. Cette fois-là, j'eus de la chance... »

— Je vais essayer de l'effrayer, annonçai-je.

Lizlide eut la réplique qui tue :

— C'est encore un trait d'humour typiquement humain ? Laisse-moi faire. D'abord, il faut lâcher nos arcs.

— Tu plaisantes, j'espère ?

— Un elfe en danger de mort ne plaisante jamais, contrairement à un Thédric Tibert. Cet animal possède assez d'intelligence pour comprendre que nos armes représentent une menace pour lui.

— D'accord, me résignai-je en posant mon arbalète à terre. L'épée aussi ?

— Non. (Elle fit de même avec son arc et son carquois, puis me commanda :) Va chercher la viande séchée que tu as emportée pour toi.

J'eus un haussement de sourcils. Lorsque nous avions fait le point à Firit sur les provisions que nous allions prendre, j'avais dû batailler ferme pour que Lizlide accepte que je remplisse une musette de saucissons et autres délicieuses charcuteries, découverts dans le garde-manger d'Artimiston.

— Dépêche-toi ! me pressa-t-elle.

Mécontent de devoir partager, mais raisonnable, j'obtempérai. Pendant ma courte absence, Lizlide tenta d'établir un contact avec la bête, usant du langage elfique en principe universel dans le règne animal - à l'exclusion de l'humain qui ne s'entend même pas avec lui-même. Je revins vite avec ma précieuse denrée carnée. Le monstre n'avait pas bougé. En position de sphinx mais prêt à bondir, la tête basse, il observait notre manège avec curiosité, retardant par conséquent le moment de passer à table. Lizlide s'approcha de lui jusqu'à trois mètres et déposa au sol deux blocs de viande séchée. Cela fait, elle revint à reculons près de moi.

— Accroupissons-nous et attendons, murmura-t-elle.

Je l'imitai, gardant un œil sur mon arbalète que je pouvais ramasser et épauler en moins de deux secondes. J'étais tout de même assez lucide pour me rendre compte que cette arme serait bien dérisoire contre l'attaque d'un tel monstre. Rassuré par notre attitude de soumission et les douces sonorités de la langue elfique, peut-être aussi par l'odeur de nos offrandes alléché, le fauve se décida enfin à bouger. Quand il se leva, mon estomac se comprima. Il était vraiment très, très impressionnant. Alors je lui découvris une particularité fabuleuse : deux ailes plaquées sur les flancs. Il me sembla, bien qu'à ce moment-là je n'eusses pu l'affirmer, qu'elles n'étaient pas recouvertes de plumes, mais plutôt d'un pelage. Son corps massif était bistre, piqueté de taches brunes. Du crâne à la nuque, il portait une épaisse crête de fourrure qui formait un S d'une surprenante élégance. Quant à sa tête, elle était plus fine et allongée que celle d'un félin ordinaire. En somme, c'était un fauve ailé, proche de notre mythique griffon, un superbe spécimen d'oxylodon.

Bouche bée d'émerveillement, oubliant mes craintes, je le contemplai qui flairait ma charcuterie. Quand il l'engloutit en deux « chlurp » ! je retrouvai mes esprits et ma peur.

— Que va-t-il se passer maintenant ? m'inquiétai-je.

La bête avait relevé la tête. Elle se remit à nous observer de ses yeux d'or. Elle montra les crocs et feula.

— Je n'en ai aucune idée, répondit Lizlide. Relevons-nous. Il n'est pas bon de rester trop longtemps en position de soumission.

Le monstre dut comprendre le message, car il recula sans cesser un instant de nous fixer du regard, jusqu'à ce que la nuit l'engloutisse. Nous restâmes un moment à scruter l'obscurité, craignant le retour brutal du prédateur. Lizlide glissa sa main dans la mienne et nous retournâmes nous asseoir près du feu. J'avais les jambes en coton et les idées encore chavirées par ce que nous venions de vivre.

En me recouchant, je songeai que le lendemain nous réserverait d'autres surprises de taille. J'avais également la conviction que, lorsque nous aborderions la montagne, l'enfer commencerait vraiment. Cette perspective me ramena à mon état d'esprit de la veille : morosité, découragement, exaspération... et, pour la première fois, j'envisageai sérieusement de ne pas mener cette quête jusqu'au bout.

44

La nausée

Nous n'eûmes pas le loisir de nous interroger longtemps sur nos ennuis à venir. D'abord, il y avait ceux que nous réservait le ciel. Les montagnes devant nous avaient pris une teinte anthracite, surplombées d'un plafond nuageux à peine moins sombre. Vers le sud, des éclairs et des traînées de pluie, obliques comme des lames de guillotine, nous promettaient une belle rincée. Le vent, loin de s'être calmé, avait forci et l'air s'était encore refroidi, si bien que nous avions dû enfiler nos épais manteaux de lin, rêches et grossiers mais chauds car doublés de laine. Nous chevauchions à bon train sur un chemin d'herbe jaune vaguement tracé quand, par je ne sais quelle intuition, je me retournai. Je poussai un juron et avertis ma compagne. À moins d'un kilomètre, une troupe de soldats dont les casques et les plastrons de métal luisaient malgré l'absence de soleil galopait dans notre sillage. Ils représentaient le danger le plus immédiat. Pourtant, bizarrement, je n'en fus pas vraiment effrayé. Peut-être parce que ce n'étaient que de simples hommes...

— Tu vois, Lizlide, nous avions raison, Frontporte-Haut n'avait aucunement l'intention de renoncer à sa traque, lançai-je.

— Comment savoir ? répondit-elle.

Cette remarque me fit prendre conscience que nous avions en réalité aux trousses une armée de zombies, ce qui accroissait singulièrement l'incertitude quant à notre sort, en admettant qu'ils nous rattrapent.

— Accélérons. Nous sommes plus légers qu'eux, ils se fatigueront avant nous.

— Je ne crois pas, estima Lizlide.

Elle avait raison, car ces hommes, en même temps que leur âme, avaient perdu toute mesure et ne ménageaient pas leurs montures. Nous pouvions nous attendre qu'ils les poussent jusqu'à ce qu'elles s'effondrent d'épuisement. Le gagnant de la course serait donc celui qui tiendrait le plus longtemps. Le sort en décida autrement en me faisant mordre la poussière. Après avoir bondi avec aisance par-dessus un tronc couché, mon destrier se reçut mal et boula cul par-dessus tête. L'incident aurait pu rester sans conséquences, puisque nous nous relevâmes tous les deux sans autre mal qu'une belle frayeur. Mais quand une horde de guerriers déterminés comme des mécaniques infernales fonce vers vous à bride abattue, chaque seconde compte.

— Vite, Thédric, il faut repartir ! cria Lizlide.

Bien évidemment, j'étais d'accord. Mais il fallut que je rattrape mon cheval qui s'était éloigné, puis qu'il cesse de renâcler et de piaffer. Je devais aussi maîtriser ma propre agitation pour lui parler d'une voix rassurante :

— Holà ! Du calme... Tout doux. Gentil.

Comme cela restait sans effet, je ne tardai pas à perdre mon sang-froid.

— Vas-tu te calmer, sale carne !

Si Lizlide ne s'en était pas mêlée, s'adressant directement à lui en langue elfique, jamais je ne serais parvenu à remonter en selle. Quand enfin ce fut fait, nos poursuivants n'étaient plus qu'à deux ou trois cents mètres. Constatant nos difficultés, ils se lancèrent au grand galop. Les chevaliers de tête - parmi lesquels je reconnus le chambellan, en chemise et néanmoins coiffé d'un heaume à bec - tirèrent l'épée et abaissèrent la lance. Avec épouvante, j'entrevis la funeste perspective d'un combat au corps à corps, à deux contre trente ! C'est alors que survint un événement, dont je ne sus d'abord s'il était une aubaine ou un coup fatal porté à nos maigres chances de survivre à cette journée.

Un oxylodon surgit tout à coup du nuage de poussière soulevé dans le sillage des cavaliers. Puis un autre, plus jeune, fit son apparition, et un troisième de l'autre côté ! Finalement, ce fut toute une meute de fauves ailés qui coursaient ceux qui nous coursaient. C'était un spectacle hallucinant, qui aurait laissé pantois le plus blasé des explorateurs de l'Imaginaire. Ces créatures avaient une technique de galop qui alliait à merveille des foulées amples et des bonds planants de plusieurs dizaines de mètres. Quand un obstacle se présentait, elles déployaient plus ou moins leurs ailes, de telle sorte qu'elles s'envolaient littéralement pour atterrir en souplesse beaucoup plus loin.

— Ce n'est plus la peine de fuir, déclara Lizlide. Abritons-nous et attendons.

Nous attachâmes nos montures aux branches tortueuses d'un arbre rabougri, puis nous nous accroupîmes derrière le tronc abattu, blanchi par le temps. Les soldats de Morte-Mère ne prêtaient aucune attention aux oxylodons qui couraient avec eux, tels des dauphins escortant une frégate. Je me demandai pourquoi ces bêtes fabuleuses ne les attaquaient pas ? Ce qui me fit craindre un instant qu'ils fussent complices. À peine cette question me traversa-t-elle l'esprit qu'un des fauves, le plus gigantesque, se déporta subitement sur sa droite et plongea dans la troupe. Ce fut le signal pour ses congénères de l'ouverture du buffet. Dès lors, débuta une curée d'une violence inouïe. Les prédateurs se comportaient comme des orques qui auraient cerné un troupeau d'otaries et se seraient livrés à une orgie sanglante.

— Ils vont tous les massacrer, remarquai-je, épouvanté.

Lizlide restait muette. Je la regardai. Était-elle terrifiée ou simplement impressionnée ? Ni l'un ni l'autre, en vérité, car elle ne pouvait éprouver les mêmes sentiments que moi. Les elfes captent les vibrations de souffrance, de détresse ou de terreur des êtres vivants. C'est pourquoi, tandis que m'horrifiait la vision de ces corps lacérés et de ces vies fauchées, Lizlide restait de marbre, parce qu'il n'émanait de ces hommes sans âme aucune onde émotionnelle. Elle était cependant vigilante, car elle savait que les survivants, s'il en restait, ne renonceraient pas à nous traquer.

Il n'y eut bientôt plus un seul cavalier en selle. Quelques chevaux parvinrent à s'échapper pour s'égailler tous azimuts. La fureur des rugissements s'atténua jusqu'à cesser. La brume ocre, qui avait occulté en grande partie l'horreur de la curée, commença à se dissiper. Les oxylodons étaient à table.

— Bon ben, voilà, soupirai-je en portant une main à mon estomac. Bon appétit !

J'avais la nausée et ne trouvai aucun autre commentaire à faire.

— Repartons, proposa Lizlide.

— Attends ! Regarde...

Deux silhouettes fantomatiques, puis trois... au final une dizaine émergèrent à pied de la brume. De cette démarche mécanique que nous avions déjà observée à Firit, elles passèrent devant les fauves qui ne leur accordèrent pas un regard. Plusieurs tenaient en main leur épée. L'un des hommes, qui avait perdu un bras, s'effondra très vite. Ce spectacle pathétique n'étant d'aucun intérêt pour Lizlide, elle se leva et remonta à cheval. Sans un mot, je l'imitai et nous repartîmes.

45

La décision

Une demi-heure plus tard, j'avais encore le cœur au bord des lèvres, sans doute en partie à cause des images imprimées dans ma mémoire de corps mutilés mastiqués par des fauves affamés. Mais je crois aussi que la peur avait fini par déborder de mon subconscient et investi mes boyaux. Pour comble, la pluie se mit à tomber, fine et pénétrante, de celles qui interdisent d'allumer un feu revigorant à l'heure du bivouac.

Le paysage avait viré au gris et mon humeur au noir.

La chance voulut que nous dénichions peu avant le crépuscule les ruines d'une ferme, cernée d'arbres à demi décharnés. Une partie de toiture subsistait, et entre ces murs de pierres grossièrement taillées nous trouvâmes les vestiges d'un foyer. Cette découverte me remonta un peu le moral et je m'attelai avec un certain entrain à ma corvée quotidienne de bois mort. Quand commença la danse des flammes, ce fut comme si le fluide de la vie s'était remis à circuler dans mes veines. Lizlide et moi nous blottîmes l'un contre l'autre, partageant la même couverture. Par contraste avec les heures précédentes, passées dans une désespérance de réfugiés fuyant quelque immonde terrain de guerre, ce fut un petit moment de plaisir pur.

Ayant retrouvé une certaine sérénité, je voulus partager avec ma compagne l'une des mes préoccupations du moment :

— J'ai l'impression qu'on ne va pas aller au bout de ce voyage. Est-ce que c'est aussi ton avis ?

— Je ne suis ni devin ni humaine, répondit-elle. Il m'est difficile de me projeter dans l'avenir, tu le sais bien. Ma seule conviction, c'est que nous allons beaucoup souffrir.

— Ce maître des Épopées est un vrai sadique, maugréai-je. J'aimerais quand même pouvoir le lui dire entre quatre yeux, avant de l'étrangler.

— Pour cela, il faut avancer et survivre.

En guise d'acquiescement, je la serrai un peu plus fort contre moi. Il me vint alors cette pensée affreuse que, si nous parvenions sains et saufs au bout de cette histoire, nous serions à nouveau obligés de nous séparer. À moins que je ne devienne vraiment un elfe et renonce à mon travail d'explorateur de l'Imaginaire, autant dire à ma vie terrestre. C'était comme choisir la mort pour un monde meilleur qui risquait de ne pas l'être. Cette perspective me fit tressaillir d'inquiétude.

— Tu as entendu, toi aussi ? demanda Lizlide.

— Comment ? Non, je pensais à... entendu quoi ?

Je tendis l'oreille.

— Tiens... On dirait des claquements d'ailes, suggérai-je.

Elle sourit.

— Ton ouïe se développe, Thédric. Tu progresses.

Je n'en revenais pas. Je réclamai des explications, mais elle se leva en proposant :

— Allons voir ce qui se passe. Nous parlerons de cela plus tard... ou une autre fois, je suis un peu fatiguée.

Dehors, nous scrutâmes le ciel nocturne. Après une courte attente, nous distinguâmes une multitude de taches noires se déplaçant en rangs serrés vers l'ouest. Fixant du regard l'une de ces ombres mouvantes, je finis par distinguer, suspendue dessous - grâce à mon acuité visuelle elfique toute neuve, me dis-je avec bonheur - une silhouette en forme d'obus, surmontée d'une boule pâle.

— Les voleurs d'âmes vont faire leur marché, observai-je avec aigreur.

Nous ne nous attardâmes pas à les observer davantage. La nuit fut douce au-dedans, froide et morne au-dehors.

Sans attendre l'aube, nous nous remîmes en route. La pluie avait cessé, contrairement au vent qui nous arrivait en pleine face, dévalant des hauteurs glacées vers lesquelles nous chevauchions. Je ne pouvais m'empêcher d'y voir la main du maître des Épopées. Quand la pluie devint neige, je n'eus plus aucun doute.

Nous avions fini par atteindre les contreforts de la montagne, que recouvrait une forêt de conifères d'un vert si foncé qu'ils en étaient presque noirs, y compris les troncs aux trois quarts dénudés. La lumière ne pénétrant que chichement sous ces frondaisons culminant à vingt ou trente mètres, nous avions la sensation de traverser une gigantesque cathédrale parsemée de fins piliers. Au sol, c'était le désert. Même l'herbe ne parvenait pas à pousser, ce qui présentait un sérieux inconvénient pour nos montures qui ne carburaient pas qu'à l'eau fraîche.

— Lizlide, je me demande comment nos chevaux pourront se nourrir quand on attaquera la montagne, déclairai-je par association d'idées.

— Nous devrons les laisser et continuer à pied.

— Laisser les chevaux ? répétai-je, perplexe. J'ai du mal à l'envisager.

— C'est pourtant ce qui nous est annoncé sur la carte d'Artimiston.

Je tirai de sous ma veste ce maudit parchemin et constatai que Lizlide avait raison. Des symboles et des inscriptions manuscrites en pattes de mouche indiquaient qu'une fois passée cette forêt le « voyageur imprudent » (dans le texte) devrait emprunter des chemins escarpés inaccessibles à des bêtes de somme. « Encore moins à des chevaux, forcément », pensai-je. J'enrageais à l'avance de devoir me passer de mon destrier, surtout que je m'étais attaché à lui et m'inquiétais de son sort dans cet environnement hostile. À l'instant précis où ces pensées me traversaient l'esprit, un hurlement bestial résonna au loin. La nuit s'annonçait animée...

Finalement, nous n'eûmes pas à installer le bivouac dans la forêt, car bien avant le crépuscule nous en sortîmes, presque par surprise. Le spectacle qui apparut tout à coup était à la fois grandiose et désespérant. Face à nous, une profonde vallée fendait la chaîne rocheuse, comme si un poing de titan l'avait frappée à l'aube des temps. De part et d'autre s'élevait une succession de pics, de crêtes et de parois abruptes brisées de failles à elles seules monumentales. Des cascades s'échappaient par endroits d'une saignée entre deux puissants pitons, alimentant une rivière torrentueuse. Le fond du sillon était jonché de rochers plus ou moins monstrueux, qu'avait pourtant réussi à conquérir une végétation austère. Sur les pentes, d'audacieux sapins rabougris s'accrochaient à la moindre saillie. Et loin devant nous, au-delà des premières lignes de crêtes, les neiges éternelles étaient noyées dans les brumes d'altitude. Seul un fou aurait tenté de franchir pareil rempart.

— Tu veux mon avis, on n'y arrivera jamais, murmurai-je.

— Melgan l'a fait.

— Oui, mais à quel prix ?

— Devons-nous renoncer ? demanda Lizlide.

— Pourquoi pas ?

— Ce serait nous condamner à errer dans ce monde, sans aucun espoir de retour chez nous.

Je dévisageai mon elfe avec amour. Si nous n'avions pas été en selle, je l'aurais serrée contre moi. Je pris sa main que j'embrassai, puis déclarai :

— Et alors ? Si nous restons ensemble, l'enfer n'existe nulle part. Nous trouverons bien une forêt où nous installer, et y vivre heureux, jusqu'à... jusqu'à...

Je faisais de louables efforts pour croire à ce beau discours, qui n'était pas plus crédible que celui d'un politicien annonçant à ses électeurs qu'avec lui tout le monde sera riche.

— S'il faut soulever ces montagnes pour passer, on les soulèvera, affirmai-je en les toisant avec arrogance. (Et j'ajoutai pour m'en convaincre :) Dans un infinimonde de l'Imaginaire, tout est réalisable. Il suffit juste de le vouloir assez fort.

Nous nous remîmes en route, et, le cœur serré d'angoisse, nous nous enfonçâmes dans cette montagne telles des fourmis dans le gosier d'un dragon.

Deux jours encore nous pûmes conserver nos montures, car nous suivions un sentier certes pierreux et pentu, mais encore à peu près praticable. C'est au matin du troisième qu'il fallut nous résoudre à les abandonner. D'une part, parce que le chemin commençait à longer de dangereux à-pics tout en se rétrécissant, d'autre part parce que la neige s'était mise à tomber en abondance, estompant les reliefs, dissimulant les creux les plus traîtres pour les jambes fragiles de nos compagnons. Je me chargeai d'un strict nécessaire, qui d'évidence ne serait jamais suffisant pour tenir plus d'une dizaine de jours. Pour comble, j'avais attrapé froid et j'en sentais les premiers effets : fièvre, courbatures dans le dos, toux... C'était perdu d'avance et je ne comprenais pas pourquoi nous persévérions.

— Quel autre choix avons-nous ? me rétorquait Lizlide chaque fois que je lui confiais mes doutes.

Parfois, elle me répondait que la mort n'était de toute façon pas la plus mauvaise issue pour cette aventure. J'étais – un peu – d'accord, dans la mesure où pour les elfes il existait assurément dans l'Imaginaire une vie après la vie. Hélas, je ne pouvais m'empêcher de craindre que ce ne soit pas le cas pour un être humain du monde réel, fût-il en passe de devenir lui-même un être imaginaire.

Le quatrième jour, je claquais des dents et marchais comme un vieillard. Nous pûmes heureusement nous réfugier dans une crevasse abritée. Quel soulagement d'échapper au moins pour quelques heures aux morsures du vent ! J'allumai un petit feu avec des brindilles glanées alentour.

Durant cette journée encore, je conservai l'espoir d'une fin heureuse pour notre expédition. Mais durant la nuit, peut-être dans le délire de ma fébrilité, je craquai. J'étais allongé en chien de fusil au plus près du foyer, la tête reposant sur les cuisses de Lizlide. Je ne dormais pas, je ne rêvais pas à des jours meilleurs, je ne peux même pas dire que je réfléchissais, j'étais sans force. Mais quelque part dans mon inconscient se préparaient les grandes décisions. Je serrais entre mes mains jointes la petite sphère de métal dans laquelle brillait d'un égal éclat l'âme d'Artimiston. Je ne sais pas pourquoi, mais ce contact me réconfortait. J'avais même l'impression que nous communiquions, lui et moi. Enfin, vint le moment du verdict où une voix intérieure me convainquit que nous faisions fausse route. Il n'y avait pas d'explication. Pas de logique. Pas d'autre solution en vue que de renoncer, ici et maintenant. Ce voyage était un piège et nous y laisserions la vie à le poursuivre ainsi.

Je me redressai, comme piqué au vif par cette illumination.

— Que se passe-t-il ? s'inquiéta Lizlide.

— Il se passe qu'on va faire demi-tour.

— Pourquoi ?

— Parce que nous avons eu tort d'obéir au maître des Épopées. Ce qu'il attend de nous n'est pas de surmonter les épreuves toutes tracées qui jalonnent ce chemin de souffrance. C'est au contraire de le surprendre, de le contrarier, de créer du suspense par notre imprévisibilité. Voilà ce que nous allons faire !

— Je ne comprends pas.

— Il existe deux itinéraires pour parvenir à destination : l'unique, imposé par le maître du jeu, et l'autre, le nôtre. Celui qui n'existe pas encore. J'ai appris sur la Terre que, pour accomplir son destin, chaque humain dispose de la voie toute tracée imposée par ses parents, sa société et ses croyances. Et puis, il y a celle qu'il s'invente, en fonction de ses talents, de ses envies et de son travail. Le résultat n'est jamais garanti mais, au moins, voilà une manière de s'accomplir qui ne manque pas de panache. C'est comme cela que je suis devenu explorateur de l'Imaginaire et non juriste, avec un beau bureau en haut d'une tour. Et malgré notre situation actuelle, je te jure que je n'ai aucun regret.

Lizlide me considéra. Contrairement à ce qu'aurait pu penser une femme « ordinaire », elle ne se demanda pas si j'étais en train de délirer. Elle sut que j'avais enfin mis le doigt sur la clé de notre épopée. Il ne nous restait qu'à profiter de notre liberté. Pour commencer, il était urgent de fuir cette impasse glacée dans laquelle nous ne nous étions déjà que trop enfoncés.

Tout d'un coup, j'allais mieux. Et je dormis presque paisiblement.

La descente vers la forêt noire se révéla encore plus pénible et périlleuse que la montée. Car le temps avait tourné à la tempête, avec des vents tourbillonnants comme on n'en voit qu'en Sibérie. À croire que le maître des Épopées était fou de rage que nous ayons renoncé à l'amuser de notre calvaire. Affaibli par la fièvre, je marchais comme un somnambule, la tête enveloppée dans une couverture, dont je serrais les pans contre ma poitrine en feu. Chaque pas était un supplice, mais aussi un mètre gagné vers la plaine où, assurément, nous retrouverions des conditions de voyage plus « humaines ». Ça ne pouvait donc qu'aller mieux... sauf pépin. Il arriva aussi subitement qu'un accident de voiture. Nous suivions notre sentier escarpé qui, à cet endroit, longeait à main gauche une paroi rocheuse abrupte. À main droite, la pente plongeait sur une profondeur impossible à estimer en raison du peu de visibilité. Sans m'arrêter, je me retournai pour lancer un appel à la prudence à Lizlide qui me suivait de près :

— Ça ne se présente pas bien, par là ! Reste bien le long de la... aaah !

Mon pied buta contre un obstacle. Je perdis l'équilibre et basculai dans un vide qui m'engloutit comme le néant. Avant de me rendre compte de ce qu'il m'arrivait, j'atterris dans une épaisse couche de neige qui amortit ma chute. Je demeurai immobile pour effectuer une première évaluation des dégâts. Bilan : à part une légère douleur aux côtes, je n'avais pas à déplorer de casse. J'étais dans la neige jusqu'aux épaules, ce qui m'obligea à agiter bras et jambes pour m'en sortir.

— Ouf ! On s'en souviendra, de celle-là aussi, maugréai-je en me secouant.

La voix de Lizlide résonna au-dessus de moi :

— Thédric ! Thédric !

Je levai les yeux. J'avais fait une chute de cinq mètres qui, sans cette congère opportune, m'eût été fatale. La silhouette de mon amour, comme moi enveloppée dans une couverture de laine beige, se découpait à peine sur le flanc sombre de la montagne.

— Je suis là ! Même pas mort ! Tout va bien ! criai-je.

Je m'en tirais bien en effet, mais le mauvais sort avait décidé de s'acharner, car à cet instant, un grondement provenant des cimes me comprima le cœur.

— Une avalanche ! hurlai-je. Lizlide, contre la paroi ! Plaque-toi contre la paroi !

Et moi ? Je tournai des regards affolés dans toutes les directions. Aucune échappatoire ! Merde ! Merde de merde ! Je me vis mort, et cette fois pour de bon. Offrant mon visage à la fatalité, bras écartés, je me tins prêt à la recevoir, tel le coup de grâce de l'exécuteur. Quand le souffle annonciateur de la masse en furie me balaya le visage, je criai :

— Je t'aime Lizlide ! Je t'aim...

La tornade blanche étouffa ma déclaration.

46

La révélation, enfin !

Je rouvris les yeux.

« Je suis mort ? » m'interrogeai-je en pensée.

Je n'en étais pas tout à fait sûr, car je sentais mon corps entièrement comprimé, ce qui m'empêchait de respirer normalement. J'en déduisis que j'étais enfoncé dans la neige jusqu'au menton.

— Thédric, mon amour, parle-moi.

Deux mains humides et froides, mais douces comme le plus fin satin, se posèrent sur mon visage. Je souris.

— Bon... jour.

Je manquais d'air pour en articuler davantage.

— Je vais te sortir de là.

« Fais vite, car je me sens partir », me dis-je. Je n'éprouvais aucune douleur précise, plutôt une langueur monotone qui lentement et sûrement faisait glisser ma conscience vers une quatrième dimension d'où l'on ne revient pas... Une bouche se posa sur la mienne et m'insuffla une onde de vie. Ma lucidité refit surface, puis replongea tranquillement. Finalement, Lizlide réussit à m'extraire de mon tombeau de poudreuse. Elle m'allongea sur le dos, me frotta énergiquement les mains et les joues, partagea sa chaleur, me parla, me donna toute l'énergie de son amour. Et quand un elfe donne de l'amour, rien ne résiste, ni le froid ni l'obscurité, ni même la mort. Je repris connaissance et retrouvai enfin une respiration normale.

– Nous l'avons échappé belle, n'est-ce pas ? dis-je.

– Le gros de l'avalanche n'était pas sur nous.

– Qui doit-on remercier ? M. Chance, M. Épopées ou la déesse protectrice des elfes ?

Lizlide m'embrassa, tendrement, puis répondit :

– M. Tamaladresse, car sans ta chute, nous aurions parcouru les quelques mètres de trop qui nous auraient amenés en aplomb de l'avalanche.

Comme un bonheur ne vient jamais seul, peu de temps après cet incident, nous retrouvâmes nos montures. Elles s'étaient mises à l'abri sous des arbres, entre un gros rocher et la rivière. Riant et chantant, je les embrassai sur les naseaux comme deux vieux amis qu'on n'espérait plus revoir.

La joie revenait, c'était bon signe.

Nous chevauchâmes au galop aussi longtemps que nos puissants destriers le purent. Cette course endiablée s'apparentait à une fuite éperdue. Même la nuit, nous progressions autant que nous le permettait ce que l'on appelle dans certains infinimondes « le clair de nuit ». Nous avons aperçu au loin quelques oxylodons. Nous craignîmes un moment qu'ils ne nous prennent en chasse, car ils nous avaient manifestement repérés. Heureusement pour nos os, l'appétit ne leur était pas encore revenu.

Quand nous retrouvâmes la région marécageuse, à l'approche de Firit, nous ralentîmes l'allure. Alors seulement nous commençâmes à nous demander vers quel horizon nouveau nous allions diriger nos pas. Je préconisai le Sud, espérant y trouver plus de chaleur et de couleurs. Lizlide fut d'accord. Craignant de tomber aux mains du comtal de Morte-Mère, nous convînmes de largement contourner son fief par l'ouest. Puis nous laisserions le hasard nous guider. Notre décision était ferme et définitive, pourtant ni l'un ni l'autre n'y accordions la moindre crédibilité. Parce que nous savions intimement que notre destin était ailleurs.

Un soir, devant un feu vigoureux allumé dans un pré, nous en discutâmes une nouvelle fois :

— Si nous n'allons pas vers le Sud, si le Nord nous est désagréable et l'Ouest interdit, déclarai-je, il ne reste que l'Est, c'est-à-dire la mer.

— Pourquoi pas ? Nous finirons peut-être par trouver une terre plus accueillante que ce continent.

— Mouais... pourquoi pas ? répétai-je pensivement. Le problème, c'est que nous avons un bateau mais pas de capitaine.

Je sortis de la bourse à ma ceinture la cage sphérique dans laquelle rayonnait l'âme d'Artimiston.

— Je me demande comment nous pourrions remettre cette chose à son propriétaire ? m'interrogeai-je.

— En lui rendant sa liberté, répondit Lizlide.

— Tu veux dire qu'il suffirait d'ouvrir cette boule pour que... ?

Je la levai à hauteur de mon visage, comme je l'aurais fait d'une cage à canaris - à colibris en l'occurrence -, et observai longuement la petite étoile qu'elle renfermait. Je ne parvenais pas à en percer la structure, bien que je ne fusse pas ébloui par cette lumière pourtant aussi vive que celle d'une ampoule électrique. Je n'entendais aucune voix intérieure, mais j'avais l'étrange impression qu'on me réclamait quelque chose... Je fermai les yeux pour me concentrer. Un message finit par s'inscrire dans mon esprit : « Continuez. S'il vous plaît. » C'était touchant et terriblement embarrassant.

— Lizlide, dis-je, je me demande si nous ne devrions pas retourner à Firit et tenter de rendre son âme à Artimiston.

Elle me fixa longuement avant de s'exclamer, étonnée :

— Parce que tu comptais l'emporter comme un bijou ou un souvenir ?

« Au moins, pensai-je, nous connaissons notre prochaine destination. »

Je ne peux pas dire que cela m'enchantait, mais ce petit détour retarderait l'heure des mauvaises décisions. Soudain, je vis Lizlide froncer les sourcils. Elle tourna la tête vers sa gauche. Inquiet, je suivis son regard et découvris à mon tour une silhouette familière.

— Tiens, un revenant ! lançai-je, en apercevant le grand hibou brun qui venait de se poser dans un silence parfait sur la plus haute branche d'un arbre. Où est ton maître ?

J'imaginais que celui-ci n'allait pas tarder à apparaître, mais Lizlide était d'un autre avis :

— Cela m'étonnerait, objecta-t-elle en se remettant à contempler notre feu.

— Pourquoi ?

— Parce que nous ne sommes plus dans le jeu.

Après deux journées de chevauchée au petit trot, dans une atmosphère qui avait retrouvé une relative douceur, et surtout un ciel lumineux, nous arrivâmes en vue de Firit, la cité-fantôme. Nous n'eûmes pas envie d'y pénétrer, aussi nous la contournâmes pour gagner le port. Les deux vieillards fumant leur pipe vide étaient là, installés sur les plots de fonte. Le quai où le bateau d'Artimiston était amarré, du côté de la puissante muraille protégeant le port des tempêtes, était jonché de cadavres d'arracheurs. De loin, on aurait cru des amas de matière noire vitrifiée.

— Dépêchons-nous, dis-je, brusquement pressé de quitter cet endroit funèbre.

En approchant du galion, je m'efforçai de ne prêter aucune attention aux gisants qui exhalaient une puanteur de charogne à peine soutenable. Je remarquai au passage que les mouettes et autres oiseaux plus ou moins nécrophages ne devaient pas apprécier la chair de ces cadavres, puisqu'ils ne leur avaient porté aucun coup de bec. Un tissu sous le nez, nous sautâmes sur le bateau. Artimiston Clairdemer était là, assis sur un rouleau de cordages, l'air hagard. Il ne nous adressa qu'un bref regard lorsque nous surgîmes sur le pont, jonché d'arracheurs d'âmes en cours de putréfaction. Je sortis la sphère lumineuse de la bourse que je portais à la ceinture.

J'avais repéré sous l'attache de l'anneau une petite goupille, qu'il suffisait de tourner pour déverrouiller le système. Je n'avais pas réalisé d'essai, de peur bien sûr de laisser s'échapper l'oiseau de lumière, mais je savais que l'opération ne prendrait que quelques secondes. Abandonnant à regret mon mouchoir, je dégainai ma dague.

— Bon, j'y vais, annonçai-je.

— Approche-toi davantage de lui, me recommanda Lizlide.

— Oui, bien sûr.

Je m'accroupis devant le vieil homme qui me regardait sans me voir. Le manque d'éclat dans ses yeux était encore plus effrayant vu de près. Mon cœur s'était mis à battre avec violence. Je n'avais pourtant pas une action dangereuse à accomplir, mais je craignais que l'âme du vieil homme, au lieu de regagner son écrin de chair - même fripé et usé par l'âge - ne s'élève comme une bulle de savon et se perde, emportée par le vent, aux confins de cet infinimonde. Je respirai plusieurs fois, profondément, désormais insensible aux miasmes.

— Tant pis, on n'a pas le choix, tranchai-je enfin.

Derrière nous, un claquement d'ailes nous alerta. C'était le hibou brun. Il se posa sur le bastingage du gaillard arrière. Bizarrement - car c'était bien la première fois -, je constatai qu'il ne nous fixait pas du regard. Il semblait plutôt s'intéresser au cadavre du ramasseur, ce ptérodactyle à plumes que nous avions abattu avant qu'il enlève le porteur de l'âme d'Artimiston. Je n'aurais su dire pourquoi, mais j'eus l'impression que le hibou éprouvait du regret.

Lizlide perçut ma perplexité, mais elle attendit que je la questionne :

— Qu'est-ce que ça signifie, à ton avis ?

— Je n'en ai pas la moindre idée, mais il est possible qu'il veuille nous dire quelque chose.

Je haussai les épaules, puis m'efforçai de me concentrer sur ma tâche. Ma main tremblait. À cet instant, le zombie Artimiston leva les yeux et lâcha de sa voix rocailleuse de marin au long cours :

— Ah ben, vous voilà ! Il était temps, moussaillon !

Il tira sur sa pipe et replongea dans son illusion de méditation. Malgré un malaise grandissant que j'attribuai à l'air vicié, j'introduisis la pointe de ma lame dans la goupille pour la faire pivoter. Un souvenir me revint alors, celui de mon combat contre le ramasseur, jusqu'à ce que je lui donne le coup de grâce avec mon épée. Je me retournai, vivement troublé. Lizlide s'inquiéta :

— Que se passe-t-il, Thédric ?

Mon regard tomba sur l'un des cadavres des arracheurs d'âmes.

— Je crois... je crois que je suis en train de comprendre, bredouillai-je.

Ma pensée resta encore figée quelques secondes dans un présent suspendu. Je jetai un regard au hibou qui me fixait maintenant avec la froide intensité des oiseaux de proie. Et enfin, je sus ce qui n'allait pas. Je retirai vivement ma lame de la goupille, comme si je l'avais piquée sur la gorge d'un homme. J'eus presque envie de m'excuser auprès d'Artimiston.

— Lizlide, dis-je, le souffle court, je sais ce que nous devons faire, et cette fois avec certitude...

Je m'interrompis, hochai la tête... réfléchis encore. Oui, j'étais sûr de moi. Elle attendait la suite, patiente et intriguée. Enfin, je lâchai :

— Puisque le maître des Épopées nous attend, allons-y !

47

Dans l'attente du ramassage

Si puissante que fût ma détermination à en finir avec l'Avaleur d'âmes, je n'en avais pas la maîtrise. Il fallait compter sur la patience, la sensibilité elfique de ma compagne et surtout la chance ! Après avoir renoncé à libérer l'âme du vieux marin, j'expliquai à Lizlide mes intentions et ce que nous devions faire pour les mener à bien. Elle approuva sans aucune objection, puis demanda en balayant du regard les vampires qui gisaient sur le pont :

— Lequel choisissons-nous ?

— Ça n'a aucune importance. Mais il vaut mieux que je le fasse seul. Je te rejoins très vite près des chevaux.

Ce n'était pas une tâche pour une créature aussi délicate. Elle n'insista pas et regagna le quai. Aussitôt, je m'approchai du cadavre le plus proche et entrepris de le dépouiller de son manteau de toile cirée. Celui-ci étant d'un seul tenant, sans poche ni couture, je dus l'empoigner aux épaules et le soulever assez haut pour que le mort en sorte. Ce qui s'ensuivit me remonte aujourd'hui encore l'estomac dans la gorge. Car les arracheurs d'âmes ne pourrissaient pas de la même manière que les humains ou n'importe quelle bête à sang chaud ; ils se liquéfiaient comme les mollusques. Ils possédaient cependant une ossature comparable à la nôtre, qui tomba en vrac sur le plancher avec le second accessoire qui m'intéressait. Il s'agissait du harnais rigide grâce auquel les oiseaux géants saisissaient leur colis. Pressé d'en finir, je jetai le manteau sur un tonneau et choisis un autre cadavre. Avant de l'attraper pour lui secouer les os, je dus aller vomir par-dessus le bastingage. Ma macabre besogne achevée, je ramassai mon butin puis, le serrant contre moi, sautai sur le quai. Je m'empressai ensuite de rejoindre Lizlide qui m'attendait, avec nos montures, de l'autre côté du port.

J'étais vert !

Dieu, quel souvenir ! J'aurais préféré mille fois vider les écuries d'Augias plutôt que d'accomplir ce travail infernal. Et dire qu'il fallut ensuite, après leur nettoyage minutieux dans les eaux glauques du port, que nous enfilions ces combinaisons pour nous assurer que nous pourrions en faire usage le moment venu. Car telle était mon idée, nous faire ramasser par les ptérodactyles à plumes, puis transporter par-dessus les montagnes jusqu'au palais du maître des Épopées – en priant le ciel que ce fût bien là que résidaient les vampires chauves et leur infâme père.

Les cirés des arracheurs d'âmes avaient une consistance caoutchouteuse atrocement semblable à de la chair molle. Leur solidité était étonnante, mais plus stupéfiante encore était leur propriété autoréparatrice. Avec la pointe de ma dague, je perçai l'un d'eux par curiosité. Sous mes yeux, il cicatrisa en moins d'une minute, sans laisser le moindre stigmate. Le harnais était quant à lui rigide et léger. Il se composait d'un assemblage ingénieux de tubes, enveloppant les épaules et s'élevant en arc de cercle derrière le crâne, pour une prise efficace. Il coulait dans le dos jusqu'aux fesses, où il formait un coude de soutien au niveau de l'entrejambe. J'en déduisis que son précédent propriétaire était soit de sexe féminin soit asexué, car pour un homme normalement constitué... Je songeai qu'il me faudrait prévoir une protection.

Une fois l'équipement enfilé, nous fîmes le point.

— Le harnais me gêne aux aisselles, mais ça devrait allcr, rćsumai-jc. Et toi ?

— C'est surtout le manteau qui me pose problème, répondit Lizlide. Cette matière m'inspire une aversion à peine supportable.

Elle était effectivement d'une pâleur inquiétante.

— On peut renoncer, si c'est trop difficile, proposai-je.

— Ce qui est difficile n'est pas impossible.

Je louai son courage, car je savais ce que le mot aversion signifiait dans la bouche d'un elfe. L'essai s'avérant à peu près concluant, nous nous empressâmes de nous débarrasser de cette peau molle et de la ranger dans une sacoche, que j'accrochai à la selle de mon destrier.

— Bon, et maintenant, qu'est-ce qu'on fait ? m'enquis-je.

— On attend la nuit, et la suivante si rien ne se passe, et celles qui viendront après, jusqu'à ce que les arracheurs se manifestent.

J'étais découragé par avance. Heureusement que nous étions tous les deux, pour nous remonter mutuellement le moral. Malgré cela, je ne pouvais m'empêcher de redouter la pire période d'ennui de mon existence. Je me pris à regretter ma Web-TV, mes jeux vidéo de baston 3-D, et même ma folle vie parisienne où la moindre minute d'attente est horripilante...

La première nuit, nous voulûmes la passer hors les murs de la citadelle, à la belle étoile sur la lande. Mal nous en prit, car au lieu de nous endormir paisiblement, tendrement enlacés, nous essuyâmes un véritable déluge. Dès l'ouverture des portes, nous nous réfugiâmes dans la ville et nous installâmes chez la vieille femme à qui j'avais emprunté des couvertures. Elle disposait d'une réserve de bois et surtout de vivres en quantité incroyable, dont de savoureuses charcuteries. Une deuxième puis une troisième nuit passèrent, durant lesquelles nous restâmes la plupart du temps sur les remparts, à scruter les obscures profondeurs de l'horizon montagneux. En vain.

Pour nous occuper l'esprit et éviter de nous encroûter, nous passions le plus clair de nos journées à chevaucher. Quant aux zombies de Firit, seuls subsistaient ceux qui disposaient de réserves de vivres dans lesquelles ils se servaient, mécaniquement. Une fois celles-ci épuisées, ils continuaient à se rendre dans leur garde-manger, mais n'y prélevaient plus que des denrées fictives qu'ils allaient cuisiner sur des fourneaux éteints. Après quoi, ils mangeaient avec fourchette et couteau le vide de leur écuelle. C'était à la fois pathétique et comique, surtout pathétique, car jour après jour ils maigrissaient, s'affaiblissaient, avant de tomber et mourir pour de bon.

Une semaine s'écoula ainsi, sinistre. Puis une seconde, mortelle. Et enfin, il y eut du nouveau.

— Lizlide ! appelai-je. Viens vite !

C'était en fin d'après-midi. Ma compagne était partie en exploration dans le bois, en lisière duquel je me trouvais. J'étais de mon côté en train d'examiner un fruit ramassé par terre, dur et marron, assez proche de la châtaigne, me demandant s'il était comestible - je me rendrais compte plus tard qu'il s'agissait en fait d'une crotte –, quand j'aperçus au loin une troupe armée, composée d'une dizaine de chevaliers en armure, avec leurs écuyers et quelques valets d'armes. La prudence me commanda de me mettre à couvert et de ne pas renouveler mon appel, ce qui de toute façon était inutile compte tenu de l'acuité auditive de mon elfe. Les inconnus passèrent leur chemin, chevauchant vers le nord. Lizlide me rejoignit peu après.

— Qu'y a-t-il ? s'enquit-elle.

— Des soldats. Une trentaine. Ils vont vers Firit.

Nous nous regardâmes et partageâmes la même pensée : « Pourvu que ce soit des hommes de Morte-Mère ! » Car si tel était le cas, cela nous épargnait le remords de ne pas avoir averti des innocents du danger de ces lieux.

Nous remontâmes en selle et nous hâtâmes d'aller y voir de plus près.

Lorsque nous nous retrouvâmes en vue de la petite cité portuaire, nous ne constatâmes aucune trace de l'escadron.

— De deux choses l'une, déclarai-je, soit ils étaient pressés et s'en sont allés, soit ils sont en ville. Dans ce cas, et s'ils appartiennent au comtal, il vaudrait mieux que j'y aille seul. Je trouverai bien une histoire à leur raconter. Ce que tu pourrais faire, c'est m'attendre par ici...

Je fis cette proposition sans quitter des yeux la petite citadelle fortifiée, car je savais comment mon elfe réagirait. Et je ne me trompais pas.

— Décidément, répondit-elle, je n'arriverai jamais à comprendre l'humour terrien.

Traduction : il était hors de question que l'on se sépare.

C'est donc trottant côte à côte que nous regagnâmes Firit. En chemin, je réussis à convaincre Lizlide que si les soldats s'y trouvaient je me porterais seul à leur rencontre. Elle ne serait bien sûr pas loin, prête avec son arc d'orichalque à intervenir en cas de danger. La réalité en décida autrement, puisque nous tombâmes pour ainsi dire nez à nez avec eux. Alors que nous franchissions le châtelet d'entrée, ils arrivèrent par notre droite sur le boulevard circulaire. De surprise, les chevaliers de tête poussèrent des cris et cabrèrent leur monture. Ceux qui suivaient faillirent les percuter. Malgré la confusion, les épées sortirent des fourreaux et les lances se retrouvèrent à l'aisselle. Nous avions affaire à des soldats aguerris. Dans le même temps, Lizlide arma son arc, tandis que je décrochais de ma selle mon arbalète pour l'épauler.

— Holà ! cria l'un des hommes d'armes. Qui êtes-vous ?

En un coup d'œil, je compris que j'avais affaire à des fugitifs. Leurs armures, bien que de belle facture, étaient bosselées et maculées de sang séché. Certains portaient un bandage autour de la tête, d'un bras ou d'une cuisse. Les écuyers avaient le visage souillé de crasse. Et tous affichaient l'épuisement et une vigilance craintive de bête traquée.

— Nous ne sommes pas des ennemis, si telle est votre inquiétude, répliquai-je. L'inverse n'est peut-être pas vrai.

Le chef de la troupe, un homme si blond que je crus sur le coup qu'il portait une barbe blanche, s'avança pour mieux me considérer, et Lizlide plus attentivement encore. La visière en cône de son heaume était relevée, laissant voir un visage blafard dans lequel brillait un regard rougi de fatigue, mais d'un bleu incisif.

— Je vois, finit-il par lâcher avec un sourire ambigu. Vous êtes le couple de créatures qui fait l'obsession de Morte-Mère.

— Je parierais que vous n'êtes pas, ou plus, l'un de ses vassaux, répliquai-je.

— Peuh ! cracha-t-il. Mon âme à l'Arracheur si je l'étais ! Et la mort à celui qui le croirait. Je suis Forgeas de Forcemain, chevalier de Saint-Foulque... Enfin, rectifia-t-il tristement, j'étais tout cela avant que ce rat volant ne s'abatte sur mes terres.

Une fureur vengeresse enflamma ses yeux.

— Mais s'il croit m'avoir définitivement brisé, il se trompe. J'ai encore quelques cartes à abattre, qu'il ne soupçonne même pas... Mais cela n'est point votre affaire. Que s'est-il donc passé, ici ?

Tout en abaissant mon arme, je répondis par une question :

— Vous avez sans doute entendu parler des arracheurs d'âmes.

— Ma foi oui, dans certaines légendes que racontent les anciens pour faire peur aux enfants.

— Alors, vous pourrez raconter aux vôtres que vous avez vu une ville peuplée de corps sans âme.

Une onde d'effroi parcourut la troupe.

— Vraiment ? s'étonna le chevalier.

— Vraiment. Si vous aviez été au service du comtal, je vous aurais perfidement conseillé de poursuivre votre chemin. Mais à vous qui êtes l'ennemi de notre ennemi, je suggère plutôt de vous abriter pour la nuit derrière ces murs.

— Impossible ! s'exclama le guerrier en balayant l'air d'une main gantée de fer. Nous sommes poursuivis et n'avons aucunement l'intention de nous laisser rattraper.

— Je vous assure, seigneur Forgeas...

Il m'interrompit en criant à ses hommes :

— Partons d'ici ! Un refuge bien plus sain et sûr nous attend chez mon cousin Ondelin...

— Très loin d'ici, j'espère, le coupai-je.

— Assez pour ne point avoir à craindre les suppôts de l'Avaleur d'âmes.

— Vraiment, vous ne voulez pas rester ? insistai-je.

— Quand la nuit nous tiendra sous son aile à l'abri des regards malfaisants, nous prendrons le repos dont nous avons grandement besoin. Merci de votre sollicitude, l'ami. Et bonne chance à vous !

Lizlide et moi nous écartâmes et les regardâmes s'en aller, avec l'amer sentiment de voir défiler devant nous un escadron de zombies en puissance. Ma compassion ne put cependant m'empêcher de penser, très égoïstement, que leur malheur ferait peut-être notre affaire.

48

Angoisses avant l'envol

Avant même que la nuit tombe, nous avions plié bagages et nous étions lancés sur la piste des fugitifs. Nous n'avions pas besoin de les garder en vue, c'est pourquoi nous ne pressâmes pas l'allure. Cette situation me mit un peu mal à l'aise au début, car j'avais l'impression que nous étions des charognards pistant un animal blessé. Puis l'anxiété l'emporta, avec son cortège de questions sans réponse : les arracheurs allaient-ils venir ? Leurs ramasseurs se laisseraient-ils abuser ? Et à l'arrivée, qu'est-ce qui nous attendait ? J'en frissonnais par avance. Lizlide paraissait plus sereine, mais comme je n'étais pas encore capable de lire dans son esprit aussi aisément qu'elle dans le mien, je n'en étais pas vraiment convaincu.

— Détends-toi, Thédric, nous réussirons, me rassura-t-elle, alors qu'effectivement je me torturais les méninges pour envisager une autre solution en cas d'échec.

— Je n'en doute pas, répondis-je, mais comment ? Si les ramasseurs ne veulent pas de nous, nous n'aurons plus qu'à... (J'écarquillai les yeux. Une idée formidable me traversait l'esprit.) à y aller à dos de dragon ! Pourquoi n'y avons-nous pas pensé plus tôt ?

— J'y ai songé, mais ce n'est pas envisageable.

— Mais si ! En usant du langage elfique, tu parviendras sûrement à le convaincre.

— Non, parce qu'il ne voudra jamais s'éloigner de son trésor. Je crois aussi que ça ne plairait pas au maître des Épopées. Tant que nous serons dans son monde, nous serons dans son jeu. Pour en sortir, nous devons aller jusqu'au bout de ce qu'il a prévu.

— Très bien, et une fois au bout, qu'est-ce qu'il va se passer ?

— Nous aviserons.

Je ne trouvai rien à répliquer, puisque moi non plus je n'étais pas devin.

Du coup, c'est en silence que je ruminai ma révolte, mais je savais que Lizlide avait raison, que nous ne pouvions et même que nous ne devions pas échapper aux manigances de l'Avaleur d'âmes. Je restai quand même convaincu que la conclusion était ouverte, ne serait-ce que parce que cela fait partie du plaisir du joueur que de ne pas la connaître. En résumé, le maître des Épopées imposait le chemin, mais pas la fin... comme dans la vraie vie, me dis-je.

Cette intéressante réflexion me redonna un bon coup de fouet au moral, et le goût du combat.

La nuit venue, nous nous postâmes à quelques centaines de mètres du camp installé par le chevalier de Forcemain. Nous pouvions voir ses guerriers fourbus se déplacer mollement autour du feu. Ils avaient déjà l'air de fantômes. La mélancolie me gagna, puis la nostalgie du royaume des Sept Tours - curieusement, pas celle de la Terre et de sa vraie réalité -, jusqu'à ce qu'enfin sonne l'heure.

Une fois encore, c'est Lizlide qui me réveilla en me secouant doucement, car je m'étais assoupi :

— Ils arrivent.

— Déjà ?

— La nuit est sur son dernier quart.

— Tu as entendu leurs oiseaux ?

— Oui. Ils sont peu nombreux.

Je scrutai la nuit en direction du campement, gardé par deux sentinelles appuyées sur la hampe de leur lance, menton sur la poitrine. Les malheureux n'avaient aucune chance d'apercevoir les silhouettes noires, surmontées d'un crâne blanc, qui approchaient à petits pas en file indienne. J'en comptai trente-deux.

— Dépêchons-nous, recommandai-je en me levant.

La réplique dut amuser mon elfe, elle qui était déjà opérationnelle, l'arc et le carquois sur le dos, tenant nos chevaux par la bride. Je ramassai mon arbalète, tendis la corde d'un geste désormais parfaitement maîtrisé, puis sautai en selle. Notre plan prévoyait d'attendre à bonne distance que les arracheurs aient achevé leur funèbre moisson, avant de nous approcher autant que possible. Ensuite, nous patienterions encore en guettant le retour des oiseaux géants, signal de notre métamorphose en arracheurs. Enfin, au dernier moment, nous prendrions la place de deux d'entre eux après les avoir abattus si nécessaire.

Constatant la faiblesse de leur effectif, je suggérai de changer radicalement de stratégie :

— Pourquoi rester là à ne rien faire, alors qu'on peut sauver ces malheureux ?

Lizlide ne répondit pas, mais, dans la pénombre du clair de nuit, je vis qu'elle souriait, satisfaite de n'avoir pas eu à me le proposer. La chevauchée qui s'ensuivit fut l'un des meilleurs moments de ce voyage. Moi seul cependant hurlais, à pleins poumons, afin de réveiller les fugitifs en péril, ce que j'obtins en quelques secondes. Nous prenant pour des assaillants, il commencèrent à nous tirer dessus avec leurs arbalètes.

— Cessez le feu, criai-je, sans me soucier de l'anachronisme. Nous venons à votre secours ! Les arracheurs d'âmes arrivent !

Troublés, les hommes cessèrent de nous tirer dessus. Nous stoppâmes nos montures à quelques mètres du camp et sautâmes à terre.

— Seigneur de Forcemain, lançai-je, nous sommes les étrangers que vous avez croisés à Firit. Nous reconnaissez-vous ?

— Bien sûr, je ne suis point abruti ! Où sont-ils ? Où sont ces brigands tant redoutés ?

Je m'approchai, arbalète en main, pointant l'index vers le sud.

— Portez votre regard de ce côté, Monseigneur, vous les verrez venir par la route, répondis-je.

Il scruta, vit et s'inquiéta :

— Par saint Foulque, que devons-nous faire ?

— La même chose que nous !

Le tir au pigeon commença peu après. En moins de cinq minutes, les trente-deux arracheurs avaient rendu l'âme, en admettant qu'ils en aient eu une. La liesse qui suivit cette piteuse victoire nous réchauffa le cœur, mais très vite revinrent les soucis de nos situations respectives.

— Vous devriez partir dès maintenant, seigneur Forgeas, suggérai-je. Sait-on jamais, si d'autres groupes d'arracheurs errent dans le secteur, vous pourriez cette fois ne pas avoir le dernier mot.

— C'est ce que nous allons faire, approuva le chevalier. Viendrez-vous avec moi ? Je garantirai votre sécurité et vous serez mes amis, jamais mes subordonnés, libres donc de vos vies et de vos envies.

— Merci, Monseigneur, mais nous sommes attendus ailleurs.

— Ailleurs ? s'étonna le guerrier. Où, ailleurs ?

— Chez le maître des Épopées.

L'annonce le laissa perplexe.

— Qu'avez-vous donc à faire chez le souverain de nos destins ?

— Nous avons un compte à régler avec lui.

Sans doute quelque peu effrayé par une affaire qui le dépassait, il n'insista pas. Avant qu'il lève le camp, je lui demandai de m'aider à une tâche, *a priori* extravagante. Il s'agissait, grâce à des pieux ou des lances, de maintenir dressée une rangée d'une dizaine d'arracheurs, orientés face vers le sud-est, comme s'ils guettaient le retour de leurs ramasseurs. Cela fait, nous nous remerciâmes mutuellement et nous séparâmes, sans doute à jamais.

Nous étions seuls depuis environ une heure, assis près du feu mourant, quand je perçus, quasiment en même temps que mon elfe, un lointain bruissement dans le ciel.

— J'ai l'impression que la cavalerie ailée arrive, dis-je, l'estomac serré.

— Oui, hâtons-nous de nous préparer, approuva Lizlide qui partageait la même appréhension que moi.

Ajuster les harnais ne requit que quelques secondes, enfiler par-dessus les cirés caoutchouteux, guère plus. Il nous restait à prendre nos armes, car nous avions déjà chacun passé en bandoulière un carquois bien rempli. Malheureusement, il nous était impossible de dissimuler nos arbalètes sous nos manteaux. Nous n'eûmes donc d'autre choix que de les garder en main, avec l'espoir que les ptérodactyles ne les remarquent pas. Une fois prêts, nous nous rendîmes à pas de geisha jusqu'aux arracheurs morts que nous avions dressés au bord de la route. Nous nous plaçâmes en queue de colonne, Lizlide devant moi.

Durant les minutes qui suivirent, mon cœur ne cessa de cogner contre ma cage thoracique. Cette attente, qui pourtant ne dura pas si longtemps, fut plus qu'éprouvante. Une vraie torture. Comme j'aurais aimé, en ces pénibles minutes, être un elfe à part entière ! Car dans les pires circonstances, ces êtres savent s'imposer le silence intérieur, et restent ainsi concentrés et parfaitement maîtres d'eux-mêmes. Les oiseaux géants arrivèrent enfin, mais ils ne se jetèrent pas immédiatement sur les arracheurs. Ils tournèrent au-dessus de nous, échangeant des cris aigus, me faisant craindre qu'ils ne se doutent de quelque chose. L'un d'eux piqua soudain sur notre petite chenille, à une telle vitesse que je crus qu'il s'était écrasé sur le cadavre de tête. L'arceau réduisant mes possibilités de mouvement, je ne pus me rendre compte de ce qu'il en était vraiment. De toute façon, je ne tenais pas à me faire remarquer en me dressant sur la pointe des pieds ou en me penchant pour satisfaire ma curiosité. Je vis quand même la bête reprendre son envol, à grands coups d'ailes, emportant son passager inerte.

La logique aurait voulu que les ramasseurs enlèvent leurs clients dans l'ordre de la file. C'était un raisonnement bêtement humain. Car le suivant, ce fut moi !

L'un des oiseaux se positionna au-dessus de ma tête, comme je l'avais vu faire sur le bateau d'Artimiston. Je serrai les fesses de peur et les cuisses sur le tissu plié, destiné à protéger les parties les plus sensibles de mon anatomie. Je ressentis un choc brutal dans le harnais et fus déstabilisé. Je fermai les yeux, crispai les mâchoires pour étouffer un cri de douleur, priai le Créateur de ne pas trop me malmener.

« Ça commence bien », maugréai-je en pensée.

L'instant suivant, je fus arraché de terre comme par une main de titan, ou plutôt comme par les cordes élastiques de ces manèges de foire, qui vous expédient à vingt mètres en l'air, en vous donnant la délicieuse sensation que vos tripes sont restées en bas. J'émis un hoquet de surprise et plaquai de toutes mes forces mon arbalète contre ma poitrine. Le vent commença à balayer mon visage moite de sueur froide. Chaque claquement d'ailes membranées au-dessus de ma tête se traduisait par un effet ascensionnel et une brusque pression entre mes jambes et sous mes aisselles. Cela dura plusieurs minutes, jusqu'à ce que nous atteignions notre altitude de croisière. Alors, comme par magie, le calme revint. La terre était sans doute très loin en dessous de mes bottes, mais l'obscurité ne me permettait pas de l'apprécier. L'horizon, à l'est, c'est-à-dire du côté de la mer, commençait tout juste à rosir.

Mon angoisse s'apaisant, je repensai à ma compagne. Je me contorsionnai pour tenter de l'apercevoir et fis aussitôt réagir mon ramasseur. Il émit plusieurs cris de chat-mouette, puis baissa la tête pour essayer de voir ce qui se passait. Je cessai instantanément de m'agiter, craignant qu'il ne se rende compte qu'il s'était trompé de colis et me largue comme une fiente. Dans l'affaire, je pus seulement constater que nous volions en formation serrée. Les ombrcs chinoiscs qui nous côtoyaient ou nous précédaient avaient exactement le même profil : celui d'un ptérodactyle aux immenses voiles de peau bombées par l'air, sous lequel pendait un pingouin à crâne d'œuf.

Nous étions quand même loin des cigognes qui amènent les bébés dans les chaumières.

49

La cité des Épopées

Le soleil s'étant levé, je vis l'un des plus beaux paysages qu'il me fût donné d'admirer : immenses plaines verdoyantes, montagnes majestueuses nappées de blanc, écharpes de brumes rose diaphane s'étirant parmi les moutonnements veloutés de forêts profondes... mais je m'en fichais ! À la vérité, j'étais frigorifié. Le support sur lequel j'étais accroché comme un jambon de Bayonne me martyrisait, aussi bien aux aisselles qu'à l'entrejambe. Pis que cela, je n'avais aucune nouvelle de Lizlide. Sans doute suivait-elle, mais comment le savoir, puisque dès que je bougeais, ne serait-ce qu'un bras, l'oiseau géant protestait d'un glapissement strident ?

Chaque minute devenait plus inconfortable et anxiogène. Combien de temps durerait ce voyage ? Plusieurs jours, si ça se trouvait ! Dans ce cas, j'en étais sûr, c'était la mort assurée. Pour me détourner de ces tourments, je me forçai à contempler le panorama. Peine perdue ! Car je ne pouvais m'empêcher d'anticiper le calvaire qu'il nous faudrait à nouveau endurer au retour, si nous devions prendre le même moyen de transport. À moins que le maître des Épopées nous fît la grâce de nous renvoyer chez nous par la même voie par laquelle il nous avait convoyés à l'aller, c'est-à-dire l'Entre-deux-mondes. Je voyais dans cette perspective heureuse un épilogue logique. Mais quelque chose, un pessimisme qui ressemblait un peu trop à une intuition, me susurrait qu'il n'y aurait pas de retour, en tout cas pas comme je pouvais l'imaginer. Il me vint soudain l'idée que notre tortionnaire avait peut-être prévu de me laisser repartir seul à mon point de départ, et que c'était pour cela que je n'arrivais pas à apercevoir mon amour. Autour de moi, je ne distinguais que des arracheurs d'âmes, affreuses poupées en cours de liquéfaction. Une bouffée de panique me fit perdre toute raison :

— Lizlide ! LIZLIIIIDE !

À mon hurlement répondit celui de plusieurs oiseaux, mais aussi une voie féminine familière, la plus douce de l'univers :

— Je suis là, Thédric ! Je t'en prie, tais-toi !

Elle était tout près derrière moi. J'en aurais pleuré de joie. Je me contentai de rire doucement, un peu comme un dément. D'ailleurs, je me demande si la folie n'était pas alors en train de me guetter. À cette occasion, j'ai pu entrevoir la déconnection pathologique qu'engendre une trop forte accumulation de souffrances et de fatigue, et la vision d'un trop grand nombre d'horreurs... bref, tout ce qui fait le quotidien d'un soldat sur un champ de bataille. Une raison de plus d'exécrer la guerre, conclus-je. Distrait par ces pensées, je ne me rendis compte que tardivement que nous étions en vue de notre destination !

Une heure plus tôt environ, nous avions survolé la plus haute chaîne de crêtes, cette barrière de l'enfer qu'avec Lizlide nous avions renoncé à franchir à pied. Finalement, me dis-je, la route était moins longue que nous le redoutions, même s'il nous avait fallu vaincre un col particulièrement périlleux.

Nous nous dirigions vers un plateau de basse altitude, vestige probable d'une moraine glacière. Il était très étendu, caillouteux et sans protection contre les vents violents de l'ouest. Du coup, il n'y poussait qu'une miséreuse végétation d'arbres rabougris, de ronces et d'herbe jaune. Ce paysage me rappelait le plateau du Larzac, surtout en raison de ses tertres et autres affleurements de roche claire. Au nord du site, je remarquai un curieux massif d'élévations brunes, en ogive, que je pris sur le coup pour des pics rocheux, tel le célèbre Pain de Sucre de la baie de Rio de Janeiro. Nous volions droit vers lui et je ne tardai pas à réaliser qu'il s'agissait en fait d'un ensemble d'édifices, piquetés d'ouvertures rondes. Des termitières à pingouins, en somme. J'en comptai une dizaine, de hauteurs diverses, disposées en apparence au hasard. Un complexe lacis de voies les reliait entre elles. Je remarquai que l'une de ces tours possédait un immense parvis circulaire. J'en déduisis qu'il s'agissait du palais du maître des Épopées. Un pincement au cœur me rappela que nous allions jouer là notre destin, avec les plus mauvaises cartes en main.

L'approche rapide de la cité me permit de constater qu'il n'y avait pas foule dans les rues, ni dans les airs ! À peine quelques points noirs, ici ou là. Je supposai que ces lieux sinistres ne commençaient à s'animer qu'au crépuscule, comme chez les vampires ! Glacé autant de froid que d'effroi, je me demandais comment cette histoire allait finir, peut-être par la perte corps et âme d'un explorateur de l'Imaginaire. C'était assez bien parti pour que ce ne soit pas qu'une expression !

Notre escadrille plongea soudain vers la ville, me remontant l'estomac dans la gorge. Je devinai qu'après avoir été déposés devant l'un de ces immeubles nous devrions trotter jusqu'au palais, et là... Je préférai m'arrêter de penser, car cela me faisait ruminer les pires phobies. C'est alors que mon ramasseur se détacha du groupe en virant brusquement sur la droite. Ensuite, à la manière d'un Stuka des temps anciens, il piqua sur l'esplanade. Le vent me fouetta le visage et m'amena presque à l'horizontale sous le ventre de l'animal. Les ailes à demi repliées, ce dernier émettait un hululement lugubre. Avec épouvante, je voyais le sol se rapprocher à une vitesse phénoménale et un des pains de sucre grandir démesurément. Le crash était inévitable !

— Doucement ! Ralentis ! criai-je.

« Ni crash ni atterrissage » ! me dis-je. Le Stuka à plumes allait tout simplement me larguer comme une bombe et, tel un œuf frais, j'exploserais au sol et répandrais ma chair et mes os sur le pavement de cette place.

— Oooooh, noooon !

Je fermai les yeux. Je fus violemment ballotté de droite et de gauche, d'avant en arrière, puis soudain ce fut l'atterrissage, accompagné d'un glapissement assourdissant. Mes pieds effleurèrent le sol. Le ramasseur me lâcha tout en douceur. N'ayant plus de force dans les jambes, je m'effondrai comme un pantin de chiffon. Mon ramasseur repartit aussitôt. Après un court silence, il y eut de nouveaux claquements d'ailes. Je relevai la tête...

— Lizlide ! m'écriai-je.

Elle se tenait debout, bras légèrement écartés, la chevelure quelque peu défaite. Elle avait de toute évidence beaucoup mieux encaissé le voyage que moi. Elle m'adressa un sourire, puis vint me rejoindre. En n'importe quelle autre circonstance, sa démarche de geisha dans cette longue robe cirée m'aurait fait sourire.

— Tu n'as pas trop souffert ? s'enquit-elle en m'aidant à me relever.

Je devais m'agripper à ses bras pour ne pas retomber.

— Je m'en remettrai. Maintenant, j'ai hâte d'aller tordre le cou à cet oiseau de malheur. Je suppose qu'il niche là.

Le bâtiment qui s'élevait de l'autre côté de l'esplanade avait des dimensions respectables, certes, mais pas aussi extraordinaires qu'on pouvait s'y attendre dans un infinimonde. Disons qu'il équivalait à une tour de trente étages. Les fenêtres étaient rondes, petites, disposées anarchiquement et fermées par un unique carreau transparent. Derrière nombre d'entre elles brillait une lumière jaunâtre peu engageante. Au bas de la tour s'ouvrait une porte en arcade, assez semblable à un portail de cathédrale, dépourvue de décoration. Cinq gardes s'y tenaient en faction. Je fronçai les sourcils, car ils n'étaient en rien comparables à des arracheurs ou des chasseurs d'âmes, adversaires désormais familiers. Globalement, on eût dit des gladiateurs de la Rome antique. Deux mètres pour le plus petit, une poitrine nue aux pectoraux de culturiste, sur lesquels se croisaient de larges lanières noires, des bras poilus gros comme mes cuisses et des pognes de catcheur. Leur pantalon brun, que je supposai taillé dans un cuir souple, moulait une musculature non moins impressionnante. Chacun était armé d'une épée médiévale dans un fourreau bordeaux. À leur ceinture était fixée une sacoche rectangulaire, dont j'aurais bien aimé connaître le contenu, car il ne s'agissait assurément pas de leur casse-croûte. Tous avaient un visage au teint clair, imberbe, dur, aux traits étonnamment réguliers. Quant à leur regard, il était sévère, on s'en doute, et pas du tout abruti. Ils nous observaient, nullement alarmés, intrigués comme si notre arrivée avait rompu la monotonie d'un quotidien dépourvu d'imprévu.

J'en avais tellement assez de cette aventure que j'avais attrapé un mauvais esprit. C'est pourquoi j'ironisai :

— On les abat d'abord et on cause ensuite, ou bien est-ce qu'on fait le contraire ?

— Si leur maître nous attend, nous avons juste à nous présenter.

— Très bien, mais pas dans cette tenue. Aide-moi, s'il te plaît.

Nous nous débarrassâmes de nos manteaux caoutchouteux, ce qui nous procura un soulagement délectable. Avant de marcher vers les colosses, arbalète ou arc en main, nous nous accordâmes encore quelques instants pour chasser l'engourdissement de nos membres. J'en profitai pour avaler un peu de nourriture et d'eau que j'avais emportées dans une petite besace.

— Tu ne veux rien manger ? demandai-je en tendant un biscuit à Lizlide.

— Ce n'est pas nécessaire, je te remercie.

Je l'observai et me rendis compte qu'elle était perturbée. Elle fixait l'entrée du bâtiment avec répugnance.

— Ça ne va pas ? l'interrogeai-je.

Elle laissa planer un long silence avant d'expliquer :

— Pour un elfe, ce genre d'endroit est une abomination. La vie y est absente.

— Tu veux dire comme dans le désert ?

— Non. Ça n'a rien à voir avec un monde de pierre ou de sable. C'est comme un abîme qui aspire, digère et détruit... (Elle me regarda pour lâcher :) Il abrite un faiseur de néant. C'est vraiment très effrayant.

Du coup, moi qui n'étais qu'à bout de patience et de nerfs, je me mis à avoir peur de franchir ce seuil. Et j'eus cette pensée surréaliste : « Qu'y a-t-il de plus impossible à affronter que le néant ? »

— Allons-y, dis-je enfin.

— Donne-moi la main.

Le courage ne manquait pas, mais le corps avait encore de la peine à suivre. S'il avait fallu à ce moment-là affronter à l'épée les cinq cerbères vers lesquels nous marchions, j'aurais perdu la vie en moins de temps qu'il ne m'en faut pour l'écrire. À notre approche, ils s'écartèrent, avec une nonchalance de soldats au repos et non de gardes vigilants. Et, ô surprise ! ils esquissèrent un geste de respect, main sur le cœur, en inclinant le buste, mais sans cesser de nous fixer de leurs yeux sombres où luisait une petite étincelle belliqueuse de mercenaire. De près, je les trouvais presque aussi impressionnants que les géants d'Herbian, aux côtés desquels j'avais combattu l'empereur des Mondes. Sans leur adresser la parole, nous avançâmes jusqu'au porche sous lequel nous nous arrêtâmes. Cette ouverture dépourvue d'huis donnait sur une salle qui semblait occuper toute la surface de l'immeuble. Elle était encombrée de piliers qu'on aurait dit formés de la jonction naturelle de stalactites et de stalagmites, dans une pierre ressemblant à un grès bistre. Chacun portait une lampe à suspension, composée d'une hampe métallique en crosse et d'un globe de verre translucide, à l'intérieur duquel se dandinait une flamme orange.

— On devrait peut-être se renseigner avant d'entrer, suggérai-je.

— C'est inutile, objecta Lizlide.

— Pourquoi ? Je crois au contraire qu'on ferait mieux...

Je m'interrompis en apercevant la silhouette d'un homme élancé, enveloppé dans une cape grise, qui traversait la salle à notre rencontre.

— Eh oui, bien sûr, murmurai-je. Il fallait bien que notre cher guide soit là pour nous accueillir.

Melgan n'avait pas le sourire, contrairement à son habitude quand il venait à nous. Au contraire, son visage était d'une gravité extrême. Il marchait à grands pas déterminés. Une légère brise faisait flotter les boucles de sa chevelure poivre et sel. Plus que jamais, je lui trouvais une prestance de magicien.

— Soyez les bienvenus au palais des Épopées ! nous salua-t-il, avec un geste de la main. Entrez, je vous en prie.

— Serions-nous chez vous ? l'interpellai-je.

Un sourire fendit sa barbe. Enfin !

— Vous savez bien que je ne suis rien... rien qu'un serviteur, le vôtre en l'occurrence.

— Nous sommes attendus, n'est-ce pas ? enchaînai-je.

— Mais oui, ainsi que tous les héros valeureux qui le méritent.

— Nous voici enfin au but, je présume ?

Il me fixa avec une drôle d'expression. J'eus la désagréable impression qu'il sondait mon esprit. Je le laissai faire, car je n'avais pas à cacher des intentions que n'importe quel benêt aurait déduites de mon caractère.

— Comment vous représentez-vous le maître des Épopées ? me demanda-t-il.

Il n'attendait pas de réponse de Lizlide. Il avait dû deviner qu'une elfe ne disposait pas de cette faculté typiquement humaine qu'est l'imagination.

— Voyons, réfléchis-je à voix haute. Gras, baveux, pustuleux. Une gueule de mérou avec des crocs jaunes et des yeux globuleux aux reflets glauques. Pourquoi cette question ?

— Parce que je lis en vous une arrogance qui pourrait ne pas lui plaire. Ne vous fiez pas aux apparences, Thédric Tibert, l'être que vous allez rencontrer mérite un respect infini. Vous aurez plus à gagner à lui parler comme à un grand souverain que comme à ce qu'il vous semblera être.

Il marqua un silence prolongé, puis fit cette curieuse remarque en baissant le regard sur mon arbalète :

— Vous êtes venus avec vos armes. Vous avez bien fait.

— Pourquoi ?

— C'est une question à laquelle seuls les événements peuvent répondre. Suivez-moi, je vous prie.

Je n'insistai pas, songeant que je n'hésiterais pas à envoyer cette créature infiniment respectable *ad patres*, si nos vies étaient en danger. Melgan tourna les talons et nous lui emboîtâmes le pas.

50

Les tables des Épopées

Le devin nous fit traverser la salle jusqu'au centre où se dressait un pilier d'une circonférence supérieure à celle de tous les autres. Là se tenait un personnage en tout point semblable à un arracheur d'âmes. Melgan lui adressa un signe de la main. Le bonhomme se tourna vers le pilier, ouvrit une petite trappe et s'empara d'un cornet relié à un tuyau flexible noir. Il lança un appel en forçant sa voix aigrelette. Je découvris que nous nous tenions devant une cloison mobile qui soudain se déroba, révélant une cage de fer.

— Un ascenseur ! m'exclamai-je. Fichtre, si je m'attendais ! Comment fonctionne-t-il ?

— À l'énergie musculaire, répondit Melgan. Entrez, s'il vous plaît.

Il n'en dit pas plus, mais je présumais que sous nos pieds des esclaves, animaux ou humains, actionnaient un système de câbles et de poulies. Nous nous serrâmes dans la minuscule cabine qui tangua. Je levai les yeux et constatai avec effroi qu'elle était suspendue comme un panier à salade à une corde qui se perdait dans les ténèbres, s'élevant probablement jusqu'au sommet de l'édifice. Je ne pus cacher mon inquiétude.

— C'est solide au moins ?

Sa réponse me dissuada d'exiger des précisions :

– Je déteste emprunter cet engin. Tenez-vous aux barreaux, cela va bouger un peu.

L'arracheur garçon d'ascenseur referma la cloison et nous nous retrouvâmes plongés dans une oppressante obscurité. Lizlide, qui était beaucoup plus sensible que moi aux vibrations émanant de cette tour infernale, se blottit dans mes bras.

Il y eut un petit choc. La corde venait de se tendre brusquement. Dans les lointaines hauteurs, un grincement métallique résonna. La cabine décolla, mais stoppa deux secondes plus tard. Elle fut secouée, descendit d'un cran, puis s'éleva à nouveau. La suite de l'ascension devait rester dans mon souvenir comme un des plus fameux cauchemars de ce voyage, à la fois effrayant et hilarant. On se serait cru dans une attraction de foire. Nous étions bousculés de droite et de gauche, secoués de haut en bas, parfois très violemment lorsque la cage s'immobilisait et repartait d'un coup... Les grelottements de chaînes, les couinements et les raclements contre la paroi de pierre nous laissaient imaginer la pire des machineries, de celles que les inventeurs du dimanche bricolent dans leur garage.

– Il y a un frein automatique en cas de rupture du câble ? m'enquis-je.

– Pour quoi faire ? Cela ne s'est jamais produit.

– Nous voilà rassurés, ironisai-je.

Un certain temps plus tard – dans de telles conditions, on en perd la notion –, l'ascenseur s'immobilisa enfin. La cloison s'ouvrit sur un couloir, ou plutôt un hall éclairé par des lampes à flamme orange. Un autre pingouin garçon d'ascenseur en robe de caoutchouc noir s'écarta vivement. Nous prîmes pied sur un palier pavé de dalles brunes. Les murs concaves étaient irréguliers, dans une matière brute plus claire que le sol, évoquant le parchemin. Cela me fit penser à une répugnante artère de chair momifiée. En face de l'ascenseur, nous apercevions dans un renfoncement une porte de bois à double battant, sur laquelle était sculpté un grand hibou.

— Il faut attendre, nous annonça Melgan.

Nous attendîmes donc, assez longtemps. Je notai que la température était douce et l'air chargé d'une odeur bizarre que je mis un moment à identifier : mélange de vieux papier et de boiserie, à peu près celle qui règne dans les très vieilles bibliothèques. J'imaginais difficilement que le maître des Épopées fût un érudit, mais comment en être certain ?

Enfin, des bruits sur notre gauche signalèrent que notre affaire se précisait. Un panneau, invisible jusque-là, coulissa dans la paroi. Huit colosses armés apparurent, semblables à ceux qui surveillaient l'accès à la tour. Derrière eux, j'entrevis un long couloir, plus sombre que le hall. L'homme de tête vint se planter devant Melgan et le salua d'une brève inclinaison du buste.

— Devin Melgan, les compagnons sarmates sont à vos ordres. Le maître des Épopées vous autorise à le déranger.

Melgan le remercia d'un signe de tête, puis se tourna vers nous.

— Une dernière recommandation, soyez vous-mêmes...

— Pour ça, pas de problème ! lançai-je.

— Mais ne vous y trompez pas, poursuivit-il sur le même ton détaché, quoi que vous désiriez ou pensiez, votre destin est entre ses mains. Nulle révolte, nulle insulte, nul acte de violence n'aurait la plus infime influence sur sa volonté. Votre devenir lui appartient depuis que vous avez posé les pieds sur son continent. Cependant, il est possible qu'il vous donne un choix. Ne tentez pas de vous y soustraire, car vous perdriez tout et rejoindriez sa collection.

— Sa collection ?

Melgan eut un étrange sourire, et pour la première fois je lus en lui aussi clairement que lui en moi : il était terrorisé. La main de Lizlide se raffermit dans la mienne. Je n'aurais su dire pourquoi, mais il me sembla comprendre son message : « Quoi que veuille le maître des Épopées et quel que soit son pouvoir, il ne parviendra pas à nous séparer, pas plus qu'il n'a pu nous voler notre âme. » Je pris une profonde inspiration, puis lâchai :

— Finissons-en.

Escortés par les gardes sarmates, nous marchâmes jusqu'à la porte en bois. L'un des colosses nous dépassa pour l'ouvrir en grand. Après une légère hésitation, Melgan s'avança et nous le suivîmes dans le saint des saints, le naos des Épopées. Mes yeux s'agrandirent de surprise. Nous venions d'entrer dans une immense salle circulaire dont les murs formaient une coupole parfaite culminant à une dizaine de mètres. Jusqu'à la clé de voûte, la paroi était constellée d'étoiles diffusant une lumière blanche très pure, aux rayons cristallins, intense sans être éblouissante. Il me fallut quelques secondes d'accoutumance visuelle pour me rendre compte qu'il s'agissait d'âmes enfermées dans de petites cages sphériques, suspendues à des crosses de fer. Elles-mêmes étaient fixées au mur comme des appliques, sans ordre ni alignement apparent. Il y en avait des centaines, parfois concentrées en un nuage de points très serrés. Notre peau percevait une tiédeur caressante et troublante. C'était donc cela, la collection du maître des Épopées ! J'en frémis d'indignation. Lizlide était quant à elle tellement bouleversée que des larmes roulèrent sur ses joues. Ce n'était pas la première fois que je voyais un elfe pleurer, mais cela accentua ma propre émotion qui se mua en une colère que j'avais du mal à contenir.

Face à nous se dressait une installation des plus surprenantes, dont sur le coup je ne compris pas l'usage. Sur une large circonférence étaient alignés des meubles ressemblant à des coiffeuses, toutes semblables : un plan de travail assez grand (la surface d'un bureau) et un miroir de forme trapézoïdale, enchâssé dans un cadre d'orichalque. Sur chaque table était peinte – ou peut-être collée – une carte géographique parsemée d'indications chiffrées et de dessins. Sur certaines d'entre elles, des figurines étaient dressées, comme sur le damier d'un jeu d'échecs. Le cercle de coiffeuses étant ouvert face à la porte, nous pouvions apercevoir un fauteuil à haut dossier. Le maître des Épopées nous tournait le dos, malicieusement, pensai-je. Il était affairé devant l'une de ces singulières coiffeuses, non pas à se refaire une beauté, mais à jouer ! Car bien sûr, ces meubles n'étaient autre que des tables de jeu, *les tables des Épopées*, sur lesquelles se nouaient et se dénouaient le destin de héros comme Lizlide et moi. Je me demandai laquelle concernait notre aventure, quand soudain se produisit un raclement. Le fauteuil venait de se déplacer d'une table sur la gauche. Il était monté sur un pied roulant, incrusté dans un rail. Ainsi, le joueur pouvait-il aller rapidement d'une installation à une autre, sans avoir à se lever. J'étais persuadé que ce pervers sadique s'amusait de nos interrogations sur sa physionomie.

— Il se fiche de nous, murmurai-je à Lizlide.

— Fais silence, Thédric, et concentre-toi, me tança-t-elle. La dernière partie est commencée.

Je jetai un regard par-dessus mon épaule. Les gardes sarmates avaient pris position derrière nous, bras croisés sous leurs monstrueux pectoraux, l'air impavide mais l'œil vif. Melgan rompit enfin le silence :

— Maître, la créature elfique nommée Lizlide et l'humain Thédric Tibert sont là.

Les secondes s'égrenèrent ensuite dans un silence horripilant. Le fauteuil revint à sa position initiale. Et soudain, il pivota !

— Alors ça ! m'exclamai-je, abasourdi.

Je m'attendais à beaucoup de choses, de préférence les plus extravagantes. Mais là, mon imagination était battue...

51

Le choix impossible

Il souriait, sans doute plus satisfait de son effet que de nous voir enfin en chair et en os. Pour un peu, nous lui aurions donné le bon Dieu sans confession. Quoique. À bien y regarder, ce qui émanait de ses grands yeux noirs était inexplicablement inquiétant. Peut-être parce qu'ils reflétaient un esprit fabuleusement évolué. Sur sa bouche aux lèvres fraîches, joliment dessinées, se lisait l'ironie mordante des créatures qui se croient supérieures en tout. La lumière cristalline tombant de la voûte gommait les moindres reliefs de son visage sans défaut, dont le teint clair avait un éclat étrange, presque surnaturel. Sa chevelure coupée court, soigneusement coiffée en arrière, était d'un blond qu'on ne connaît pas sur la Terre, proche de l'orichalque. Son jeune corps gracile était enveloppé - on ne pouvait pas dire habillé, car cela n'avait ni forme ni pli - dans une robe caoutchouteuse noire, identique à celle des arracheurs d'âmes.

Quel âge pouvait-il avoir ? Douze ans, tout au plus. Le maître des Épopées, sorte de dieu régnant sur un continent par lui façonné, n'était donc qu'un gosse, un fondu de jeux de rôle. Il esquissa un sourire, puis s'adressant à moi, demanda :

— Thédric Tibert, m'avez-vous apporté l'âme d'Artimiston Clairdemer ?

— Oui, répondis-je laconiquement.

— Vous voulez bien me la donner ?

Sa voix était celle d'un jeune adolescent, teintée de naïveté et d'enthousiasme. Je fus tenté de jouer les héros rétifs, mais la raison me commanda d'obéir. Je sortis la petite sphère métallique de la bourse dans laquelle je la transportais à ma ceinture. Le visage du garçon prit une expression de ravissement qui, paradoxalement, me fit froid dans le dos. J'allais m'avancer pour la lui donner, quand Melgan me retint en posant une main sur mon bras :

— Un garde va s'en charger, précisa-t-il.

L'un des colosses se hâta d'obtempérer, m'adressant au passage un de ces coups d'œil sardoniques qui semblaient être une spécialité de la compagnie des Sarmates. Le maître des Épopées reçut l'objet dans ses paumes jointes, comme s'il se fût agi d'un joyau. Il l'admira longuement, puis annonça dans un souffle à peine audible :

— Elle va rejoindre son clan.

Il quitta son siège. Je m'attendais logiquement qu'il vienne vers nous, mais il pivota vers sa droite et fixa son attention sur une zone précise de la voûte, située à deux mètres du sol. Nous le vîmes alors s'élever lentement, puis planer par-dessus les miroirs des tables de jeu, jusqu'à la paroi. Tout en se maintenant en lévitation, il accrocha l'âme du marin à une crosse métallique, de sorte qu'elle touchait une autre étoile blanche.

— Il retrouve Anacbeth, annonça l'adolescent en désignant cette dernière de l'index.

Puis il ajouta en tournant la tête vers nous :

— Les âmes réunies dans ce secteur viennent toutes de Mauduit-Sad. Comme vous le voyez, je les conserve précieusement, car elles sont... (il contempla son trésor avec amour) si délicieuses.

Tandis qu'il regagnait sa place dans le fauteuil, j'interrogeai Melgan à mi-voix :

— Que veut-il dire par si délicieuses ? Qu'il les mange ?

Le devin eut à nouveau ce sourire incertain qui trahissait la terreur que lui inspirait son maître. Je préférai ne pas insister. Le garçon reprit la parole :

– Elfe Lizlide et Thédric Tibert, vous m'avez bien diverti. Rares sont les héros qui ont réussi à franchir chacune des épreuves de leur épopée et à parvenir jusqu'à moi... je veux dire, corps et âme. Cela mérite reconnaissance.

Il laissa planer un long silence, mimant la réflexion ou l'embarras, alors qu'il savait parfaitement ce qu'il voulait dire.

– Mais d'un autre côté, vous n'avez pas respecté toutes les règles du jeu. (Il posa le regard sur l'arc que Lizlide tenait dans sa main gauche. Cela me rappela que je portais mon arbalète en bandoulière sur mon dos et qu'elle n'était pas armée, ce qui pouvait se révéler fâcheux si la situation venait à se gâter.) Vous m'avez amené l'âme que j'avais réclamée, ainsi que les armes du prince des Fulmides, réalisant même la prouesse de ne pas le tuer. Tout cela me satisfait...

– Mais ? l'interrompis-je.

Il me dévisagea, balançant entre colère et amusement devant mon insolence.

– À votre avis ? renvoya-t-il.

– Il vous manque quelque chose. Le bouclier d'orichalque ?

Il hocha négativement la tête.

– Ah bon ? Alors, quoi ?

– Certes, j'aurais aimé que vous m'apportiez cette preuve de bravoure, mais avoir réussi à tromper la vigilance du dragon dans le cirque du Défi suffit à mon contentement. Je dirais même que vous m'avez surpris, ce qui déjà en soi vaut un point de vie supplémentaire.

Nous étions vraiment dans un jeu et j'en redoutais le dénouement.

– Si nous en venions au score final, ça nous ferait gagner du temps, m'agaçai-je.

— En principe, je ne discute pas avec mes héros. Puisqu'ils ont survécu, je les félicite et les renvoie chez eux. Avec vous, je vais procéder autrement en vous offrant un choix, selon vos mérites. En récompense de vos exploits, je vous dois une vie. En punition d'avoir blessé mon hibou, vous m'en devez une. Faites le compte...

Je blêmis. Ainsi se confirmait la prémonition de Lizlide, lorsque j'avais perdu mon sang-froid et tiré sur ce maudit volatile. Je ne pus m'empêcher de jeter un coup œil vers ma compagne, mais elle fixait obstinément le maître des Épopées. Je réalisai alors que ce dernier ne l'avait pas une seule fois regardée, non pas pour l'ignorer, mais plutôt comme s'il craignait qu'elle le pétrifie, telle Méduse. J'aurais donné cher pour connaître la raison de cette peur évidente.

— Voici votre choix, reprit le maître, l'un de vous aura la possibilité de rentrer chez lui, l'autre demeurera sur mon continent aussi longtemps qu'il me plaira.

Ni Lizlide ni moi ne manifestâmes de réaction. À la vérité, nous attendions la suite, puisqu'il en avait prévu une. Il quitta son fauteuil et, faussement songeur, s'approcha d'une table à sa droite. Sur la carte étaient dressées plusieurs figurines, dont celle d'une espèce de dragon noir et grimaçant. Il allongea le bras et de sa main droite, fine et blanche, fit pivoter une pièce représentant un guerrier en armure, épée au poing. Comme s'il s'agissait d'un écran d'ordinateur que l'on réveille d'un frôlement sur le clavier digital, le miroir se brouilla puis une image s'y forma. C'était un paysage de campagne traversé par un chemin herbeux. Sur celui-ci chevauchait un chevalier équipé d'une armure rutilante. Il semblait seul et fier. La visière du heaume relevée, il observait les champs autour de lui.

Le maître des Épopées s'empara de la figurine du dragon, et d'un geste vif l'approcha de celle du guerrier. L'action se répercuta aussitôt sur l'image. Un cri perçant en sortit, atténué comme le son d'un haut-parleur réglé faiblement. Le chevalier stoppa sa monture et tira l'épée. Il resta quelques secondes tendu et attentif. Soudain, ce que je pris d'abord pour un oiseau noir jaillit d'un bosquet dans lequel il était embusqué. Il vola à ras de terre vers le soldat qui, poussant un juron, piqua des deux à sa rencontre. Un combat s'engagea. Je découvris alors qu'en fait d'oiseau son adversaire était un monstre de la même espèce que le comtal de Morte-Mère, une gargouille affublée d'ailes de chauve-souris, caparaçonnée de cuir clouté et armée d'une épée.

L'adolescent contemplait ce spectacle, bras croisés, la mine détendue et satisfaite. Jusqu'à ce que, tout à coup, il s'agace de ne pas voir arriver assez vite l'issue du combat. De colère, il balaya les pièces du jeu, provoquant l'extinction immédiate du miroir-écran. Se tournant vers nous, il lança :

— Choisissez votre destin. Vite ! Je n'ai plus de patience.

Son visage n'exprimait plus la goguenardise du cynique prétentieux, mais la cruauté du garnement qui aime torturer les grenouilles ou les insectes qui lui tombent sous la main. Mon sang ne fit qu'un tour et je laissai mon naturel gérer la situation :

— Vos arracheurs d'âmes ne sont pas parvenus à nous séparer, répliquai-je, ce n'est pas un sale gosse qui va le faire.

— Alors je vais autoriser mes Sarmates à tuer l'un de vous deux.

— Qu'ils essaient ! répliquai-je presque en criant.

Je m'emparai de mon arbalète et aussi prestement que possible la pointait vers le sol, la calai sous mon pied, puis tendis la corde d'un coup sec. L'opération terminée, je plaçai un carreau dans la gorge de tir.

— Vous perdez votre temps, Thédric Tibert, m'avertit Melgan.

— J'ai du temps à perdre, rétorquai-je, mais deux vies à préserver. Écartez-vous.

Le devin ne bougea pas. En revanche, Lizlide se déplaça vers la droite pour faire face aux huit colosses. Ils avaient tiré l'épée, mais attendaient que leur chef ordonne de passer à l'action. Le maître des Épopées ne semblait pas effrayé par la tournure que prenaient les événements. En revanche, il affichait la colère d'un enfant contrarié dans son jeu. Les poings fermés, il regagna son fauteuil de jeu.

— Melgan, choisissez celui qui va mourir ! ordonna-t-il.

Pris au débotté, le devin eut un haut-le-corps, mais il se reprit vite et proposa une réponse de Normand qui me plut :

— L'elfe me paraît la plus dangereuse, maître, mais l'humain serait le plus facile à traiter.

— Bien. L'elfe Lizlide périra donc, quand je l'ordonnerai.

— Avez-vous déjà vu combattre un elfe de la forêt d'Émeraude ? demandai-je, faute de savoir comment faire évoluer la situation.

— Avez-vous déjà combattu un garde sarmate ? répliqua-t-il.

Je jetai un regard vers les armoires à muscles alignées devant la porte de la salle. Leur attitude décontractée n'avait rien de rassurant. Avant de les affronter, il me sembla urgent d'essayer d'en apprendre un minimum sur elles. J'interrogeai Melgan :

— Qu'ont-ils de si redoutable ?

— Essayez donc d'en abattre un.

Sans l'ombre d'une hésitation, je mis mon arbalète en joue, mais Lizlide avait décidé de me devancer. Il y eut un bref sifflement. Un Sarmate exécuta un moulinet avec son bras gauche, si rapide que mon œil ne put le suivre. L'instant suivant, il provoquait l'hilarité de ses camarades en exhibant la flèche que l'elfe lui avait expédiée, et qu'il avait saisie au vol comme une mouche importune. Je grimaçai.

— Effectivement, marmonnai-je.

— Tuez l'elfe Lizlide ! s'écria soudain le maître des Épopées.

C'était parti !

52

L'être-univers

Je réarmai mon arbalète en un temps record, la mis en joue et fis volte-face pour viser le maître des Épopées. Le petit gredin étira un sourire de communiant posant pour la photo.

– Arrêtez où je l'abats ! hurlai-je.

– Thédric, attention ! s'écria Lizlide.

Je tournai la tête et vis un Sarmate, l'épée brandie, qui se ruait sur moi. Mais il trouva l'elfe sur son chemin. Elle lui planta dans le flanc sa dague jusqu'à la garde. L'homme poussa un beuglement de taureau avant de s'effondrer sur les genoux en se tenant les côtes. Sachant désormais que ce n'était pas sur son arc qu'elle devait compter pour éliminer nos adversaires, Lizlide l'avait posé au sol ainsi que son carquois. Elle vint se placer devant moi en protection.

– Cette fois, ça suffit ! maugréai-je entre mes dents.

Je me retournai et sans sommation décochai mon carreau. Celui-ci se planta dans la poitrine du garçon, pile à l'emplacement du cœur. L'adolescent fronça les sourcils, baissa les yeux sur le trait qui dépassait d'une dizaine de centimètres. Abasourdis, nous vîmes le projectile continuer à s'enfoncer. Lorsque l'empennage toucha la robe caoutchouteuse, il marqua un léger arrêt, puis d'un coup disparut, littéralement avalé par le corps de la créature.

– Lizlide, tu as vu ça...

En guise de réponse, ma compagne me bouscula pour que la lame d'un Sarmate ne m'embroche pas. Il y eut un cri de douleur, l'elfe lui avait planté sa dague dans l'avant-bras.

— Viens ! me lança-t-elle.

Nous nous précipitâmes vers le fauteuil du maître des Épopées qui applaudissait et riait comme au cirque. Les colosses nous acculèrent dans l'espace circulaire formé par les tables de jeu. J'avais tiré l'épée, mais je savais que je ne faisais pas le poids face à de tels combattants. Même Lizlide était à peine assez véloce pour éviter leurs attaques. Si le gamin m'avait désigné pour mourir en premier, c'eût été déjà fait. Les deux géants qui m'avaient pris à partie jouaient avec moi, tels des chats avec une souris aux abois. Ils pointaient leur épée vers moi, m'obligeant à donner des coups pour les détourner. Je redoutais le moment où ils décideraient de me planter chacun la leur quelque part dans le corps. À l'inverse, les quatre autres qu'affrontait Lizlide cherchaient à tuer. Je m'étonnais toutefois qu'ils ne l'attaquent pas plus franchement, jusqu'à ce que je comprenne que la peur de causer quelque dégât collatéral retenait leur bras. Quand elle sauta sur une coiffeuse, j'eus la confirmation que nous combattions dans un magasin de porcelaine où chaque pièce valait le plus précieux des vases Ming. Déconcertés, les gardes sarmates cessèrent de porter l'estocade à Lizlide. L'un d'eux jeta un bref regard craintif vers son jeune maître, lequel trouvait que la situation prenait un tour déplaisant.

— Éloignez-vous ! Quittez mon cercle de jeu ! s'énerva-t-il.

Croyant que l'injonction ne s'adressait qu'à eux, ses gardes reculèrent. Ils avaient perdu leur air goguenard. Le vent était en train de tourner et je reprenais confiance.

— Thédric Tibert, vous ne serez pas tué, lança l'adolescent. Partez ! Melgan, emmenez cet humain et qu'il rentre chez lui !

Le devin acquiesça, puis d'un signe de main m'indiqua d'approcher.

— Ne laissez pas passer votre chance, me lança-t-il.

J'échangeai un regard avec Lizlide, toujours perchée sur une coiffeuse située près du fauteuil de la créature. Son expression farouche semblait m'adresser un message. Je fronçai les sourcils. Que voulait-elle me faire comprendre ? Comme en réponse, il me vint cette pensée : « Tu es un elfe, pense en elfe ! » Je reportai mon attention vers Melgan. Derrière lui, les gardes sarmates, épée au poing, se tenaient prêts à revenir à la charge. Je les sentais sûrs d'eux quant à l'issue de l'affaire. La configuration des lieux ne nous donnait, il est vrai, guère d'espoir de nous en sortir. Melgan avança et renouvela son appel à la raison. Je le dévisageai, tentant de percer ses véritables intentions. Je fus alors surpris de déceler dans son esprit la cause de sa peur. C'est ainsi qu'il me livra involontairement la solution à notre problème, du moins le crus-je. Je me tournai vers le maître des Épopées et à deux mains, façon samouraï, le menaçai de mon épée.

— Tu ne crains ni les flèches ni les lames, n'est-ce pas ? Tu serais donc indestructible. Pourtant, si l'on sait frapper au bon endroit, je suis certain que tu es aussi fragile qu'un... miroir !

Son regard noir prit une expression d'épouvante et sa voix juvénile un ton vibrant de panique.

— Thédric Tibert, je vous ordonne de partir !

— Je n'obéis qu'à mon instinct, répliquai-je. Or celui-ci me commande de vous briser.

Tel un danseur de ballet, je pivotai et abattis mon épée. Elle fendit une table d'Épopées et fit exploser son miroir-écran. La créature poussa un hurlement de douleur qui nous vrilla les oreilles. J'avais bel et bien trouvé le point sensible. De toute la puissance de mes bras, je détruisis une autre table, puis une troisième, provoquant les pleurs et les supplications de leur propriétaire.

— Oh non ! Non, Thédric Tibert ! Pas mes tables d'Épopées ! Assez ! ASSEZ ! cria-t-il en se frappant le crâne à deux mains, comme un hystérique.

Je levai à nouveau mon épée pour réduire en miettes un cinquième miroir.

— Pas celle-là ! C'est la vôtre ! m'avertit Melgan.

Stupéfait, je retins mon bras. Sur la carte était dressée une dizaine de figurines, dont celle d'un guerrier, d'une femme en robe longue - une princesse, me dis-je - et d'un dragon rouge. Je m'approchai de la table voisine et, la menaçant de destruction, m'exclamai :

— Maître des Épopées, ordonnez à vos gardes de partir ou je continue le massacre.

— Oui, oui, ils vont s'en aller, approuva-t-il, suffoquant de douleur et de chagrin.

Il se leva et à grands gestes intima l'ordre à ses gros bras de quitter la salle. Hésitants mais dociles, les colosses reculèrent, puis sortirent en saluant leur maître d'une inclinaison du buste. Une fois la double porte refermée, l'adolescent se tourna vers moi et me jeta un regard plein de haine.

— Et maintenant, que proposez-vous ? demanda-t-il d'une voix sourde.

— Je ne sais pas. Discutons.

Il parut se détendre.

— Je suis d'accord, consentit-il. Nous allons parler et trouver ensemble une paix équitable. Entre ennemis valeureux, ça se fait, non ?

— Thédric, intervint Lizlide, il ne faut pas discuter avec cette chose.

Je considérai ma compagne avec étonnement.

— Tu as une meilleure solution ?

— La renvoyer d'où elle vient.

— Taisez-vous, elfe Lizlide ! réagit le maître en serrant les poings. La parole doit l'emporter sur la colère. Thédric Tibert a raison.

Ignorant la réplique, j'interrogeai Lizlide :

— Faut-il détruire toutes les tables ? Je veux bien, mais une fois que ce sera fait, comment être sûr que ça la tuera... cette chose ?

— Je l'ignore, avoua-t-elle. Je sais seulement qu'il est dangereux de lui parler trop longtemps. Le temps est son allié.

Ayant retrouvé tout son calme, l'adolescent regagna son fauteuil, tournant au passage vers moi un œil torve de petite crapule qui me donna envie de le gifler.

— Parler, négocier, nous entendre, c'est ce que nous avons de mieux à faire, déclara-t-il en se calant dans son siège tel un pharaon en majesté.

Lizlide traversa le cercle pour aller récupérer son arc et son carquois de flèches d'orichalque. Puis, s'adressant à Melgan, elle demanda :

— Est-il mortel ?

— Non, répondit le devin.

— Comment peut-on l'anéantir ?

— Je ne possède pas ce secret.

Me rappelant l'une des répliques de la créature concernant les âmes de Firit qu'elle trouvait *particulièrement délicieuses*, j'eus envie de savoir :

— Pourquoi l'appelle-t-on l'Avaleur d'âmes ?

— Je vais répondre moi-même à cette question ! intervint l'intéressé. Melgan, apportez-moi une âme, n'importe laquelle.

Le devin s'approcha de la voûte et y cueillit une boule lumineuse qu'il tendit à son maître. Celui-ci observa l'étoile dans la minuscule cage, les yeux luisant de convoitise.

— Elle est très ancienne, révéla-t-il à voix basse. Très douce. Elle est chargée de nombreux souvenirs de bonheur, et aussi de quelques douleurs que le temps n'a pas réussi à dissiper. L'heure est venue qu'elle se fonde en mon firmament...

D'un geste précis, il actionna le système de fermeture de la sphère qui se scinda comme une noix. L'étoile s'éleva très lentement, telle une plume de duvet portée par la brise. Le garçon ouvrit alors grand la bouche, dévoilant non pas une langue et deux rangées de dents, mais une béance noire. L'étoile resta quelques secondes en suspension devant cet espace intérieur, puis elle s'y engouffra pour s'y perdre rapidement. Le maître des Épopées referma la bouche, puis il resta de longues secondes immobile et silencieux. On l'eût dit ému aux larmes, ce qui le rendait affreusement humain.

— Vous vous nourrissez d'âmes ? murmurai-je, bouleversé d'indignation.

— Comme vous d'êtres vivants que vous tuez avant de les consommer. Quelle est la différence ?

— Mais je ne suis pas un cannibale ! me récriai-je.

— Moi non plus. Je suis un être-univers. Les âmes que j'avale vont rejoindre l'un de mes mondes et y connaître les joies et les peines d'une vie nouvelle.

— Vous voulez dire qu'à l'intérieur de vous... Je n'arrive pas à le croire.

Il sourit.

— Pour un Terrien, vous manquez singulièrement d'imagination. Pourquoi croyez-vous que j'aie créé ce cercle de jeu ? Pour me distraire ? (Il hocha négativement la tête.) M'emplir d'émotions, de visions, de souffles de vie, de myriades de souvenirs est une nécessité. Les épopées héroïques aussi sont de nature à me combler. (Il laissa planer un long silence méditatif avant de conclure avec vivacité :) Je n'attendrai pas pour avaler vos âmes !

Ensuite, me fixant des deux trous noirs qui lui servaient d'yeux, il cria :

— DÉNOUEMENT !

L'instant suivant, les portes de la salle s'ouvraient à la volée...

53

Amère victoire

Les gardes sarmates surgirent, tous armés d'arbalètes prêtes à tirer. En un éclair, Lizlide avait saisi une flèche d'orichalque et bandé son arc vers eux. La suite de l'action tient dans une toute petite seconde...

Mon elfe tourne la tête vers moi, mais c'est le maître des Épopées qu'elle regarde. Elle pivote, ajuste son tir, libère la corde. Le trait d'or fuse vers le garçon, dont le visage se crispe quand il se plante dans sa poitrine, là même où mon carreau de fer et de bois l'a précédemment atteint. Pareillement, il s'y enfonce et y est englouti. Le maître des épopées, écrasé contre le dossier de son trône, suffoque. Il se penche en avant comme s'il vomissait, se lève, marche jusqu'au centre de son cercle de jeu, tombe à genoux, puis là...

En un éclair, la robe de ciré noire s'effondra sur elle-même, vide. Le bel adolescent aux cheveux d'orichalque avait disparu. Plus exactement, il avait été anéanti. Quelque temps plus tard, j'apprendrai que l'orichalque était dans l'Imaginaire un alliage aux propriétés quasi magiques. Un écrit kabbalistique prétendait qu'il pouvait « dissiper les créatures trop aventureuses ». Ailleurs, il était écrit que « les champs d'orichalque sont aux autres champs élémentaires ce que l'antimatière est à la matière, ils se détruisent mutuellement. » Dans d'autres textes, je lus aussi que « [l'orichalque] détient le terrible pouvoir de détruire l'énergie vitale, le ka ». Quand on se souvient que chez les Égyptiens anciens le ka était le terme désignant l'âme, on comprend mieux pourquoi l'être-univers ne digéra pas la flèche d'orichalque qu'il avait avalée. Mais tout n'était pas terminé...

Lizlide revient à sa position initiale, alors même que son trait vole vers le maître des Épopées. Un être humain ordinaire ne pourrait suivre ces événements, tant ils s'enchaînent rapidement. Je vois mon elfe plonger sur le côté, alors que fusent vers elle plusieurs projectiles de métal noir. Aucun ne l'atteint. En revanche, l'un d'eux se plante dans ma cuisse. Une douleur aiguë me tire un cri et je m'écroule en me tenant la jambe. Melgan intervient :

— Cessez ! Cessez le combat ! crie-t-il en levant les bras. Le maître n'est plus ! Regardez, le chevalier Tibert l'a vaincu. Il sera désormais le maître des Épopées, le maître des compagnons sarmates !

J'avoue n'avoir rien entendu de cette annonce qui m'eût sans doute fait sourire. C'est Lizlide qui me la rapporta ultérieurement. En attendant, je l'appelai à l'aide, d'autant plus vigoureusement que, le projectile me brûlant les chairs, je craignais qu'il ne fût enduit de quelque poison mortel. Le souvenir de cette douleur, et plus encore celle que provoqua un Sarmate quand il arracha d'un coup sec le carreau de ma pauvre cuisse, jamais je ne l'oublierai. Jamais !

— Je démissionne, bredouillai-je entre mes dents, le front luisant de sueur froide et le cœur au bord des lèvres.

Lizlide était en train de me poser un bandage, avec une douceur elfique malheureusement sans effet sur ma souffrance.

— Que dis-tu, Thédric ?

— Que je ne veux plus être un héros.

Et je pensais : « Ni un explorateur de l'Imaginaire. J'en ai assez vu. Ce voyage sera le dernier ! » Je pris conscience du double sens de cette résolution, que je reçus comme une gifle. Car elle suggérait que je pourrais ne pas survivre à cette aventure, ainsi que le héros d'une série de fiction que son auteur fait mourir au dernier épisode. Une angoisse m'étreignit. J'appelai Melgan qui s'entretenait près de la porte avec un groupe de gardes :

— Melgan, rassurez-moi, les chasseurs d'âmes pourront nous ramener chez nous ?

Lizlide me prit la main. Elle éprouvait le même affreux pressentiment que moi. Le devin approcha. Sa gravité ajouta à nos appréhensions.

— C'est justement ce dont nous parlions avec les gardes sarmates. Il semble que les arracheurs d'âmes aient été anéantis avec le maître des Épopées. Il n'en subsisterait plus un seul vaillant dans la cité des Épopées. Les chasseurs étant de même nature, ils ont sans doute subi le même sort. Je suis désolé.

— Nous verrons, dis-je, dépité.

Je ne me sentais pas la force de traiter plus d'un souci à la fois. Soigner ma blessure, puis quitter cette termitière répugnante étaient les priorités du moment.

Nous avions remporté une victoire qui nous laissait un goût bien amer, un goût de mauvaise fin, un parfum de mort qui finit de me miner le moral. Je cherchai dans les beaux yeux de mon amour un réconfort que je ne trouvai pas. Elle aussi craignait de ne jamais plus revoir sa forêt d'Émeraude.

54

Choisir son destin

Le cœur lourd comme un jour de deuil, je demandai qu'on m'aide à me relever et, en attendant de prendre une décision sur la suite des événements, qu'on m'installe dans le fauteuil du maître des Épopées. Melgan s'adressa à moi sur le ton déférent qu'on doit à un roi, ce qui me fit une impression curieuse.

— Seigneur Tibert, pourquoi songer à partir ? Vous êtes désormais le souverain du continent des Épopées, assumez votre rôle, assurez votre pouvoir grâce à votre garde sarmate, prenez des décisions... (Il marqua une brève pause. Une lueur d'exaltation roula dans son regard bleu nuit.) Transformez ce monde qui est désormais vôtre, faites-le à votre image et à celle de dame Lizlide, termina-t-il en désignant celle-ci de la main et en s'inclinant à la manière d'un ministre de Louis XIV.

Bizarrement, l'idée ne me déplut pas. À dire vrai, je la trouvais même plutôt séduisante.

— Oui, cela mérite réflexion. Qu'en penses-tu, Lizlide ?

Je m'y voyais déjà. Elle, pas du tout.

— Les elfes n'ont pas plus vocation à dominer qu'à être dominés.

— Les humains, si, rétorquai-je.

— Tu n'es plus humain, Thédric. Enfin... plus seulement.

— Pourquoi ne pas essayer ? Ce doit être une expérience formidable que de construire une nation, un empire même.

Empereur ! Le démon du pouvoir s'était-il emparé de mon esprit affaibli par la perte d'un bol de sang et les émotions d'un climax éprouvant ?

— Agis selon ton cœur, résuma Lizlide.

Je commençais à prendre peur.

— Bien sûr, cela ne pourrait pas se faire sans toi, insistai-je, sans grande conviction cependant.

— Je ne suis ni une reine ni un animal domestique.

En clair, cela signifiait que je devais choisir entre mon amour et le trône. Ma décision ne souffrit aucune hésitation. Je me levai comme si le siège était soudain devenu brûlant, puis claudiquai jusqu'à mon elfe que j'enlaçai et embrassai.

— C'était pour rire, lâchai-je bêtement, faute de savoir comment me faire pardonner, car j'avais conscience d'avoir porté à Lizlide un coup au cœur autrement plus douloureux qu'une blessure à la cuisse.

Me soutenant et m'enveloppant de toute sa tendresse, elle me susurra :

— Tu sais bien que je n'entends rien à l'humour humain.

Je pris une inspiration de soulagement, puis m'interrogeai :

— Bon. Qu'est-ce qu'on fait ? Puisqu'on ne peut plus espérer rentrer chez nous, il faudrait choisir un lieu pour nous établir, au moins provisoirement.

— Retournons à Firit, proposa Lizlide.

— Bof. Y a mieux, comme villégiature.

— Il faut lui rendre les âmes qu'elle a perdues.

— Évidemment ! m'exclamai-je. J'aurais pu y penser. D'ailleurs, nous allons aussi libérer toutes celles qui sont ici.

Je parcourus la voûte du regard et me sentis par avance découragé à l'idée du temps qu'il faudrait pour ouvrir ces milliers de minuscules cages sphériques. Ma sagacité humaine trouva heureusement une solution :

— Melgan, je vous charge de cette mission !

Le devin écarquilla les yeux.

— Moi ?

— Absolument. Vous vous occuperez de relâcher ces âmes en peine. C'est ma première décision en qualité de maître des Épopées.

— Bien, maître, acquiesça le devin.

— Voici la seconde : j'abdique en votre faveur. Dès cet instant, considérez que vous êtes le digne et légitime souverain du continent des... de ce que vous voudrez.

Abasourdi, l'homme resta sans voix. J'attendis patiemment qu'il retrouve son souffle pour me répondre :

— Très bien, maître... messire Tibert.

— Maintenant, il faut qu'on règle la question du voyage à Firit.

— Les ramasseurs pourraient-ils s'en charger ? demanda Lizlide.

— Oh non, pitié ! Pas les ramasseurs, suppliai-je en me massant instinctivement l'entrejambe.

— Peut-être pourrions-nous envisager un autre moyen, plus confortable et rapide, déclara Melgan.

J'en soupirai d'aise. Il s'avança vers la table des Épopées qui avait échappé de justesse à mon épée furieuse.

— Voici la pièce qui nous intéresse.

Il désigna de l'index le dragon rouge représenté les ailes déployées, c'est-à-dire tel que je le découvris pour la première fois dans le cirque du Défi, en suspension au-dessus de Lizlide.

— Nous pourrions utiliser cette table, mais il faut savoir que seul le maître des Épopées les manipule efficacement, je veux dire sans provoquer de catastrophe.

— Précisez votre idée, demandai-je.

— Dame Lizlide parle un langage qu'un dragon entend et respecte. Nous pouvons obliger celui-ci à quitter son aire pour venir se présenter ici, à la cité des Épopées. Peut-être acceptera-t-il ensuite de vous transporter où vous le souhaiterez.

— Excellent ! Faites... maître.

Le devin me fixa, indécis mais tenté.

— Suis-je vraiment le nouveau souverain de ce monde ?

— C'est à vous d'en décider, d'imposer votre destin puisque les circonstances vous en offrent l'occasion. Je serais vous, je n'hésiterais pas tant.

Il eut un sourire, avant d'étendre la main vers la statuette du dragon. Après un ultime flottement, il s'en empara, la fit pivoter d'un geste vif pour la positionner ensuite devant un minuscule dessin représentant plusieurs pics en pain de sucre. Dans le même temps, le miroir-écran afficha l'image d'un cirque rocheux que je reconnus instantanément. Le monstre ailé quitta sa caverne, ouvrit ses immenses ailes membranées puis, sous nos yeux émerveillés, s'éleva au-dessus des montagnes.

Melgan se redressa, relâcha sa respiration, puis, se tournant vers nous, annonça comme s'il n'en revenait pas lui-même :

— Il arrive.

— Eh bien, ne le faisons pas attendre ! m'exclamai-je. Descendons l'accueillir.

Le devin ordonna d'un geste à un garde sarmate d'approcher et de se charger de moi. Le colosse me prit dans ses bras et m'emporta tel un gros bébé. Je croisai les bras sur ma poitrine, n'osant me suspendre à son cou de Minotaure.

55

Fabuleux vol à dos de dragon

Nous étions donc redescendus sur l'esplanade s'étendant au pied de l'immeuble termitière, afin de guetter l'arrivée du dragon rouge. Cette situation présentait de singulières similitudes avec celle d'une escouade de commandos attendant l'hélicoptère qui les exfiltrera d'un pays hostile : mutisme de la troupe, un blessé faisant le pied de grue, soutenu par un guerrier à la mine farouche, tous les regards scrutant le ciel gris, la crainte partagée qu'un incident de dernière minute ne compromette l'évacuation... et aussi un peu d'émotion précédant les adieux aux autochtones, en l'occurrence Melgan. J'avais fini par lui trouver un côté sympathique, malgré sa froide décontraction de mentor que rien ne semblait atteindre. Peu avant, il nous avait expliqué comment les âmes, une fois sorties de leur cage, allaient naturellement réinvestir les corps d'où elles avaient été arrachées ; cela sur un ton de technicien expliquant comment rebrancher un appareil électrique après réparation. Je me demandais de quelle manière il allait diriger ce monde, avec sagesse ou despotisme ? Je penchais plutôt pour le pragmatisme d'un gestionnaire soucieux que tout fonctionne bien, sans heurt ni imprévu.

— Le voilà ! annonça tout à coup Lizlide.

Pour une fois, j'aperçus la bête presque en même temps que mon elfe, alors qu'il n'était qu'un point minuscule au-dessus des lointaines montagnes. Ma vue s'améliorait de jour en jour. « Puisse l'intelligence suivre », pensai-je avec un brin d'autodérision. Le monstre arrivait littéralement à tire-d'aile. Tant mieux, me dis-je car je commençais à fatiguer ainsi perché sur une jambe. Bientôt, il piqua vers nous, à une telle vitesse que je craignis un moment qu'il nous enlève telle une frégate des bébés tortues luth. Quelques dizaines de mètres avant l'atterrissage, il redéploya d'un coup ses ailes qui firent entendre un claquement de voiles brusquement gonflées par une bourrasque. Le vent qu'il déplaçait nous fouetta le visage et l'odorat, car il était chargé d'une puissante odeur de fauve. Il se posa tout en délicatesse, puis resta dressé, grondant et soufflant. Écrasant.

— Wouahou ! m'exclamai-je. J'avais oublié qu'il était si grand.

Gigantesque eût été le mot approprié. Quand il tomba sur ses pattes avant, brisant les dalles du sol, nous sûmes que nous n'avions pas intérêt à prolonger les adieux. Lizlide s'approcha de lui et commença à lui parler. Il me sembla comprendre, par un grondement et des mimiques peu rassurants, que quelque chose lui déplaisait. Melgan m'en donna l'explication :

— Il a peur des flèches d'orichalque que porte votre dame sur son dos.

— Je vois. Tu as entendu, Lizlide ?

— Je sais cela, mais aussi ce qu'il faut dire pour l'apaiser.

Elle lança quelques paroles d'acquiescement en langage elfique, puis une promesse dont je ne perçus pas toutes les subtilités. Enfin, brusquement, elle se retourna vers nous pour annoncer :

— Il nous accepte. Dépêchons-nous, Thédric. Il n'aime pas rester loin de son antre.

Je ne me le fis pas dire deux fois.

— Au revoir, ou peut-être adieu, en tout cas, bonne chance ! lançai-je à Melgan.

Sa réponse ressemblait à une promesse qui, dans une autre bouche, eût volontiers passé pour une menace :

— Je ne vous perds pas de vue.

Le monstre s'aplatit au mieux. Lizlide m'aida à escalader cette montagne d'écailles mouvantes, mais rugueuses, ce qui nous facilita la tâche. Nous finîmes par prendre place sur son dos, aussi vaste qu'un terrain de football, et méchamment bombé. Pour nous accrocher, nous avions prévu chacun un cordage et des crosses de métal. Nous avions récupéré ces dernières dans la salle du maître des Épopées, en même temps que nous avions cueilli, tels des fruits de lumière, les âmes des habitants de Firit, dont j'avais finalement décidé de m'occuper moi-même. Je les transportais en bandoulière dans un sac de toile que nous avait déniché un garde sarmate. Il y eut un mouvement sous mes fesses. L'écaille sur laquelle j'étais assis et attaché glissait sous ses voisines. Je regardais Lizlide installée à ma droite sur une autre plaque de corne rouge.

— Quand je prends l'avion sur la Terre, mon moment préféré, c'est le décollage, déclarai-je.

— Ta jambe ne te fait pas trop souffrir ? s'inquiéta-t-elle avec un regard tendre.

— Hein ? Oh si, mais j'ai prévu de ne tomber dans les pommes qu'après l'arrivée.

Car j'étais bien décidé à ne rien perdre du vol. Et je ne fus pas déçu !

Le mastodonte émit un grondement si puissant que nous sentîmes son corps vibrer. Puis il déploya la voilure, l'éleva et brusquement l'abaissa, provoquant un choc qui m'écrasa le coccyx. Avant qu'il recommence, j'eus la sagesse de m'allonger sur le dos. En trois battements d'ailes nous avions quitté le sol. Les nuages bougèrent, tournèrent, puis commencèrent à défiler... J'émis un cri d'exaltation et me redressai. Je tenais à deux mains plusieurs cordes, telles les rênes d'un char romain. Le vent frais me fit suffoquer et l'accélération prodigieuse du monstre éclater de rire, un rire à la fois nerveux et euphorique.

— Lizlide, criai-je, c'est... c'est fabuleux !

Elle rayonnait, elle aussi. Finalement, toute angoisse nous avait quittés. Que pouvait-il nous arriver de mauvais ?

Après une demi-heure de vol, notre position par rapport au soleil suscita une interrogation :

— Mon amour, où nous emmène-t-il ? demandai-je.

— Retrouver le prince des Fulmides.

— Quoi ? Quelle drôle d'idée !

— Je veux lui rendre ses armes d'orichalque.

— Pourquoi ?

— Je crois qu'il en a besoin. Nous verrons...

Après un voyage qui se déroula comme dans un rêve, le dragon nous déposa dans le champ où nous avions nous-mêmes conduit le faune, à dos de cheval, afin qu'il rejoigne les siens dans la forêt de Fondombres. Curieusement, ma blessure me faisait moins souffrir qu'à notre départ de la cité des Épopées ; un signe de plus de mon évolution. Et cela m'emplissait d'un bonheur immense.

Main dans la main, nous foulâmes l'herbe épaisse du pré jusqu'à la lisière de la forêt.

— Crois-tu que nous devons entrer ? demandai-je.

Ce sous-bois était sinistre, obscur, et l'on entendait dans ses profondeurs bruire une vie inquiétante.

— Ce ne sera pas la peine. Je suis convaincue qu'il nous a vus arriver, ou l'un des siens. Il suffit d'attendre.

— Le dragon en aura-t-il la patience ?

Elle jeta un regard par-dessus son épaule. Le monstre nous observait, tel un chien son maître.

— Je le crois, répondit-elle.

À peine avait-elle dit cela que le prince des Fulmides surgit du bois. Il courut vers nous et je compris que quelque chose n'allait pas...

56

Retour paisible à Firit, jusqu'à ce que...

– Ah mes amis, merci ! Merci d'avoir entendu mon appel ! lança le faune en se précipitant vers nous.

Le pauvre était méconnaissable : amaigri, le teint pâle, des traces de coups sur le visage et les bras, et un regard d'une détresse pathétique.

– Qu'est-ce qui s'est passé ? m'enquis-je.

Il éclata en sanglots en nous rejoignant. J'en eus le cœur serré. Je n'osais cependant m'avancer pour lui tapoter le dos, comme je l'aurais fait pour un frère ou un compagnon. Lizlide lui prit la main. Presque aussitôt, comme si une onde bienfaisante le traversait, le prince cessa de pleurer. Il rouvrit les yeux pour adresser un regard reconnaissant à mon elfe.

– Ils ne m'ont pas reconnu, expliqua-t-il, la voie enrouée par l'émotion. Je veux dire, ils ne m'ont pas accepté comme un des leurs. Ils sont... brutaux, sauvages. Si vous n'étiez pas arrivés, ils auraient fini par me tuer.

Je déduisis qu'il nous avait adressé quelque prière pour que nous venions à son secours.

– Nous allons vous ramener dans votre labyrinthe, proposai-je.

– Oh non, s'il vous plaît, pas ça ! Plutôt la mort. Je ne pourrais plus jamais vivre dans cette prison du désespoir. Il me faut de la compagnie, celle d'amis comme vous.

Acceptez-moi, je serai... (Il leva la tête, écarta les bras et nous offrit sa poitrine où l'on pouvait compter toutes les côtes.) votre esclave !

Lizlide et moi nous concertâmes du regard. Qu'allions-nous faire de cet encombrant serviteur ? Il était évidemment hors de question de l'abandonner à son sort, encore moins de l'exécuter ainsi qu'il l'aurait sûrement accepté. Quant à l'emmener avec nous... Le dragon rouge mit fin aux palabres en émettant un grondement d'impatience. Lizlide prit la décision qui s'imposait :

— Cyrcion de Fondombres, vous ne serez jamais notre esclave, mais notre compagnon, autant que vous le souhaiterez. Partons, ce dragon ne nous attendra pas davantage.

C'est ainsi que nous nous retrouvâmes, improbable trio, à escalader le mastodonte volant auquel mon elfe avait donné de nouvelles instructions. Une fois que nous fûmes installés et solidement sanglés, le faune s'adressa à Lizlide :

— Vous avez toujours mes armes, je vois. Vous ont-elles été utiles ?

Elle lui jeta un regard amusé.

— Plus que cela, répondit-elle, elles ont rempli leur mission. Je vais pouvoir vous les rendre, dès que nous serons à Firit.

— Nous avons charge d'âmes, expliquai-je en tapotant le sac de toile que je portais en bandoulière.

— Firit ? réagit Cyrcion. Mais... oui, ce sera très bien, se ravisa-t-il, se souvenant tout à coup qu'il était notre « esclave ». Merci, dame Lizlide. Sachez que si mes armes vous... Ooooh ! (Le dragon se redressait pour le décollage.) vous pouvez les...

Le prince des Fulmides ne put achever son propos et connut la plus grande frayeur de sa longue existence.

Notre approche de la citadelle côtière fut un régal pour les yeux. Notre monture la survola un moment, afin de choisir le meilleur point d'atterrissage. La lande spongieuse rendait l'opération délicate pour un animal dépassant les cent tonnes. À peine étions-nous débarqués qu'il reprit son envol et se hâta de disparaître vers ses montagnes, poussant en guise d'adieu un rugissement qui résonna à des kilomètres à la ronde.

Nous rejoignîmes à pied la route menant à la ville. Une demi-heure plus tard - nous devions être en début d'après-midi -, nous en franchîmes le châtelet d'entrée et nous retrouvâmes sur le boulevard circulaire qui longeait le rempart. Le portier était en poste, égal à lui-même dans sa vigilante indifférence. Le tavernier et ses commis, à quelques pas de là, chargeaient et déchargeaient leurs tonneaux. Quelle singulière sensation de retour au point de départ ! Comme si après une longue incursion dans la quatrième dimension nous retrouvions ces lieux à l'instant précis où nous les avions quittés.

— Thédric, nous pouvons le faire ici, déclara Lizlide, interrompant ma réflexion.

J'acquiesçai, puis m'accroupis afin de poser et d'ouvrir sur le sol le sac de toile dans lequel étaient entassées une cinquantaine de boules lumineuses. Aucune ne portait mention d'un nom. J'avais seulement isolé les âmes d'Artimiston et de son épouse, dans une poche de ma cotte de cuir.

— Voilà. On peut y aller, annonçai-je, légèrement ému par ce que nous nous apprêtions à réaliser.

L'action s'apparentait à un lâcher d'oiseaux qu'on aurait repris à d'odieux trafiquants. Grâce à Melgan, nous savions ce que nous devions faire et à quoi nous attendre. Je m'emparai d'une première sphère. Sa tiédeur dans ma paume me troubla et mon cœur se mit à battre un peu plus fort. Je la déverrouillai, et elle s'ouvrit aussitôt en deux avec un claquement métallique. Alors se produisit un phénomène qui me fit sursauter. Je m'attendais que l'âme quittât sa prison en douceur ; elle fusa au contraire à la verticale en émettant un cri manifestement humain. En moins d'une seconde, elle se réduisit jusqu'à se volatiliser complètement.

— Que s'est-il passé ? demanda Cyrcion.

— C'était l'âme d'un mort, répondit Lizlide.

— D'un mort ? s'exclama Cyrcion.

— L'enveloppe charnelle de cet être humain n'a pas survécu, contrairement à celle de ce soldat, expliquai-je en désignant le portier en faction sous le châtelet d'entrée.

— Voulez-vous dire que cette âme viendrait à son tour de mourir ? s'étonna le prince, à la fois impressionné et ému.

— Disons plutôt qu'elle est partie pour un monde meilleur.

« Enfin, j'espère », ajoutai-je en pensée.

Lizlide prit dans le sac une nouvelle sphère qu'elle ouvrit. Cette fois, l'âme s'éleva, puis s'éloigna. Telle une bulle emportée par la brise, elle disparut par-dessus les toits. En principe, elle partait réinvestir son corps d'origine, mais nous n'en fûmes certains que lorsque furent libérées celles du portier, puis des Sisyphes qui cessèrent enfin de rouler leurs tonneaux. Leur réaction, une fois ressuscités, nous causa une certaine frayeur, car Melgan ne nous en avait pas avertis : à peine leur âme s'était-elle engouffrée par l'une de leurs narines qu'ils tombèrent en catalepsie, terrassés... de sommeil, d'après ce que nous pûmes constater. Nous ressuscitâmes ainsi une trentaine d'habitants qui, espérions-nous, retrouveraient goût à la vie après un long repos réparateur. Cela fait, nous nous hâtâmes d'aller nous occuper du vieux marin et de son épouse, sur leur galion. Comme les autres, ils tombèrent dans un profond sommeil. Je remarquai avec satisfaction qu'Artimiston, que nous avions transporté dans son lit au côté de sa dame, arborait un sourire bienheureux. Ainsi allongés sur le dos, mains jointes sur le ventre, ils évoquaient furieusement un couple de gisants.

— Je me demande combien de temps ils vont rester ainsi, m'interrogeai-je avec une pointe d'inquiétude.

— Aussi longtemps qu'il le faudra, répondit Lizlide. (Elle posa une main sur le front d'Artimiston.) Leur âme est partie loin, très loin en eux... Il ne faudra pas brusquer leur réveil.

— Bien, soupirai-je. Et nous, où allons-nous passer la nuit ?

— La prudence commande de rester sur ce bateau, répondit Lizlide.

— Crains-tu quelque chose ?

— Rien de particulier, mais tout est possible. Restons vigilants.

— Je monterai la garde, proposa le faune.

— Je prendrai le premier quart, si vous le voulez bien. Parce que, passé onze heures, j'ai une fâcheuse tendance à tomber de sommeil, précisai-je.

— Vous n'aurez pas à veiller. Je ne dors pratiquement jamais.

Je regardai Lizlide. Elle était du même avis que moi : nous garderions un œil ouvert, sinon les deux.

Bien nous en prit, car au cœur de la nuit, quand l'alerte fut donnée, j'étais sur le pied de guerre en moins de dix secondes !

57

Combat perdu

Je surgis sur le pont alors que Lizlide se tenait accroupie devant le coffre ouvert contenant l'arsenal du bateau.

— Vite, Thédric, ils arrivent !

J'étais réveillé, mais encore dans la confusion de l'affolement.

— Qui ? Où ?

Je me précipitai jusqu'au bastingage bâbord, me penchai et vis. Des dizaines de cavaliers en armure, dont bon nombre brandissaient des flambeaux, avaient envahi le port. Le piétinement des sabots de leurs montures excitées se mêlait aux cliquetis des harnachements et aux voix graves de ces hommes qui, à l'évidence, étaient à la poursuite de fugitifs. Je me retournai pour donner mon avis à mes compagnons :

— À tous les coups, ce sont les sbires de Morte-Mère qui traquent le chevalier de Forcemain.

Cyrcion avait pris position sur le gaillard d'avant, un genou au sol, son arc d'orichalque en main, prêt à tirer. Il était presque invisible dans l'obscurité, mais je parvins quand même à remarquer qu'il avait placé sur la corde une flèche ordinaire, de bois et de plume, réservant sans doute les autres à des ennemis plus « précieux ».

— Thédric, il ne faut pas te montrer ! me tança Lizlide.

Je m'abaissai vivement... trop tard !

— Un homme ! Sur ce navire ! cria une voix au bout du quai.

— Emparez-vous de lui ! ordonna une autre que je reconnus avec horreur.

Je soufflai son nom comme s'il se fût agi de Lucifer en personne.

— Morte-Mère !

Je ne me serais jamais attendu à le trouver aussi loin de son fief.

— Nous allons devoir combattre, déclara Lizlide, à mon attention autant qu'à celle du faune.

— Je suis prêt, répondit ce dernier.

— Moi aussi, presque, enchaînai-je.

Je m'emparai dans le coffre d'une arbalète et d'une épée.

— Non, Thédric, par maintenant, s'opposa Lizlide. Il faut d'abord éloigner le bateau du quai, en libérant une voile.

Je levai les yeux vers les hauteurs de la mâture dont les vergues et les cordages se découpaient sur le ciel nocturne.

— Quand le bateau commencera à bouger, dis-je, tu devras le manœuvrer.

— Comment ?

— Avec cette grande roue ! répondis-je en désignant le gouvernail sur le pont du château arrière.

Du coup, je délaissai arbalète et épée pour m'armer d'un énorme poignard, que je glissai sous ma ceinture. Ma chemise flottante et mon pantalon de cuir brun achevaient la panoplie de parfait pirate. Ne me manquait que le bandana noué sur la tête.

Tandis que je me précipitais vers les haubans, l'ennemi se ruait à l'assaut de notre forteresse flottante. Depuis la précédente attaque, les étançons, disposés par Artimiston pour maintenir la coque hors de contact du quai, n'avaient pas été replacés. Si bien qu'il était aisé à un homme un peu agile de sauter sur le pont. C'est ce qu'ordonna un officier à un groupe de cavaliers qui mirent pied à terre pour se lancer à l'abordage. Le premier percuta mort le bastingage, le second lui survécut une seconde et demie. Le troisième reçut sa flèche dans la poitrine, après avoir réussi l'exploit de sauter directement sur le pont. Ce bref massacre calma les autres.

Pendant ce temps, je me jetai sur les haubans et gagnai la vergue du grand mât, où je commençai à libérer la masse de toile grise en sectionnant les cargues. Tout en effectuant ce travail périlleux et épuisant, j'assistai à la bataille qui se déroulait à dix mètres sous mes pieds nus. Lizlide aurait suscité l'admiration du plus blasé des flibustiers. Ne perdant pas de temps à recharger les arbalètes qui avaient servi à éliminer les premiers assaillants, elle accueillait les nouveaux venus à la pointe de sa longue dague. Elle tranchait et embrochait, avec d'amples mouvements parfaitement maîtrisés. On aurait dit qu'elle dansait avec la mort. Les audacieux qui tentaient un abordage par l'avant ou l'arrière du bateau, en agrippant les cordes d'amarrage, étaient abattus avec autant de calme que de précision par le prince des Fulmides qui paraissait beaucoup s'amuser. Les choses commencèrent à mal tourner lorsqu'un ordre claqua :

— Brûlez le bateau !

Peu après, les torches volaient et s'abattaient un peu partout sur le pont. De mon côté, je redoublai d'efforts et de vivacité pour faire choir cette énorme masse de toile grise. Jusqu'à ce qu'enfin elle se déroule, émettant d'inquiétants craquements d'être restée trop longtemps pliée. Elle finit par se gonfler et tendre les amarres qu'il fallait rompre pour espérer partir à la dérive.

— Lizlide, Cyrcion, coupez les amarres ! J'arrive !

C'est alors que je reçus à la tête ce que je crus sur le coup être un projectile. Celui-là portait un nom, Edhon de Morte-Mère !

Il s'était abattu sur mon dos tel un aigle sur un lapin, me plaquant contre la vergue à laquelle je m'agrippai de justesse. Ma chance fut qu'il dut lui-même se rattraper à un cordage, tel Tarzan à une liane. De sa main libre, il brandit une épée et grogna :

— Je te tiens enfin, assassin de mon frère !

Il abaissa sa lame que je déviai avec la mienne. Elle heurta le bois de la vergue. J'allongeai le bras. Il poussa un cri de douleur alors que, bizarrement, je n'avais pas eu la sensation de l'avoir embroché. En réalité, j'avais transpercé son aile droite. Il leva à nouveau son épée avec une telle violence que, en percutant un hauban au-dessus de lui, elle lui échappa. Dans sa chute, elle me blessa cruellement au bras. Ensuite, je l'entendis rebondir deux fois avant de finir dans l'eau. Dès cet instant, je sus que j'avais perdu le combat, car la féroce chimère disposait d'une puissance musculaire bien supérieure à la mienne. D'une main, elle me saisit au cou et commença à serrer.

— J'aurais préféré te torturer longuement, grinça-t-elle entre ses dents pointues, te tailler en tout petits morceaux, te faire mourir de douleur... mais tant pis, j'ai d'autres chiens humains à châtier.

J'y serais bien allé d'une réplique qui tue, mais l'air ne circulait plus dans ma gorge, et déjà ma vue se brouillait.

La gargouille gargouilla. Sa poigne de fer relâcha sa mortelle étreinte. Tout en me massant le cou et en suffoquant, je regardais mon ennemi qui s'agitait et hurlait comme un dément à côté de moi. De sa main libre, il tentait en vain d'arracher le trait d'orichalque planté sous sa clavicule gauche. Bizarrement, il ne parvenait pas à assurer sa prise, comme si la flèche avait été chauffée à blanc. J'étais pour ainsi dire sauvé et aurais dû pousser le ricanement sardonique du héros triomphant qui se repaît de l'agonie de son ennemi. Au lieu de cela, j'eus le réflexe inouï, qu'aujourd'hui encore je ne m'explique pas, de saisir la flèche d'orichalque et de tirer d'un coup sec. Le comtal poussa un hurlement strident qui me vrilla les tympans. Il haleta ensuite un long moment avant de parvenir à relever sa face grimaçante pour me fixer de son regard enflammé.

— Tu as tué mon frère, articula-t-il, mais tu as eu un geste noble. Cela m'oblige à te gracier. Mais écoute-moi bien, Thédric Tibert, nulle part sur le continent des Épopées, il n'existe un lieu où tu puisses vivre en paix. Fuis. Fuis sur ce bateau, jusqu'aux confins de l'infinimonde, sauf si tu veux devenir mon souffre-douleur.

Il s'avança si près que je crus qu'il allait me donner le baiser de la mort, à la manière d'un mafioso. C'était seulement pour conclure en me soufflant dans le nez son haleine de hyène :

— C'est moi, désormais, le maître des Épopées.

— Melgan...

— Melgan mourra ! me coupa-t-il, presque en criant. Et les gardes sarmates seront à mes ordres.

En bas sur le pont, Lizlide m'appela. Je détournai la tête pour la rassurer, quand soudain le comtal déploya ses ailes, se laissa choir comme s'il succombait à sa blessure. Mais il n'avait fait que prendre son envol. Telle une chauve-souris, il disparut dans la nuit, lançant à sa troupe des ordres de repli qui résonnèrent au-dessus du port où brillaient encore de nombreuses torches.

Soulagé, je respirai plusieurs fois, avant de me jurer :

— Demain, je démissionne.

En découvrant la profondeur de l'entaille à mon avant-bras gauche, je grimaçai autant de douleur que d'effroi. Une sueur glacée perla à mon front et je commençai à voir des étoiles. Perché à dix mètres au-dessus du pont, ce n'était vraiment pas le moment de tourner de l'œil.

— Lizliiiide !

58

Cap à l'est !

L'aube arriva, rose et bleutée.

J'avais été soigné. Le pont avait été nettoyé de ses cadavres. Le bateau, que Lizlide avait réussi à faire sortir du port, dérivait lentement sur une mer d'huile, à quelques encâblures de la côte. Il ne nous restait qu'à mettre cap à l'est et à prier les dieux de l'Imaginaire de nous trouver une terre d'asile pas trop lointaine, et surtout... paisible ! Car j'en avais plus qu'assez des Épopées. C'est alors que la porte de la cabine du capitaine s'ouvrit. Artimiston apparut, se planta sur le pont, poings sur les hanches. Il nous toisa d'un air bourru, puis lança :

— Nom d'un petit poisson, qu'est-ce que c'est bon, la vie !

Lizlide et moi nous reposions à l'avant du galion, rêveurs et sereins, tandis que Cyrcion, sur le gaillard d'arrière, tenait le gouvernail.

— Il a raison, approuvai-je. Qu'en penses-tu, mon amour ?

— Pour un elfe, c'est une évidence.

Nous voguâmes vers l'inconnu des jours et des jours, essuyant quelques beaux grains, mais par chance aucune grosse tempête. Les vents nous poussaient à belle voilure vers le soleil levant c'est-à-dire vers l'infini, autant dire le néant ! Pourtant, nul d'entre nous ne parvenait à se laisser gagner par le pessimisme. Ce n'était pas une sorte de foi absurde en nos chances d'atteindre un rivage, mais plutôt l'enthousiasme de miraculés qui avaient survécu au pire et ne pouvaient envisager que le meilleur. Artimiston avait trouvé une seconde jeunesse. Il était gai et drôle, et le soir nous chantait des complaintes de marin, entrecoupées de chants plus coquins, que nous reprenions en chœur. Son épouse était à l'inverse silencieuse, absente la plupart du temps, mais apparemment sereine. Quant au prince des Fulmides, ce n'était pas une seconde jeunesse qu'il nous jouait, c'était la première ! Un vrai gamin, qu'il fallait parfois gronder (gentiment) quand il commettait des bêtises ou des imprudences. Nous revivions. Lui vivait.

Un matin, magnifique comme tous les matins depuis que nous avions laissé à l'horizon le continent des Épopées, Cyrcion, qui passait le plus clair de ses nuits à admirer la mer sur le hunier, s'écria :

— Mes amis, je vois un monde ! Un monde nouveau ! Notre futur monde !

Il poussa des cris de joie, auxquels se joignirent ceux d'Artimiston et d'Anacbeth. Lizlide et moi nous réjouissions plus sobrement – bien que je fusse à deux doigts d'aller danser avec nos compagnons. Nous nous rendîmes tous à la proue et passâmes les heures qui suivirent à observer l'approche de cette terre prometteuse.

L'émotion fut à son comble quand nous jetâmes l'ancre à peu de distance d'une grande plage. Au-delà s'étendait un paysage, dont le couvert végétal nous parut familier. Nous mîmes un canot à la mer et y prîmes place, mon elfe, Cyrcion et moi ; le marin et sa femme préférant « garder la boutique ».

— Lizlide, j'ai le trac, avouai-je tout en ramant, dos à la terre.

En réponse, une lueur d'espoir passa dans son regard. Une nouvelle vie commençait, et nous n'arrivions pas à nous angoisser plus que cela. Peut-être, comme le sont les amoureux, étions-nous habités par l'insouciance et ce fabuleux sentiment que le monde nous appartenait.

Nous accostâmes en douceur. Sous mes pieds nus, le sable chaud me procura un plaisir de bon augure. Une fois notre barque tirée sur la plage, je pris un ton sérieux pour déclarer :

— Voici ce que je propose, nous nous enfonçons dans les terres pendant une heure, en ligne droite, puis nous revenons. Si nous ne décelons aucun danger, demain nous monterons une expédition de plusieurs jours. D'accord ?

— Mais parfaitement, maître Thédric, acquiesça Cyrcion avec une révérence. S'il n'y a ni marais ni labyrinthe dans cette contrée, pour moi ce sera le paradis.

Depuis quelques jours, la lubie l'avait pris de s'adresser à moi comme un serviteur dévoué, ce à quoi je répondais toujours par un respectueux « messire mon prince ».

— Et toi, Lizlide, qu'en penses-tu ? m'enquis-je

Je savais que son silence traduisait une inquiétude naissante.

— C'est vraiment très étrange. On dirait...

— Quoi ?

— Nous le saurons bientôt.

Ne me laissant pas le loisir d'insister, elle se mit en marche et nous lui emboîtâmes le pas. Après avoir traversé un dédale de bosquets et de dunes parsemées de plantes herbacées, nous trouvâmes une étendue d'herbe rase ressemblant furieusement à un pré, délimitée par des haies d'arbres.

— Il ne manque que les vaches, remarquai-je.

Lizlide tendit l'index vers un point du paysage où s'élevaient des collines boisées.

— Regardez par là, on dirait des habitations humaines.

En effet, à une dizaine de kilomètres, une tache grise piquetée de vert évoquait furieusement un bourg. Fort de mes expériences récentes, je portai instinctivement une main à la poignée de mon épée et l'autre à la sangle de l'arbalète attachée sur mon dos.

— Allons voir ça.

Nous marchâmes en silence, tous les sens aux aguets, prêts à chaque instant à bondir derrière un fourré ou à nous jeter au sol. Bientôt, nous rencontrâmes une route en terre battue, tout ce qu'il y a de plus banal. Nous la suivîmes, sans nous cacher mais vigilants.

— Qu'est-ce qu'on fait si on croise un indigène ? demandai-je.

— Tout dépendra de sa nature, répondit Lizlide. S'il est humain, je suggère de ne pas nous montrer.

Elle avait dramatiquement raison ; rien n'est moins prévisible que ces animaux prétendument supérieurs.

— Et si c'est un mons...

Je m'interrompis à temps, craignant de me montrer maladroit vis-à-vis du faune. Mais celui-ci avait oublié d'être idiot.

— J'irai lui parler, tandis que vous me protégerez, cachés à proximité.

L'idée était bonne et pareillement valable à l'inverse. Si bien que c'est ce que nous fîmes lorsqu'un peu plus tard nous croisâmes notre premier autochtone. C'était un simple paysan, flanqué d'une fillette, menant une charrette de foin. L'homme avait toutes les apparences de la normalité, avec son chapeau à large bord en paille tressée et ses vêtements de solide toile grise. Nous apercevant, il fit stopper son charroi tiré par un énorme bovin brun. Il nous observa, les yeux mi-clos. Nous prîmes une attitude pacifique, c'est-à-dire naturelle puisque nous n'avions *a priori* rien à craindre de ces gens.

Soudain, l'enfant, une mignonne petite rousse avec de grands yeux clairs, nous montra du doigt en s'écriant :

— *Papou ! Elouati elfi !*

J'arborai mon plus beau sourire pour les saluer :

— Bonjour ! Nous, étrangers, mais nous venir en amis !

Le paysan éclata de rire.

— J'espère bien ! D'où est-ce que vous sortez comme ça ?

Il parlait notre langue. J'en fus grandement soulagé.

– Oh, nous venons de très loin, d'au-delà des mers, répondis-je.

Du coin de l'œil, je remarquai que Lizlide et la petite fille se fixaient mutuellement du regard. Mon cœur se mit à battre la chamade. Mes capteurs d'alerte passèrent au rouge. Bien que sachant Cyrcion attentif et l'arc en main, non loin derrière nous, je jetai des regards inquiets alentour, comme si un ennemi avait pu surgir.

– Vous en faites une drôle de tête ! s'inquiéta le paysan. Vous êtes poursuivis ? Fugitifs ?

– Non, mais... Lizlide, qu'est-ce qui se passe ?

Elle me prit la main et la serra. Pourquoi cette émotion ? J'étais à deux doigts de proposer un repli stratégique, quand elle questionna le paysan :

– Où sommes-nous ?

– Où ? répéta l'homme en se grattant le menton, comme si cette question cachait une énigme. Mais au royaume des Sept Tours, voyons !

Épilogue

Un mois passa...

Il nous fallut bien ça pour nous remettre des émotions fortes de notre épopée, et nous réacclimater à la douceur de vivre dans la paisible forêt d'Émeraude.

Mais comment donc avions-nous pu revenir sur la terre des frères-seigneurs sans nous en rendre compte ? Très simplement, parce que nous n'avions jamais quitté cette dimension de l'Imaginaire. Les chasseurs d'âmes avaient la capacité de circuler dans l'Entre-deux-mondes et d'y faire transiter leurs proies, pas celle d'accéder à un autre infinimonde. Ainsi, le continent des Épopées n'était-il qu'une grande île, à la portée de n'importe quel voyageur au long cours.

Totalement bouleversés par cette nouvelle incroyable, nous avons regagné le bateau. Bien sûr, nous invitâmes Artimiston et Anacbeth à venir découvrir leur nouvelle terre d'accueil. Certes, elle était toujours sous la menace de l'Immonde – le maître des Mondes Noirs que nous avions combattu, Lizlide et moi un an auparavant –, mais la paix y était garantie pour un bon nombre d'années. Ils n'acceptèrent de débarquer que pour de courtes explorations de la côte, jusqu'à ce qu'ils trouvent une crique à leur goût. « Parce qu'un marin sans la mer, c'est comme un elfe sans forêt, ou un Thédric sans Lizlide », nous expliqua

Artimiston pour justifier son refus de nous accompagner. Car nous n'avions plus qu'une obsession : gagner au plus vite le comté d'Isparine, puis la forêt d'Émeraude et sa communauté elfique, dont je faisais désormais partie, même si je me sentais encore loin de mériter ce merveilleux privilège. Cyrcion ne voulut pas s'imposer auprès de nous, mais il adopta la forêt, s'installant à son extrémité sud où il trouverait le meilleur compromis entre sa nature solitaire et ses besoins de partager avec des amis de joyeux moments de convivialité.

Pour ma part, j'étais au paradis et Lizlide était ma déesse. Sans avoir renoncé à mon humanité, de jour en jour mon élévation s'affirmait. Il vint tout de même un moment où je pris une décision difficile à approuver pour Lizlide, mais dont elle reconnaissait la nécessité :

— Je vais retourner sur la Terre, lui annonçai-je ce matin-là.

Elle accusa le coup, mais se contenta de me fixer de ses grands yeux noirs, dont l'éclat s'accrut.

— Ne sois pas triste, je n'ai nullement l'intention d'y rester. Je tiens juste à conclure cette aventure comme il se doit, en rendant compte de ma mission à mes supérieurs.

— Ensuite, que feras-tu ?

— Ensuite, je démissionnerai de l'USEI et me précipiterai à l'imaginoport pour revenir vers toi, et cette fois pour toujours.

— Pourquoi démissionner ? Rien ne t'y oblige.

– Non, rien. Mais si le commandant Blein me confiait une nouvelle mission d'exploration, et crois-moi, ça ne tarderait pas, je serais obligé d'y aller. (Je soupirai et conclus :) Et comme l'idée de te quitter m'est insupportable...

Elle baissa les yeux, soulagée, mais pas encore tout à fait rassurée

— Peut-être qu'il ne t'est plus possible de retourner dans le Monde-mère.

Ce terme était utilisé par les habitants des Sept Tours pour désigner notre planète.

— Il existe une procédure qui permet de le vérifier, dis-je. Elle consiste à prendre une mèche de cheveux ou un petit morceau d'ongle et à l'expédier de l'autre côté. Si cet échantillon franchit le mur du réel, le bonhomme tout entier devrait aussi passer.

— Devrait ?

— En principe.

— En principe ?

— Oui... en principe, certainement.

Je coupai court à cet échange en m'emparant du visage de ma compagne et en le couvrant de baisers.

Le jour du départ, Lizlide ne m'accompagna pas à Isparine. C'est Cyrcion qui le fit. Il n'avait jamais vu de ville et j'avais besoin d'un tel ami, joyeux et discret, pour m'apporter un indispensable soutien psychologique. Le représentant du département onusien des Mondes supra-exotiques s'occupa des formalités de rapatriement en un temps record. Une heure avant le départ, il m'annonça deux nouvelles :

— Une bonne et une excellente, je commence par laquelle ?

— J'ai toujours privilégié le meilleur, répondis-je, le cœur serré d'appréhension, mais pour une fois, je le garde pour le dessert.

— Alors la bonne, c'est que vos cheveux sont arrivés sains et saufs à Paris.

J'accueillis l'information avec un demi-sourire.

— L'excellente nouvelle, reprit ce brave fonctionnaire, c'est que vous êtes très attendu.

— Très attendu comment ?

— Voyons...

Il tira de sa poche de veste un papier sur lequel étaient griffonnés plusieurs noms.

— Siléas Blein, votre chef direct, vous réceptionnera à l'imaginoport de la porte d'Italie.

— Bien, c'était prévu.

— Le général commandant en chef de l'USEI sera aussi présent.

J'esquissai un début de grimace.

— Ces deux messieurs vous conduiront au palais de l'Élysée où vous recevrez une jolie médaille de la part du secrétaire général de l'ONU, des mains mêmes du président français, rien que ça ! Ensuite...

— Stop ! l'interrompis-je. Je renonce.

— Impossible. J'ai ordre de vous mettre dans une cabine de transfert, de force s'il le faut, et même de vous faire assommer par mon garde du corps.

Il désigna du pouce l'ogrite qui se tenait derrière lui, apparemment impatient de se jeter sur moi. Les ogrites étant des sortes d'humains à carrure de catcheur et cervelle de piaf, il valait mieux ne pas les contrarier.

— Je peux les éliminer, si vous voulez, me proposa Cyrcion à l'oreille.

Je soupirai et me résignai.

— Non. Je n'ai pas envie de finir dans un infinimonde pénitentiaire. Monsieur Basilévitch, je vous suis.

C'est ainsi que je fus préparé - c'est-à-dire dévêtu, lavé, examiné, conditionné... - pour un voyage de retour qui s'annonçait beaucoup plus éprouvant que je ne l'avais prévu. Mais si j'avais su ce qui m'attendait vraiment à l'arrivée, si je ne l'avais ne serait-ce que soupçonné, je serais retourné à toutes jambes dans la forêt d'Émeraude.

Au moment d'embarquer, j'étais dans un état d'esprit contradictoire, partagé entre la lassitude anticipée de devoir supporter mondanités et obligations militaires, et le bonheur de retrouver mon monde, ma patrie, mon Paris et aussi, bêtement, mon petit chez-moi de la rue des Gobelins, juste une dernière fois, pour la nostalgie. Sur la passerelle d'embarquement, je me retournai. Les saluts de la main que m'adressèrent Cyrcion et l'agent du ministère, depuis le hall de l'imaginoport, me firent l'effet d'un adieu et non d'un au revoir. Si bien qu'il me fallut mobiliser tout mon courage pour franchir la porte de la cabine de transfert.

Le retour au monde réel se déroula sans incident, et je sortis de la capsule en relative bonne forme. Un grand type en costume sombre, cravaté, manucuré, fleurant bon l'eau de toilette de luxe, m'accueillit dans le hall des arrivées.

— Bienvenue sur la Terre, monsieur Tibert ! clama-t-il avec un grand sourire diplomatique. Je suis l'attaché du Protocole de la présidence de la République.

— Ça commence bien, maugréai-je entre mes dents.

Je vis alors son sourire mourir sur ses lèvres. Il parut troublé, puis se ressaisit pour m'inviter à le suivre.

— Le commandant et le général vous attendent dans le salon VIP.

Pour les nécessités du transfert, j'avais abandonné mes vêtements elfiques, dont la réification était impossible, et on m'avait affublé d'une combinaison bleu ciel qui me faisait ressembler à un astronaute de retour de mission. Ce que j'étais en fin de compte. À mon entrée dans la salle, Siléas Blein s'exclama :

— Thédric, fichtre Dieu, je suis content de vous revoir !

Il m'enlaça pour une virile accolade. Le général s'avança à son tour et me serra vigoureusement la main. Il allait sans doute m'adresser des mots de félicitations, pour avoir survécu à un périple dont il ne savait encore rien, quand son expression changea. Il fronça les sourcils, puis jeta un regard interloqué vers le chef des commandos d'exploration.

— Qu'est-ce que cela veut dire, commandant ? demanda-t-il.

Blein me dévisagea et prit à son tour un air interloqué. Je me rendis compte que je faisais la gueule, ce qui n'était pas du tout convenable, compte tenu de ce qui m'attendait. Je forçai donc un sourire de Joconde.

— Je ne sais pas, mon général, peut-être... non, c'est impossible, bafouilla-t-il.

Je commençais enfin à comprendre que ce n'était pas mon attitude qui leur posait problème, mais mon apparence physique. Et je pris peur, car il arrivait qu'un transfert mutile un voyageur, parfois gravement. Je me souvins alors avec horreur de ce jeune homme qu'on avait réceptionné entier, mais dans le désordre, façon Picasso.

— Qu'est-ce qui se passe ? m'enquis-je d'une voix blanche.

Mon chef m'attrapa par un coude, puis m'entraîna vers la sortie en lâchant entre ses dents :

— Suivez-moi.

En fait de le suivre, je me laissai mener vers les toilettes, tel un soldat qui aurait pris une grenade en pleine figure. Là, il referma la porte derrière nous et m'obligea à faire face à l'un des miroirs. Je m'y mirai et... m'admirai, déjà rassuré. Jusqu'à ce que...

— Non... c'est... Mon commandant, qu'est-ce que ça veut dire ?

— C'est à vous de me l'expliquer !

J'examinai l'une, puis l'autre. La droite à nouveau. La gauche. Je les écartai en chou-fleur, tirai dessus au cas où elles auraient été fausses... Ce que je voyais ne souffrait aucun doute : j'avais des oreilles pointues, des oreilles d'elfe.

— Ben ça alors ! soufflai-je.

— Vous pouvez le dire, approuva le commandant, consterné comme s'il s'était agi d'une catastrophe.

Au royaume des Sept Tours, quelque part sur la plus haute branche d'un arbre de la forêt d'Émeraude, Lizlide rayonnait de bonheur. Et ici sur la Terre, moi aussi.

FIN...

Table

1. Retour au royaume des Sept Tours 9
2. La madeleine de Proust 14
3. L'accueil des elfes 21
4. Funeste solution 27
5. Mourir ou mûrir 32
6. Le rituel de l'Élévation 37
7. Les chasseurs d'âmes 43
8. Premières émotions fortes 48
9. Bataille aux flambeaux 53
10. Théâtre de l'Apocalypse 59
11. Je sus enfin ce que je faisais là 65
12. Quand un elfe au pied léger devient un chevalier blindé ... 71
13. Les révélations de Gauthon 77
14. Preux Gauthon 81
15. Au milieu des nécrothilius 86
16. Lizlide, enfin ! 91
17. La faucheuse à l'œuvre 97
18. Causette au coin du feu 101
19. La légende du marais des Fulmides 105
20. Jolie Fulmide 112
21. Premiers pas périlleux dans le labyrinthe 117
22. L'attente du prince 122
23. La décision du prince des Fulmides 126
24. Je pense trop fort 133
25. Grandir n'est pas facile 140
26. L'elfe et le fauve des airs 145
27. Quand je devins l'homme invisible 150
28. La marche du caméléon 155
29. Face-à-face 159
30. Reprise en main qui fait du bien 164
31. Drôle d'impression à l'approche de Firit 172

32. Une ville sans âme 178
33. Une présence sur le port 183
34. Prisonniers pour la nuit 189
35. La taverne zombie 196
36. Massacre au son du canon 202
37. Les arracheurs d'âmes aux trousses 207
38. Et nous perdîmes l'esprit 211
39. L'offrande 219
40. Un (malheureux) élan de haine pure 228
41. Avec l'aube arrivèrent les nouveaux ennuis 237
42. L'unique vainqueur des Épopées 245
43. Oxylodon tacheté 249
44. La nausée 256
45. La décision 260
46. La révélation, enfin ! 268
47. Dans l'attente du ramassage 274
48. Angoisses avant l'envol 281
49. La cité des Épopées 288
50. Les tables des Épopées 296
51. Le choix impossible 301
52. L'être-univers 307
53. Amère victoire 313
54. Choisir son destin 316
55. Fabuleux vol à dos de dragon 320
56. Retour paisible à Firit, jusqu'à ce que... 324
57. Combat perdu 329
58. Cap à l'est ! 334

Épilogue 339

Composition et mise en page

NORD COMPO
multimédia

« Loi n° 49-956 du 16 juillet 1949 sur les publications destinées à la jeunesse. »

Achevé d'imprimer en septembre 2008
*par **Bussière***
à Saint-Amand-Montrond (Cher)

N° d'édition : 14380. N° d'impression : 082959/1.
Dépôt légal : octobre 2008.
Imprimé en France